本书相关研究内容得到了国家自然科学基金青年项目"组织学习过程下的
径及微观机制的研究"（71902130）、国家自然科学基金项目"知识网络、社
业创新绩效的影响研究"（71772096）、国家自然科学基金青年项目"情与理
规对员工行为的影响机理：一项跨层次追踪研究"（71602136）、山西省高等学校哲学社会科学研究项目
"基于复杂自适应系统理论的组织学习与组织惯例演化机制研究"（2019W021）、山西省哲学社会科学
规划课题"外部技术引进对我省高新技术产业发展促进机制研究"（2019B071）的支持，在此表示感谢。

ZUZHI GUANLI
YANHUA JIZHI YANJIU

组织惯例
演化机制研究

米捷　著

知识产权出版社

全国百佳图书出版单位

—北 京—

图书在版编目（CIP）数据

组织惯例演化机制研究 / 米捷著. -- 北京：知识产权出版社，2021.6
ISBN 978-7-5130-6940-3

Ⅰ.①组… Ⅱ.①米… Ⅲ.①企业组织—组织管理学—研究 Ⅳ.①F272.9

中国版本图书馆CIP数据核字（2020）第085314号

内容提要

组织惯例的相关研究已经逐渐成为组织理论研究的前沿焦点，在此背景下，本书分析组织惯例的微观变化机制。主要内容在多个层次开展，分别是个体层次、群体层次、组织层次和组织间层次。在"个体—组织"分析层面，主要研究组织学习影响下的组织惯例变化。在"个体—群体—组织"分析层面，主要研究外部因素如何影响个体策略选择，从而影响组织惯例演化。在"群体—个体—群体"分析层面，主要研究群际间的惯例复制行为。在"组织—个体—组织"层面，主要研究不同组织兼并后的惯例融合。本书为组织理论和人工社会仿真的读者提供了新的参考角度。

责任编辑：张　珑　　　　　　　　　　责任印制：孙婷婷

组织惯例演化机制研究
ZUZHI GUANLI YANHUA JIZHI YANJIU
米　捷　著

出版发行：知识产权出版社 有限责任公司	网　　址：http://www.ipph.cn
电　　话：010-82004826		http://www.laichushu.com
社　　址：北京市海淀区气象路50号院	邮　　编：100081
责编电话：010-82000860转8363	责编邮箱：laichushu@cnipr.com
发行电话：010-82000860转8101	发行传真：010-82000893
印　　刷：北京虎彩文化传播有限公司	经　　销：各大网上书店、新华书店及相关专业书店
开　　本：720mm×1000mm　1/16	印　　张：17.25
版　　次：2021年6月第1版	印　　次：2021年6月第1次印刷
字　　数：220千字	定　　价：68.00元

ISBN 978-7-5130-6940-3

前　　言

近年来组织惯例的相关研究快速兴起，并成为组织行为领域研究的最前沿方向之一。惯例不是惯性，但具有惯性。对于惯例的稳定性和变化性的矛盾问题学者们持有不同的观点。作为一套复杂的协作机制，惯例高度嵌入特定的组织中。组织惯例是组织能力的体现，其变化行为关系到组织的运行效率和环境的适应性。研究惯例的变化机制，对于组织研究具有重要的理论和实践价值。当前的组织惯例研究开始逐步聚焦于几个关键问题：哪些因素决定了惯例的相对稳定性和持续的变化性？惯例变化背后的微观机制是什么？组织如何平衡保证当前效率和保留潜在变异性的目标？多单元组织是如何完成惯例复制和能力转移的？本研究的目的是在前人研究的基础上继续探索上述问题。组织惯例与惯例的内涵不同，本书各章节所提及的惯例都是指组织惯例。

本书的中心主题是惯例的微观变化机制分析。相关研究在多个层次开展，分别是个体层次、群体层次、组织层次和组织间层次。在"个体—组织"分析层面，主要研究组织学习影响下的组织惯例变化。在"个体—群体—组织"分析层面，主要研究外部因素如何影响个体策略选择，从而影响组织惯例演化。在"群体—个体—群体"分析层面，主要研究群际间的惯例复制行为。在"组织—个体—组织"层面，主要研究不同组织兼并后的惯例融合。本书所使用的研究方法包括文献梳理、理论推导、计算机仿真和演化博弈分析。其中，计算机仿真使用的是基于多主体建模的方法，平台来自芝加哥大学社会科学计算研究中心。

在个体决策行为与惯例变化的研究中，每个个体的惯例执行策略都会影响到其他个体的策略选择。这一部分研究了惯例与环境的不匹配度、惯例的老化速率和个体惯例与有形资源方面的粘连性对个体惯例执行的影响。根据惯例与有形资源的不匹配情况，分为了三类情形分别讨论。基本研究结论是：在不同的惯例与有形资源的滞后性情形下，个体对于惯例策略的选择倾向存在差别。惯例的老化速度很慢，但惯例与环境严重不匹配时，个体不会渐进式改变现有惯例，组织可能在某一时点突然爆发惯例变革。当组织惯例内部子任务间耦合的紧密程度较大时，组织内部出现惯例替代的时间更长；组织惯例内部子任务间耦合的紧密程度很低时，组织发生惯例变革的可能性增加。

对于惯例系统在多群体组织内的演化行为，本书研究了组织社会化行为对于惯例变化的影响。将组织的社会化行为进行分类，并分别建立模型。所构建的组织社会化模型包括组织全局社会化模型、群体层面社会化模型和群体间的惯例复制模型。主要研究结论是：群体层面社会化有利于多种惯例执行策略的共存，可以增加未来的环境适应性。如果不存在探索式学习行为，组织间的惯例复制会降低惯例变化的可能性；如果存在探索式学习行为，群体间的惯例复制也是保证组织有效实施全面惯例变革的最有效形式。组织社会化和惯例变化性关系的研究，也回应了对于组织路径锁定和核心刚性的研究。

群际间的惯例复制是组织利用现有能力提升效率的典型方式，因此也是本书研究的重要内容。根据知识流动方向和边界跨越者的不同分布特征，识别出了源导向结构、接收导向结构和双导向结构三种群际沟通结构。个体惯例和协作惯例分别对应于模型所构建的子任务和子任务网络。研究发现，不同的群际沟通结构下，边界跨越者角色负载承受能力对于惯例复制的影响不同。边界跨越者数量的增加带来了网络连接的多样性。相比于源导向结构，在接收导向结构和双导向结构中，群体内部网络连接密度对于惯例复制的影响更明显。相比于其他子群结构，双导向结构下的惯例复制效果受惯例本身复杂性与可编码性的影响最大。

本研究根据微观层面个体记忆的形成过程和宏观层面惯例解释图式的形成过程，构建了影响惯例变化的组织学习模型。把惯例构建成一个具有先后顺序的任务集合。惯例形成之前每个个体对于任务集合的最优执行顺序的理解不同。研究发现，组织社会化过程的支配性会在早期削弱个体对于惯例的多样化认知。强化组织内部的精炼过程，即快速识别并编码优秀的行动，将有利于组织惯例的整体提升。

本书最后一部分，描述了组织兼并背景下的惯例融合行为。群体间的权利差异会影响惯例的整合和执行。本研究基于场域理论和象征资本理论，构建了两种惯例变化的演化博弈模型。第一种模型描述了兼并方构建契合自身惯例的场域的情形。第二种模型描述了兼并方组织成员直接削弱被兼并方象征资本的情形。研究结论展示了两类情形对于惯例融合的影响差异，以及在不同条件下的组织惯例演化路径。

本书相关研究内容得到了国家自然科学基金青年项目"组织学习过程下的组织惯例演化：对现象、路径及微观机制的研究"（71902130）、国家自然科学基金项目"知识网络、社会网络的互动机制及其对企业创新绩效的影响研究"（71772096）、山西省高等学校哲学社会科学研究项目"基于复杂自适应系统理论的组织学习与组织惯例演化机制研究"（2019W021）、山西省哲学社会科学规划课题"外部技术引进对我省高新技术产业发展促进机制研究"（2019B071）的支持，在此表示感谢。

目　　录

第一章　引　言

近年来，组织惯例的研究逐渐兴起，并成为组织研究领域的焦点内容之一。组织惯例的形成和发展，关系到组织的运行效率和环境适应性。本章是研究的引导章节，首先，阐述了选题的必要性和研究意义，关注了现有的组织惯例和组织领域研究的空白点。其次，结合现有研究的不足和亟待解决的问题，提出了研究的切入点和研究的思路。最后，对研究方法和研究内容做了简要阐述。

第一节　研究背景与研究意义

一、组织惯例研究的新老更替期

帕尔米贾尼（Parmigiani）和霍华德-格林威尔（Howard-Grenville）及费尔德曼（Feldman）等认为，对于组织惯例的探讨在最近 10 年的组织理论研究中逐渐成为前沿焦点。组织惯例内部结构和内部动态性变化的问题，则是学者们关注的重中之重。费尔德曼和彭特兰（Pentland）在 2003 年发表在《管理科学季刊》（*Administrative Science Quarterly*）上的一篇文章，可以看作近些年惯例研究的重要的分水岭。此后的学者开始更注重研究惯例的变化性特征，以及产生这些变化的内外部原因。

2017年，林海芬等总结了相关研究，认为近些年对于惯例动态性的文章，试图从组织能力变化的角度解释组织对于突发性和不确定事件的应对能力。组织惯例是在多次重复的组织活动中精炼形成的，代表了相对有效的运行规则。但是面对新事件的出现，现有的组织惯例可能会失去效力。组织即兴是组织面对外部突发事件时的反应，可以帮助组织解决难以预知的问题，也是组织能力的体现。组织惯例与组织即兴看起来是一对矛盾体，个体时常会在即兴行为和惯例执行间抉择。当前对于组织惯例和组织即兴二者间关系的研究仍鲜见。组织惯例的变化机制，有可能来源于组织对于外部任务的应对。从组织能力的角度出发，可以为组织惯例的分析开辟新的思路。

二、组织惯例研究亟待突破

在2016年的世界管理学顶级期刊《组织科学》（*Organization Science*）上，出现了18篇与组织惯例相关的文献。在短期内如此高密度、高频次地关注同一个组织问题，在近20年的组织研究中尚属少见。对目前国外顶级期刊的近30多篇文献仔细研读后发现，学者们关注的最核心的问题有如下几类。

（一）组织惯例的内部结构到底是怎样的

彭特兰和费尔德曼认为20世纪80年代前期的研究把组织惯例当作一个黑箱，组织惯例内部的结构特征被很多学者认为是神秘的，且难以观察和研究的。惯例存在于个体日常的行为中，并受到其知识构成和信念的影响。研究人员无法驻足于企业，对个体的行为互动模式进行深入细致的观察。这就造成当前组织领域对组织惯例内部结构研究的一些真空区。

2016 年，费尔德曼等在回顾近十年惯例研究的成果时，指出惯例的微观变化机制依旧是未来惯例研究的难点和重点。惯例作为集体行动的重复执行，离不开个体间网络的构建。国内学者党兴华和孙永磊从组织间网络关系的研究入手，分析了网络惯例的形成机制。而当前对于组织内部惯例形成与惯例微观结构及其变化性的研究，相对缺乏。

（二）组织惯例的起源性

学者买忆媛等指出，在新的市场环境和制度环境下，初创企业面临诸多挑战，经验和惯例的缺乏阻碍了企业在复杂环境下响应效率的提升。当前对于组织惯例的研究，大多集中于成熟的组织和已经形成的惯例。特纳（Turner）和林德瓦（Rindova）认为关于建立初期的组织是如何形成稳定秩序，并逐步优化其日常活动执行过程的问题，则较少有学者研究。其原因在于，组织形成的过程具有不确定性，诸多不确定因素构成了惯例演化的混乱性和复杂性。从研究的角度来说，组织在形成的前几年，不具有固定的形态，很可能是一些松散的聚合体，这就给研究造成了巨大困难。

贝姬（Bechky）和卡莱尔（Carlile）发现惯例所依附的有形资源，包括现有的组织支持物和复杂的内外部技术，这些因素都可以塑造组织惯例。在组织内部的不同群体和有形资源的共同作用下，组织惯例会呈现出多样化涌现的特征。组织惯例起源如组织有形资源及组织内部群体的关系是什么，仍然有待研究。

2016年，贝特尔斯（Bertels）等提出了"文化塑模"（cultural molding）概念，试图从组织文化的角度解释惯例的起源。惯例与文化可能存在一种双向的关系，即文化影响了惯例的起源，而惯例继续塑造着组织文化。但是，在组织文化和惯例关系的研究中，没有足够的理论进行搭接，以至于相关的研究模型没有办法继续深入。

（三）惯例与冲突的问题始终悬而未决

个体的认知和利益诉求能够支配其日常行为，不同个体间和群体间的观念与利益冲突经常导致惯例执行的冲突。此外，个体目标与组织目标的不一致，也会影响组织的运行效率。因此，有必要从更微观的角度研究组织对于现有的冲突性目标的平衡问题。惯例的变化基于个体的主观能动性，个体改变或维持现有惯例，往往出于对自身利益和动机的考虑。在采取本群体惯例还是复制其他群体惯例、维持现有惯例还是改变现有惯例、渐进式改变现有惯例还是变革现有惯例、接受惯例融合还是保持独立执行等选择中，个体、群体和组织都会面临两难的抉择。

近些年比较有启发性的研究，是2016年学者萨法维（Safavi）和欧米德娃（Omidvar）对组织兼并引发惯例冲突的文章。2015年，霍华德和莱卢普（Rerup）提出，在此之前对于权力动态性与惯例演化关系的研究仍然缺乏。没有对于权力和惯例能动性的研究作为基础，就没有学者萨法维和欧米德娃之后的研究。但是，在群体内部权力此消彼长和惯例的动态性关系还未十分明确的情况下，1993年布尔迪厄（Bourdieu）的场域理论研究惯例的冲突，借助对各方象征资本和场域的分析，可谓另辟蹊径。狄奥尼修（Dionysiou）和索卡思（Tsoukas）认为，更具权力的个体和群体能够决定其他个体的地位与处境，从而影响组织日常行为的演化。但是，群体内部权利的不均匀分布，以及权利对于惯例解释图式的影响，仍然没有得到解释。

由组织兼并引发的惯例冲突，仅代表了一类情形。很多情况下，组织是在没有激烈变革的情况下发生内部冲突的，这就是惯例的自我更新和缓慢迭代。组织内部个体间的认知差异、利益诉求差异、动机差异等因素，都会影响惯例的执行和变化。研究组织内部各种力量冲突和惯例的微观变化机制之间的关系，具有重要的理论和实践意义。

（四）惯例是如何复制的

2016年罗薇珂（Røvik）提出，组织惯例的复制问题，是组织惯例和组织能力研究的重要结合点。而一些学者也曾提出，组织在惯例复制中面临着两难抉择。此类研究的焦点都是组织在惯例复制过程中究竟是精确保留所参照的模板，还是适应性地改变自身行动模式的抉择问题。惯例包含了大量的隐性知识，且具有环境嵌入性。作为惯例的模板，已编码知识可以帮助惯例实现精准复制。但是，隐性知识在此过程中如何被保留的问题，学者们始终没有研究清楚。隐性知识不可能全部显性化，被编码的知识始终有限。佛里斯尔（Friesl）和拉蒂（Larty）认为，条例、规范、章程和可执行文本可以在群际间传播，但惯例的隐性元素却难以完整和快速复制。以知识基础观为出发点，搞清楚惯例在群际间的传播机制，才能进一步分析来自知识源单元的组织惯例是如何在接收单元被转化为组织能力的。

（五）多层次研究的不足

惯例作为集体化的行动，包含了个体层面对惯例的认知、群体层面对惯例的共识和组织层面对惯例的控制。早在2008年，霍奇森（Hodgson）就认为，组织惯例由组织的"元习惯"（meta-habits）构成，这些元习惯形成了组织的基本规则和秩序。学者萨尔瓦托（Salvato）和莱卢普及费林（Felin）等关注到了多层次研究对于惯例理论发展的重要性，并且进行了相对深入的探索。陈彦亮和高闯在2014年指出，对惯例的研究应当存在个体—群体—组织三个层面，这三个层面是相互紧密联系的。近年来，学者王永伟和马洁也开始关注组织间惯例甚至集群惯例。

1988年，盖尔西克（Gersick）认为对于处理日常任务的活动，群体会表现出持续而稳固的行为模式，包括对内部工作任务的完成过程和对外部利益相关者关系的处理过程。1990年，盖尔西克和哈克曼（Hackman）指出在组织层面和个体层面，都存在共有的规则和习惯，那么在群体层面和群体间层面，也必然存在惯例性的行为模式。群体惯例指的就是群体内部的诸多行为规则和规范的集合，以及群体对日常事件的应对习惯。个体与组织间存在着社会化行为，这是为个体—组织研究搭接的桥梁。而群体作为惯例执行的重要方面，其社会化现象却没有被足够重视。当前研究所存在的问题是，学者们分别关注不同层面的惯例动态性，导致了惯例研究的割裂和分散化。因此，对于惯例的多层次研究，是未来5~10年有待填补的空白。

三、研究方法的真空区

可以看出，最近10年主流期刊的学者对于组织惯例的研究大多使用案例研究的方法。学者们采用现场观察、访谈、记录甚至录制视频的方式，获取了宝贵的实证资料。但是，很多与惯例相关的研究还仅仅停留在概念化阶段，甚至连统一的概念都没有形成。案例研究对于组织惯例的研究虽然具备一定的适用性，但是也存在诸多问题。

学者们对于惯例的研究是相对分散和割裂的。这种现象出现的原因，是组织领域对于惯例的度量没有形成统一和规范的量表，难以测量惯例的表现形式。惯例作为一种持续演化的客观存在，具有难以观测更难以捕捉的特点。当前组织研究领域对于惯例的认识还未完全汇聚成主流观点，一些矛盾的观点也阻碍了学者们对惯例的深入研究。

2016年，费尔德曼等提出从认识论的观点来看，惯例必须以集体行动的方式表现。2014年，米歇尔（Michel）等从个体的角度出发进行分析，分析的对象为行动者的目的、动机和认知。除此之外，本书认为还应该包括行动者的偏好。当前的惯例研究缺少了个体行为和集体行动间的合理过渡。个体行为表现的多样性及行为的突变性，都给惯例的研究造成了一定的困难。个体对于行为的认识与个体在日常活动中所表现出的行为可能存在较大偏离。沟通模式和人际间网络连接，都有可能触发个体改变当前的行为模式的倾向。个体的行为研究是否完全用于组织惯例的研究，以及是否可以代表惯例的变化趋势，还缺乏足够的证据。

组织惯例的嵌入性导致不同组织内部的惯例系统具有巨大的差异。组织的形成路径差异、外部环境差异和人员构成不同都会影响其惯例系统的内部结构。从组织日常任务的执行效率和效果来研究组织惯例是一种有效的方法，但是这种方法仍具有较大的局限性。内部结构具有巨大差异的惯例系统也可能表现出相同的运行效率。但是从长期来看，一些惯例会朝着适应环境的方向演化，而另一些则可能阻碍组织的环境适应性。惯例的变化需要经历漫长的阶段，这使得仅通过组织绩效的变化来推知惯例变化路径的分析方式变得不合理。例如，处于惯例变革期的组织，可能经历混乱和无序，从而影响当前的组织绩效。但是从长远来看，这是一种惯例的重塑和自我淘汰的过程。以惯例当前的执行效率作为因变量，难以有效观察惯例内部的结构迭代。

当前组织领域对于组织惯例的研究，主要仍以文献研究和案例研究为主。由于相应的度量指标仍未形成，因此实证研究难以进行。研究方法的单一化和研究问题本身难以量化的情况是当前组织惯例研究存在的现状。研究方法的不完善，阻碍了学者们对于组织惯例变化性的研究进展。2016年，费尔德曼等提出，对于组织惯例微观变化性的特征和内外部动力的探讨难以进一步深入。因此，完善组织惯例的研究方法，可以在一定程度上填补对组织惯例动态变化机制的相关研究的空白。

第二节　研究内容、思路与方法

一、研究内容

本书着眼于分析惯例的微观变化机制。研究的内容将从微观、中观和宏观三个层次展开。这三个层次不是相互隔离的，而是一个紧密联系的整体。个体对于惯例的执行策略选择，会影响组织整体惯例的变化。群体内部的惯例变化，是个体行为的涌现。群际间的惯例复制，离不开多种不同角色个体的参与。个体间的信息交流和连接分布，构成了群体内部的知识网络和群际间的信息交流网络。组织宏观层面的精炼学习和群体内部的编码集构建，都会影响个体行为的转变。把影响组织惯例的三个层次密切地结合，才可以用更全面和客观的视角分析惯例的变化行为。

在微观研究方面，主要研究个体对惯例的日常执行如何影响惯例的演化方向。将惯例执行过程中的协调、惯例与外部环境的匹配程度和惯例与有形资源的粘连性纳入个体的决策，个体在日常任务的执行中，会根据自身的收益自由选择不同的惯例执行策略。通过个体的惯例策略选择，可以推知惯例的变化方向。惯例在不同群体间复制的时候，边界跨越者起着重要的作用。边界跨越者是信息的交汇点，日常烦琐的信息经由边界跨越者的处理才能传递到各个子群。本书尝试研究边界跨越者的知识承载能力、个体的网络构建能力和不同群际间个体的信任水平对惯例的复制和利用式学习的影响机制；研究个体认知和记忆对于惯例执行的影响，从个体行为涌现的角度分析惯例变化的微观行为基础。

中观方面，把群体作为单位研究惯例的变化性。把组织看作一个多子群结构，子群间存在边界和信息流动。根据群际间边界跨越者的存在形态，把惯例复制的结构归结为"源导向结构""接收导向结构"和"双导向结构"。我们将研究不同的子群内部网络密度对于惯例的利用式学习的影响。个体间的信任机制和外部网络构建能力，虽然是微观层次的概念，却影响着群体的网络连接结构。通过对个体的网络构建行为和群体边界跨越者的相互作用进行分析，研究惯例的复制机制。

在宏观方面，研究组织层面的惯例变化。通过总结以往的文献，理清组织层面惯例的形成机制。利用惯例的解释图式和个体试误学习的关系进一步深入分析惯例的宏观表现。在经典的组织学习模型基础上，把惯例的执行行为模型化，使其具有可操作性。通过"组织—个体"间的知识精炼和编码机制，研究惯例的隐性知识和显性知识之间的相互转化关系，及其对组织惯例优化的影响。在"组织—组织"层面，研究组织的兼并重组活动下惯例的融合过程。借助场域理论和象征资本理论，通过组织间的博弈分析，研究不同组织对自身惯例的维持。

二、研究思路

第一，通过系统性地梳理组织惯例研究的文献，找到惯例分析的组织层次、群体层次和个体层次的理论结合点。在进行文献梳理的基础上，识别当前研究的空白点。根据最近五年组织惯例研究的文献，找到影响组织惯例变化的微观和宏观因素。第二，尝试用现有的理论补充惯例研究的不足。例如，借用社会学研究的场域和象征资本理论，解释组织兼并背景下的惯例融合行为。借用组织间的权利博弈，构建不同组织推行和维护自身惯例的演化博弈模型。第三，根据惯例变化的影响因素，进行多主体模型的刻画，描述惯例系统的演化路径。通过组织社会化模型的构建，对惯例的自我强化机制进行建模，可以用来研究惯例的起源和形成路径。第四，在对惯例研究的各层次进行解构的同时，找到适合的研究方法和理论空白的契合点。例如，多主体仿真对于惯例变化的研究，需要借助已有的经典模型作为基础。用组织学习模型和个体行为决策模型，对惯例的演化行为进行建模。第五，通过计算模拟实验的结果分析，对现有的组织惯例理论提出新的命题。本书的研究思路如图1.1所示。

三、研究方法

本书采用的文献评述法，主要通过对惯例研究前沿领域的文章进行梳理。通过对现有文献的整理，以及在这些文章讨论部分提出的未来研究方向，找到当前理论研究的不足。然后，通过现有的组织理论与惯例研究的主流观点结合，构建适合于解释惯例变化微观机制的理论框架，为后续的研究打下基础。

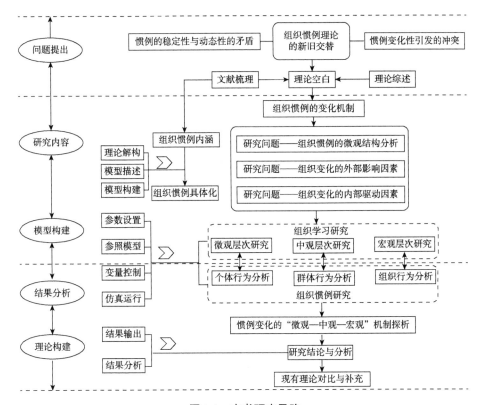

图1.1 本书研究思路

资料来源：笔者整理

组织惯例研究目前正处于瓶颈阶段，现有的研究多是使用理论分析和案例研究的手段对惯例的变化进行描述。测量组织惯例稳定性和变化性的量表尚未被开发，使得研究人员无法对惯例的变化进行精确描述。2013年，范如国等提出多主体计算实验的方法，适用于理论构建前阶段、实证补充阶段和案例验证等阶段。本书使用多主体仿真（multi-agent based simulation）的研究方法研究组织惯例的变化行为。多主体计算实验的方法，最适用于理论尚未构建的模糊地带。当前组织研究领域对于组织惯例的研究尚缺乏统一的认识，相关的实证研究较为缺乏。用计算实验的手段，可以建立起具有启发价值的模型。

　　惯例的演化既包含自底向上的涌现过程，也包含了自顶向下的干预过程。组织惯例的变化可能经历数年，甚至数十年的过程。现有的研究很难进行如此长跨度的分析。多主体计算实验模型可以模拟个体行为互动和长期演化的行为，特别是适用于分析长期性的演化问题。本书的建模对象和所模拟的机制包括，个体社会化与利用式学习、个体的惯例策略选择、组织精炼学习、组织探索式学习、组织惯例的老化、群际间的惯例复制、群际间信息网络的构建、组织自我锁定等行为。所使用的平台是芝加哥大学社会研究实验中心的 Repast 仿真平台，所构建的模型需要由 Java 语言编程完成。模拟实验平台的工作界面如图1.2所示。

图1.2　Repast平台的工作界面

在个体决策行为的建模方面，可以利用现有的行为经济学经典模型。经验—加权吸引学习模型（以下简称"EWA模型"）是一较为理想的决策模型。在EWA模型中，个体重视之前的行动方式，过去的选择会影响个体当前的行动，这符合理论研究中对惯例的一般描述。由于同一个惯例有不同的表现型，个体可能以不同的方式执行当前的惯例。惯例包含了个体的记忆，不常被个体采用行动模式，可能会被个体逐渐遗忘。EWA模型考虑了由于环境的变化和个体的遗忘，某种行为策略对于个体吸引力的衰退，这种设置，符合个体知识遗忘的特性，比较贴近现实场景。EWA模型的每个参数都有其心理学和社会学基础，且被行为经济学家反复验证，具有扎实的理论基础。因此，本研究将使用EWA模型的基本架构，模拟个体的决策行为。

作为补充研究，本书也采用演化博弈的方法研究组织兼并与惯例的融合过程。演化博弈的思路与生物群落的演化过程具有相似之处。组织在兼并后，一方试图向被兼并方推行自身惯例，而被兼并方试图维持自身惯例，惯例融合的冲突由此产生。通过建立兼并方和被兼并方策略选择的复制动态方程，刻画双方博弈的模型。借助场域和象征资本理论，研究双方组织惯例融合的演化过程。

第三节　研究过程与论文结构

一、研究过程概要

2012年，我们的研究团队就开始进行了基于Multi-Agent的仿真训练。目的是熟练掌握Java编程工具。我们在经典的组织学习模型的基础上开发出了衍生模型，此时组织惯例的研究逐渐进入了我们的视野。此前国内对于组织惯例的研究较为缺乏。我们利用现有的仿真平台，试图找寻组织惯例研究与现有组织理论的结合点。之后，我们利用经典的组织学习模型，完成了对"组织—个体"层面的模型惯例变化模型的开发。

2014年以后，我们在多主体仿真和组织行为的研究上取得了一些成果，一些成果发表在《管理评论》《中国管理科学》和《管理科学》等期刊。但是此时我们对于组织惯例的研究仅仅停留在组织层面，研究遇到了瓶颈。通过在《组织科学》（*Organization Science*）《管理研究杂志》（*Journal of Management Studies*）和《管理学会杂志》（*Academy of Management Journal*）等期刊找寻新的研究方向，我们把研究切入点锁定在了"群体—个体—群体"层面。从对群际间惯例复制行为和边界跨越者结构入手，分析群体层面的惯例变化行为。

2015年之后，我们试图从行为经济学的研究成果中找寻新的突破口。借助学习理论的奠基，开发出了更适用于微观分析的个体决策模型，研究组织系统的涌现行为对组织惯例变化性的影响。用EWA学习模型作为个体惯例执行选择的基础，研究惯例的有形资源与环境的不匹配、惯例的老化及社会化行为在惯例系统演化过程中所起的作用。在这里，我们把组织社会化行为分为组织全局社会化、群体内部的社会化和群际间的惯例复制。

2016年开始研究惯例变化引起的组织内部冲突。组织兼并行为是一种普遍发生的现象。以组织兼并为背景，研究不同组织的惯例融合行为。遗憾的是，由于时间的制约和能力的限制，还没有开发出基于场域变化和权力冲突的模型。因此这一部分主要使用演化博弈的方法进行研究。对于惯例融合的问题，未来会使用案例外加多主体仿真的方法进一步深入分析。理论构建和研究方法的完善过程如图1.3所示。

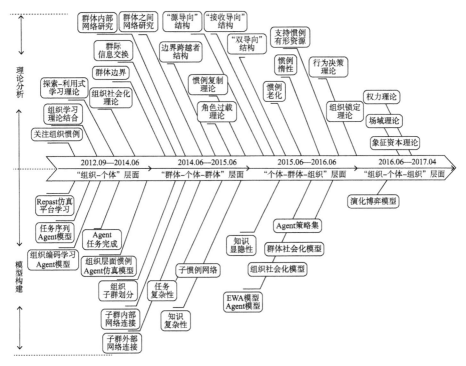

图1.3 本书研究过程

资料来源：笔者整理

二、本书结构安排

本书分为八个章节，主要的结构安排如图1.4所示。

第一章是引言部分，主要阐述了本书的研究背景和研究意义。具体内容包括组织领域对于惯例研究的现状，分析组织惯例研究当前的空白点和突破口、当前主要的研究方法存在的问题，以及组织惯例研究中几个关键的待解决问题。最后阐述了本书的研究方法和研究思路。

第二章是文献综述部分。从近十年组织研究领域对惯例的新的描述展开分析。主要内容包括主流的研究理论回顾、组织惯例的内涵和特征描述，以及组织惯例的能力观等。阐述了当前组织惯例动态性的研究进展。包括组织惯例的动态性特征和组织惯例的自我复制行为。此外，介绍了惯例的惯性、渐进式变化特征和变革特征。最后，是对惯例变化与组织冲突的关系的介绍。

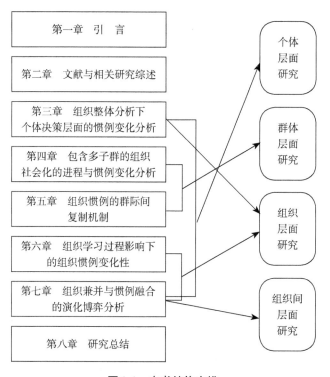

图1.4 本书结构安排

资料来源：笔者整理

第三章是组织整体分析下个体决策层面的惯例变化分析。这一部分以对惯例的微观机制分析为主。先从个体的惯例执行策略与惯例演化的影响因素分析入手，介绍了惯例的执行效率与个体间协调的关系。分析的影响因素包括惯例与环境的不匹配程度、个体惯例与有形资源方面的粘连性和组织的社会化进程。接着介绍了三类惯例演化与有形资源的滞后性情形。基于EWA学习理论，完成了对个体惯例执行的策略选择的建模，并做了仿真分析。

第四章与第三章有密切的联系。第四章的主要内容包含多子群的组织社会化的进程与惯例变化分析，描述了组织内部的多子群结构及组织自我强化与惯例的锁定的相关理论。把组织社会分成三种典型的类型，分别是组织全局社会化模型、群体间的惯例复制模型和群体间的惯例复制模型。最后进行多子群社会化结构下的模拟仿真分析。

第五章主要研究组织惯例的群际间复制机制。先进行了组织惯例的群际间复制行为的理论分析，包括惯例复制的现象描述、知识流动与惯例复制关系讨论，以及群体间的惯例复制行为分析三部分。然后分析了边界跨越者结构对群际间惯例复制的影响，界定了组织内的群体边界，并分析了边界跨越者结构的特征以及边界跨越者的角色过载现象。用模型的方法，刻画了群际间知识流动的网络结构。第五章的模型构建了三种典型的群际间知识网络结构，分别是源导向结构、接收导向结构和双导向结构。完成了组织和群体的Agent构建、任务与惯例构建、组织内部的学习过程设计（包括知识构成、组织学习与惯例更新）等建模任务。最后对模型实施仿真并对仿真结果进行了分析。

第六章主要是组织学习过程影响下的组织惯例变化性分析，是对"组织—个体"层面的研究。先进行了组织惯例变化与组织学习研究的理论结合点分析，寻找理论基础。然后介绍了组织惯例的三种典型解析范式，并建立了基本研究框架。最后完成了组织学习与组织惯例变化的模型构建和系统仿真分析。

第七章的主要内容是组织兼并与惯例融合的演化博弈分析。在组织兼并与惯例融合分析的理论构建中，分析了组织兼并与惯例变化关系，以及组织融合与惯例运行的冲突和矛盾。第七章利用场域和象征资本理论，以惯例的能动性为基本假设，研究了兼并方建立适应新惯例的场域和兼并方削弱被兼并方的象征资本两种情况下的双方博弈过程。

第二章　文献与相关研究综述

第一节　对惯例的新描述

一、组织惯例的内涵与特征

早在1958年，马奇（March）和西蒙（Simon）就开始对组织惯例进行了研究。早期组织领域对于组织惯例的研究，可以追溯到惯例的程序观，当时普遍认为惯例是标准化和一成不变的程序。马尔库斯（Markus）和贝克尔（Becker）认为斯特恩（Stene）在1940年时就提出了惯例的概念，并认为组织对于日常任务的执行导致了惯例的建立。1996年，科恩（Cohen）等指出随着组织对复杂任务处理需求的增加和来自效率提升的要求，其内部产生了惯例性的活动。2011年，萨尔瓦托和莱卢普认为，早先的工作倾向于把惯例描述成片段性和重复性的活动或黑箱。彭特兰和费尔德曼认为，惯例被当作组织中最稳定存在，甚至惰性的元素。帕尔米贾尼和霍华德-格林威尔认为长期以来惯例的内部结构和动态性特征都是被研究者忽视的。

费尔德曼和彭特兰认为，在很长一段时期，惯例都被认为是个体无意识的行为。与此不同，2004年，彭特兰和罗伊特（Rueter）指出组织惯例是一种有自主意识的行为。个体对于组织惯例的执行具有明确的认知，而不仅仅是应激反应。这样的观点使得惯例的研究更迈进了一步。理论的完善使得组织惯例的内涵进一步丰富，且与惯性、习惯、无意识行为等概念的界限更加清晰。

2013年，西蒙发现组织惯例是对循环往复问题的响应，并且应该是被组织成员广泛认可的程序。这些行动的实施不需要有意识地思考备选方案。费尔德曼通过对学校住宿管理部门工作的长期观察，认为组织惯例是一组重复性的行为模式，这些行为模式与特定的规则和风俗捆绑在一起。费尔德曼和彭特兰指出，由一系列相互依赖的行动构成的重复性的活动，才可以称为组织惯例。可见除了稳定性，惯例还必须具有可重复性特征。

2009年，尼尔森（Nelso）和温特（Winter）把惯例类比为组织的基因，认为惯例具有可复制和可继承的特性。两位学者从生物演化的视角分析组织行为，利用可复制的基因来隐喻组织惯例。此时的惯例依旧被认为是组织中维持稳定的部分，但带有自我复制的属性。这样的类比引起了其他学者的重视，此类演化观点开始逐步兴起，并成为组织研究的重要分支。温特认为日积月累的经验，导致了组织内部分工的进行和工作任务的协调，这是组织惯例形成的基本条件。基于2003年费尔德曼的开创性研究，组织惯例可以看作由多成员协调配合的、在一定时期具有稳定的、可重复性的和具有链式反应特征的组织任务完成机制。

帕尔米贾尼和霍华德-格林威尔发现，在最近十几年的研究中学者们对惯例提出了一种表述行为的观点。表述行为的观点通过研究惯例的内部过程，试图开启惯例研究的黑箱。通过对惯例的能动性进行研究，费林和福斯等学者开始关注惯例内部的细微变化。狄奥尼修和索卡思在2013年的时候指出，观察这些细微变化，就是要了解惯例的生成特性，以及特定环境下的变化特征。

从知识的角度看，惯例是组织知识和个人知识的集成。个体原有的执行惯例，包含了个体重复性的动作执行，以及隐性化的经验积累。辛格利（Singley）和安德森（Anderson）指出，程序式记忆代表了个体的事务处理技能，包含了大量的隐性知识。早在1998年，穆尔曼（Moorman）和迈内尔（Miner）就提出，个体的技能和熟练工作经验的积累，涉及程序式记忆的构建。1994年时，科恩和巴克代亚（Bacdayan）就认为个体的行动需要耗费心智，已建立的惯例可以帮助个体节约认知资源。2008年，伯格（Bergh）和利姆（Lim）发现，吸收能力的提升，有助于个体间重复性的活动显性化，并惯例化为标准的执行流程。个体对于知识的吸收能力，不仅影响组织层面的知识存量积累，也影响着个体认知的建立和惯例的执行。

上述学者普遍认为惯例的形成是重复执行和路径依赖的结果。然而，冲突也与组织惯例的形成密切相关。兹巴拉克（Zbaracki）和卑尔根（Bergen）在2010年时提出，群体内部和不同群体间存在持续的冲突，主要体现在观点和执行方面。群体在冲突的过程中，完成的休战（truce）就是组织惯例。从各方力量的平衡被打破，到对立和冲突的产生，再到最后各种组织行动逐渐稳定的过程，就是惯例出现的过程。

与其他的组织行为模式相区别，组织惯例具有四个自身可识别的特征。第一，依照彭特兰1994年的研究结论，从任务协调的角度来看，组织惯例具有多主体参与性和行动间的相互依赖性，此外，科恩和巴克代亚认为组织惯例也是一种可重复执行的体系。组织的即兴行为、应对突发状况的反应和非日常的特殊任务处理等，都不能被称为组织惯例。第二，费尔德曼、拉菲莉和特纳等认为，组织惯例作为集体行动的规则，其执行需要建立在广泛的群体认同的基础上，共同认可的准则和行为模式是维系惯例稳定性的重要基础。第三，早期的组织理论，如西蒙、科恩和尼尔森等，通常认为惯例是一种无意识的、熟练性的和不需要认知占用的行为，而费尔德曼和彭特兰认为组织惯例非但需要占用集体的认识，也需要个体的不断学习和自我调整，并形成组织层面的编码知识。第四，组织惯例的稳定性不等同于组织的惰性或惯性。根据费尔德曼和彭特兰在 2003 年的研究、莱卢普和费尔德曼在 2011 年的研究，以及费尔德曼和奥里科斯基（Orlikowski）在 2011 年的研究，组织惯例的稳定性是相对的，长期来看，惯例内部的调整和变化始终与组织的日常行为相互伴生。

二、组织惯例的内部构成

2003 年，费尔德曼和彭特兰将组织惯例定义为一系列可识别的、重复性的及相互依赖的行动，并且在由特定的人群所完成。费尔德曼和彭特兰认为惯例由两部分构成，分别包含明示例证（ostensive aspect）和表述行为（performative aspect），前者主要体现在个体对于惯例的抽象理解，后者主要表现为个体对具体事务的重复性执行活动。在米勒（Miller）和彭特兰 2012 年提出的模型中，程序式记忆（procedural memory）、陈述式记忆（declarative memory）和交互式记忆（transactive memory）一起，构成了惯例的明示例证。其中程序式记忆代表了个体的技能，包含了大量的隐性知识。2013 年，辛格利和安德森指出陈述式记忆包含了个体对于多行动交互及协调的理解。

组织惯例可以由简单的个体行为构成，也可以由一些相互联系的集体行为构成。阿尔戈特（Argote）和英格拉姆（Ingram）认为，在组织运营层面，惯例是由众多相互协调的资源构成的特殊的网络关系。苏兰斯基（Szulanski）和延森（Jensen）在2004年的研究中提出，存在"元惯例"（metaroutines），即惯例由众多相互协调的简单惯例构成，如一条完整的产品生产线。费尔德曼和彭特兰提出，由具有具体功能的事件构成的网络，被称为叙述网络（narrative networks），它可以描述惯例的构成。2008年，彭特兰和费尔德曼在描述这种事件网络的时候，认为有功能性事件间的网络关系具有方向性，这也符合惯例的序列性特征。从知识与网络连接的角度看，组织惯例的内部结构包含了由程序式知识构成的个体惯例和由事件网络知识构成的协调惯例（米捷等，2016）。

三、组织惯例与组织能力

长期以来，组织研究领域的学者都一定程度上忽略了组织惯例内部的微观变化过程和多层次特性。费林和福斯（Foss）认为他们更倾向于把组织惯例当作一个抽象物、集体行动的规则和重复行动的过程。从能力的角度，按照科恩等在2007年的定义，惯例是组织在特定环境下对重复性任务的执行能力。这种定义是相对原始和朴素的。

在佐罗（Zollo）和温特的定义中，动态能力是一种需要知识积累的、稳定的集体行动能力。这种能力主要指组织根据外部环境的变化，系统地发展并调整当前的运行惯例以达到最优的运行效率的能力。萨尔瓦托和莱卢普认为，组织惯例和组织能力的复杂关系，可以分为高层次构念和低层次构念。高层次构念包含了组织的动态能力、战略调整能力和环境适应能力，与之相匹配的是组织惯例的整体适应性。低层次构念，则包含了个体的日常决策和效率，以及个体价值观、信念和利益。与低层次构念相伴出现的常常是团队和群体的任务执行效率。

陈彦亮和高闯在2014年的研究中提出，柔性惯例可以帮助组织适应动荡的环境。作为组织最深层次和隐秘的部分，组织惯例自我调整和变革性，也是组织创新和能力提升的重要来源（林海芬等，2017）。组织惯例如何影响组织的战略，并最终影响创新的机制，对于这个问题，巴雷托（Barreto）认为现阶段组织研究领域的学者还无法充分回答。

赖利（Reilly）和图斯曼（Tushman）认为，从组织能力和效率的角度来看，组织惯例可以降低组织的运行成本，节省个体认知占用，使组织能够基于现有的资源高效运转。这种基于现有资源的，与环境高度匹配的运转方式是组织能力的重要构成方面。组织惯例作为组织长期适应环境的结果，包含在了组织的能力体系中。阿斯帕拉（Aspara）等在2010年的研究，以及佛里斯尔和拉蒂在2013年的研究都表明，在多单元组织内组织惯例之间的复制可以使组织能力在整个组织中扩散和提升。由惯例复制带来的能力提升，在零售行业、连锁经营行业和特许经营行业表现得尤为明显。

四、组织惯例与组织网络

早在1990年和1992年，巴利（Barley）和伊瓦拉（Ibarra）就认为个体间的连接是沟通网络的基本构成元素之一。2001年，韦尔曼（Wellman）等学者在其研究中提出，连接的两种主要产出物分别是社会支持和信息转移。组织惯例作为一种个体间的协作关系，包含了个体间复杂的互动行为。然而，先前理论界对于惯例的研究却始终没有把个体间的网络连接作为惯例研究的重要议题。只强调惯例的认知模式，不强调惯例的实施形式，会造成惯例分析的偏颇。

近年来行动者网络理论（actor-network theory，ANT）的视角开始逐渐渗透到组织惯例的研究中［见阿德奥（Adderio）在2011年发表的研究及巴普吉（Bapuji）等在2012年发表的研究］。组织惯例的运行，包含了组织成员间的多重交互行为。不同的具体任务需要相应的组织成员进行协调和配合。通过任务分工和协作，在群体内部建立了必要的联系。个体连接的背后，是信任机制的建立，以及对未来事件的相似预期。费尔德曼和拉菲莉（Rafaeli）认为，通过持续性的信息交换，重复性的活动帮助组织成员发展出了共有的认知。这种共有的认知在很大程度上具有环境的适应性，并始终试图与组织目标保持一致。当个体面临环境的突然变化和临时的特殊任务时，如何采取有效的行动策略，很大程度上受到集体共有认知的影响。特纳和林德瓦在2012年的研究中表明，群体内部稳定的连接关系形成的时间越长，越有利于维持惯例的稳定性。

组织惯例所建立的网络连接，影响着个体的行动模式。由于惯例背后的任务复杂性存在差别，不同子惯例和行动间的连接关系也存在差别，这导致了个体间的行为互动和信息交换频率的不同。因此，由惯例执行所构造的网络间连接也表现出很大的差异性。费尔德曼和奥里科斯基认为，环境和个体认知的改变，会带来任务连接特征的变化，从而改变个体的互动对象。这种持续性的变化会带来个体连接网络的变化。学者高德华等发现，在基于惯例的个体网络中节点及节点间的联系具有明显的异质性。个体行动者在惯例的执行过程中，进行重复性的交流。由于任务属性的不同，有些个体有更多的机会接触其他个体。在这些频繁的接触中，有些接触是很关键的，并对连接关系有更重要的影响。有些个体由于自身的连接关系更多，常常属于信息交流枢纽的位置。此外，费尔德曼和拉菲莉发现个体由于声望、权力和地位等的差异，在惯例网络中的影响力也具有较大的差异。

特纳和林德瓦在2012年的研究认为，像标准化的程序一样，工作人员间的连接构建了一系列明确的或含蓄的协议，这减小了工作人员对于惯例执行的变异性。工作人员所有构建的连接存在的时间越长，惯例越有可能演化为一个明确的任务序列。在本书的模型构建中，个体将具有网络连接的异质性。我们将研究不同的个体间网络连接复杂性，以及高连接度节点的策略选择对于整个惯例系统演化的影响。

第二节　组织惯例的动态性特征

一、组织惯例动态性理论的发展

如科恩在2007年所言，长期以来，组织惯例都被认为是固定的、僵化的和无意识的活动。关于惯例的动态性特征的文献，比较有影响力的来自费尔德曼和彭特兰在2003年的研究。过去的研究中，组织惯例曾被当成一个统一整体。费林和福斯指出，把惯例当作既定的事实来呈现，学者们利用黑箱的观点和相对静态的视角审视惯例，这就很容易忽视惯例的内部微观过程。惯例作为生成系统，有其独特的内部结构。但是帕尔米贾尼和霍华德-格林威尔提出，惯例的内部结构是如何产生的，这些内部结构的创造与再创造过程是如何进行的等问题的相关研究仍远远不足。

惯例的动态特征与组织的稳定性和变化性密切相关。研究个体的行动是研究惯例动态性的起始点。而对于惯例的稳定性和内生变化性的过程，学者费尔德曼和奥里科斯基在2011年提出了能动性的观点。个体的惯例化行为具有情境依赖的特性，惯例在组织适应环境的过程中被组织选择性地执行和保留。彭特兰等认为具体行动和行为模式构成了微观的惯例，而惯例的宏观动态性是微观动态性的涌现。

在2016年发表的研究中，费尔德曼等认为4种动态特征与组织的适应性和产出相关，分别是：惯例的形成、惯例的惯性（内源稳定性）、惯例的内生变性和组织学习。2012年，加扎科维斯基（Jarzabkowski）在其研究中指出，组织惯例作为特殊的合作机制，其形成需要经历五个循环过程，分别是：①现有协调机制的破坏；②定位合作确实环节；③创建协调要素；④形成协调机制；⑤稳定协调机制。

彭特兰等（2012）认为，"变异—保留—选择"是惯例动态性变化的核心机制。组织中的变异可以有多种来源：第一类来自兹巴拉克和卑尔根发现的组织成员对于与惯例相关问题的尝试性解决。第二类来自现萨尔瓦托在2009年提出的现有惯例与新的个体行为或任务执行协作方式的重新组合。例如，格里芬（Griffin）和霍瑟（Hauser）发现新产品和生产线的引入会给组织当前的操作流程带来变化。第三类变异，法琼恩（Farjoun）认为来自组织高层管理人员的决策制定、计划实施和组织流程设计。这种类型的惯例变化，通常是可预知的。第四类惯例的变异来自破坏性事件和环境的剧烈扰动。例如，组织的分裂或合并会导致原有的人际间协作模式被破坏。莫罗西尼（Morosini）等发现，新分离出的组织即使具有原先的人员配置，也可能因规范、文化和制度的差异出现惯例执行的较大变异。

组织惯例的变异，在给组织带来适应性演进的同时，也会增大降低组织效率的风险。为应对这些风险，组织内部存在着惯例变异的制约因素。

这些制约因素，有些是惯例本身的特性决定的。科恩认为，个体行为在出现、被选择和被保留的完整机制下，会有一些行为模式上升为组织层次的行为。斯里坎特（Srikanth）和普拉那（Puranam）发现，这些行为最终会被编码和标准化，完成由隐性惯例到显性惯例的转变。一旦个体行为被编入标准化的执行规范，个体就只能依照既定的方式行事。即使发生人员流动，新进入的人员也需要遵循原来设定的工作程序。可见，惯例知识的显性化，有助于提升组织的抗风险和抗扰动能力，但也同时降低了个体层面行为变异的可能性。

霍华德-格林威尔在发表于2005年的研究中提出，个体或群体对于惯例的处理，出于不同的取向和意图，这就意味着惯例的主体能动性能够具体化惯例的履行。惯例作为集体活动，其执行是通过集体的隐性谈判（tacit negotiation）完成的。这种隐形谈判渗透着每个惯例执行者的个人意图。对个体权力的解构，可以解释惯例变化过程中主体能动性和组织环境的相互所用。霍华德-格林威尔认为，从这个角度分析，可以解释为什么某些个体的行为，而不是所有个体的行为，可以最终决定惯例的变化方向。

莱卢普和费尔德曼总结了相关研究后认为，对于惯例的动态性特征的观点，已经经历了十几年的发展。对于惯例动态性研究的奠基文献，组织领域较为认可的是费尔德曼和彭特兰在2003年的研究。在近些年的组织领域研究里，更多的学者如科恩迪特和西蒙等开始关注组织惯例的内生变化机制。狄奥尼修和索卡思认为，截至目前，组织领域对惯例内部的动态交互过程的研究还不够深入。特纳和林德瓦认为，惯例参与者之间的连接和交互，可使得日常任务的执行者逐渐发展出对于所执行任务的共同理解。然而，这些研究的逻辑大多是个体之间的连接方式如何影响集体参与，以及如何影响惯例共同认知的形成的。迄今还没有学者对于组织惯例和参与者交互行为的协同演化关系进行深入研究。

二、惯例动态变化的难易度

盖尔西克和哈克曼认为两方面的因素影响着群体惯例的变化难易度，分别是惯例变化的深度和惯例变化的中心性。群体惯例的深度指的是群体行为规则被隐藏的程度。某些行为深深根植于群体的日常行为中，以至于所有个体习以为常，并忽视其存在。在这种情况下，没有个体会意识到改变当前惯例的可能性和必要性。群体惯例的中心性则指的是群体任务对于该群体的关键性程度。中心任务是群体的使命性的活动，而外围任务则是重复和操作性的活动。例如，对于一组航空机组人员来说，与登机前的各项检查和准备活动相关的惯例，中心性就较高。而机组人员的制服叠放等惯例，中心度就较低。群体惯例在中心性和深度的双重影响下变化。

外围的和表观的惯例，很容易发生改变。随着惯例中心性的增加，任务复杂性和重要性也会增大。此时，即使惯例是表观的，其变化也会面临诸多困难。如果惯例是潜藏性的，那么即使是非中心性惯例也会被个体习以为常，潜在的行为方式就很难改变。

组织惯例并不总是朝着组织预想的方式或预定的方式演化。如果管理人员允许个体进行探索式学习和本地搜寻，惯例就有可能出现变异。然而，祎桑润（Yi Sangyoon）等指出个体的行动有可能出现不利于组织适应的有害变异，这种有害变异会通过负反馈机制被抑制。组织的正反馈机制和负反馈机制的联合作用，增加了惯例变化的难度。

三、组织惯例的复制行为

组织惯例的复制行为，既是组织学习的一般表现，也是利用式学习的典型方式。温特等认为，在快消、酒店、咨询、工业生产和服务业，特别是特许经营行业中，惯例的复制行为极为常见。霍华德-格林威尔、温特及苏兰斯基的共识是，精确地复制另一个组织的惯例或最佳实践，是组织快速成长的路径之一。例如，在麦当劳的典型案例中，在全球范围内迅速且有效地复制操作和日常运行惯例，是其维持全球竞争力的关键。惯例的复制行为，广泛存在于多单元组织［如赖策格（Reitzig）在2004年的研究］，典型的形态包括跨国公司及其海外子公司［见延森和苏兰斯基在2004年的研究；鲁斯卡（Ruuska）和布雷迪（Brady）在2011年的研究］、连锁零售企业［见琼森（Jonsson）和福斯在2011年的研究］和特许经营组织（见苏兰斯基和延森在2008年的研究）。

里夫金（Rivkin）认为，复制一个成功的模板，可以发挥企业知识资产的杠杆效应。2013年的研究报告中佛里斯尔和拉蒂提出，在新环境下复制现有惯例，对组织来说是价值创造的过程。由于知识嵌入在惯例中，组织可以利用内部的惯例复制机制受益［见赫尔法特（Helfat）和彼得斯（Peteraf）2003年的研究］。对于多单元组织，可以利用现有的知识资源，跨越地理边界地取得持续竞争优势。由于组织能力可以看作组织现有惯例的集合（Teece et al.，1997），赫尔法特和彼得斯认为在新环境中复制现有能力，是组织生命周期里不可或缺的环节。组织内部的惯例复制，就可以看作组织内部单元的能力的扩散。

延森和苏兰斯基认为在能力转移过程中，模板扮演了参照物的作用。

日常运行惯例在复制的过程中，有可能产生诸多偏差和问题。温特和苏兰斯基指出此时模板用于转移过程中的行为修正。苏兰斯基在1996年提出，组织对于惯例模板的选择也是组织进行知识编码的过程。根据苏兰斯基和延森的研究，惯例的模板可以帮助个体克服知识黏性在惯例复制过程中的阻力。组织内部在模板复制的过程中，偏差会导致变异的出现。这是惯例复制过程中难以避免的问题。组织惯例具有一定的黏性，必须依附于其发源地的环境才能有效发挥作用。苏兰斯基和延森认为把源惯例应用于其他部门和领域，本身就是一种重要的创新过程。组织内部某单元的源惯例经过适度修改后在新的环境单元下能够成功运行，意味着组织可以有效地利用现有的知识资产。

温特等认为多单元组织在进行惯例复制时，一个重要的抉择就是到底是完全精确地复制模板，还是在现有模板的基础上进行更新。惯例作为集体认知过程，由于其内部各部件之间复杂的关系和知识的隐性，在不同群体中完整地复制惯例显然非常困难。一方面，惯例的复杂性和模糊性，要求精确地复制惯例模板，以防止转移过程中组织能力的丢失；另一方面，拒绝变化，可能削弱转移的效力，并阻碍组织惯例的本地适应性。组织内部惯例的复制困局，与马奇提出的探索—利用式学习所面临的问题相似，但又不完全相同。组织惯例的复制问题牵涉到组织当前的运行效率和群体间利益冲突的问题，因此更为复杂。

学者们虽然已经谈及惯例复制过程的知识流动问题，但以往的研究都只关注知识流动至惯例接收方的情形。琼森和福斯及佛里斯尔和拉蒂认为，在组织惯例进行复制的过程中，知识是双向流动的。双向知识流动的机制分别是由惯例源到惯例接收方的知识流动和由惯例接收方知识源的逆向流动。2011年，琼森和福斯通过对IKEA公司的连锁经营行为进行研究，发现当已复制惯例在新的环境下重新适应环境并做出调整时，惯例源单元可以获得来自惯例接受方的经验。在2013年的论文中，佛里斯尔和拉蒂发现知识在惯例复制过程中的双向流动过程，可以帮助组织进行知识再编码和全局范围内的惯例再更新。

第三节　组织惯例的稳定性与变化性的矛盾分析

一、组织惯例的稳定性与惯性

在早期的组织理论里，如西尔特（Cyert）和马奇在1963年的研究及多西（Dosi）和尼尔森在1994年的研究中，组织惯例被认为是组织惯性的来源。霍华德-格林威尔和凯尔德夫（Kilduff）提出，即使外部环境发生变化，个体的行为模式也会趋向于维持现有状态。阿德勒（Adler）等指出，为了与产品的制造标准保持长期一致，组织的操作惯例需要保持长期的稳定性。在这样的情况下，任何惯例执行行为的突然改变，都会导致难以预料的执行偏差。霍弗（Hoffer）在2002年的研究中提到，惯例的稳定性除了保证企业运行过程的无偏差以外也有其他好处，包括减少认知的占用和促进复杂日常工作的协调。也有学者（如彭特兰等2012年的研究）认为惯例的稳定性会对组织产生不利影响，包括对组织即兴和组织变化构成的阻力，以及所引致的组织灵活性和适应性的削弱。对于变化的抵御，使得惯例具有长期保持次优结果的趋势。

早先的学者科恩和巴克代亚认为，组织惯例在一定时期内，具有维持稳定状态的倾向。盖尔西克和哈克曼认为这种稳定性表现为个体行为模式的固化。利文索尔（Levinthal）和波斯纳（Posen）在2007年的研究里提到，行为模式的稳固性特征是组织内部长期自我选择的结果，也是组织效率的保证。个体行为方式的稳定性表现出的另一面，就是组织的惯性。由惯例行为诱发的变革阻力会长期存在，即使遇到了组织绩效的负反馈（Gilbert，2005）。在惯性的作用下，即使各种外部事件证明了当前环境对于现有行为模式而言是不利的，现有的行为方式依然会延续。

盖尔西克和哈克曼发现，四种典型因素导致了群体习惯的维持，分别是简单惰性、变化的预期成本、社会连接和群体规范。简单惰性指的是群体对习以为常的事件的继承，如对于会议的迟到行为。组织惯例的惯性，可能会对组织造成不利影响。在阿南德（Anand）等2012年的研究中，他们通过对食品和制药产业进行研究，发现现行食品安全和制药的行业标准会经常改变。如果企业无法及时调整生产惯例，就可能导致生产流程发生严重问题。这个过程称为惯例的老化。惯例的老化会对企业效率和效果产生损害。

汉南（Hannan）和弗里曼（Freeman）在1984年的研究中提到，组织惯例具有维持当前状态的特性，表现为从某一组行为偏好转向另一组行为偏好时的惰性。对于组织来说，维持现有惯例的成本要小于惯例变化的成本。组织惯例的一个重要特性是，它们具有稳定性和可重复性，这使得组织内部能够处于一种相对稳定的环境中（Feldman，2003）。然而也正是惯例的这个特征，使其产生了强有力的惯性力量，并阻碍了组织的变化（Amburgey et al.，1990）。在对日本企业的长期研究中，柯林森（Collinson）和威尔逊（Wilson）2006年的研究报告发现陈旧的知识管理惯例，引起了知识整合和创新战略的滞后；而内部搜寻和人际间知识分享惯例的陈旧性，也阻碍了创新行为的产生。这说明，惯例的惯性不仅可以通过阻碍惯例本身的变化影响组织的运行效率，而且也通过对组织知识整合延迟影响组织的环境适应能力。因此，主流的观点通常认为，惯例惯性是组织发展的消极因素，也是应当尽量消除的因素。那么，惯例惯性为何长期存在且难以消除，这个问题可以从个体的行为机制和心理机制进行溯源。

惯例惯性形成的原因是多方面的。阿德奥在2008年的研究中提出，组织惯例所依附的有形资源的刚性特征，是导致组织惯例惯性形成的主要原因。斯汀（Steen）在2009年的研究中认为，个体对于当前状态的满足，导致了个体不愿意付出持续性的改变和努力，这促使了行为惯性的保持。

改变习惯性的行动模式，是惯例改变的前提。个体需要在不同的备选行动中做出选择，根据组织环境决定是否改变习惯。现状偏好（status quo bias）可以较好地解释个体维持现有惯例的现象。萨谬尔森（Samuelson）和泽克豪泽（Zeckhauser）在1988年的研究中提到，三种机制的联合作用，导致了现状偏好行为的产生。第一种机制，是个体面对转换成本和不确定时的理性决策；第二种机制，是认知误区（cognitive misperceptions）；第三种机制，称为心理承诺（psychological commitment），源于被误解的沉没成本、后悔规避和一致性驱动（drive for consistency）。个体最初的策略选择会对随后的行为决策构成影响。转换成本的存在，使得个体更偏好于延续之前的行为方式，即使转变策略会带来更高的效率。组织成员建立惯例性活动的过程，需要付出沟通成本和学习成本。如果改变惯例性的行动，对理性的个体来说，就会增加沉没成本（Samuelson，Zeckhauser，1988）。在心理承诺机制的作用下，个体会更加小心地遵循现有的组织规范和标准化的执行流程，并不断对当前的行为进行自我强化。惯例的执行需要借助对模板的认知，而大多数个体无法维持两种冲突的行为模式。因此个体在组织活动中会试图保持行为的一致性。

二、组织惯例的渐进式改变

尼尔森和温特认为除非是组织结构的调整、工作小组重组或新的资源要素的加入，组织具有维持现有惯例的倾向。费尔德曼通过对招聘和培训惯例进行长期观察，发现组织惯例是线性和持续变化的。招聘工作需要在一次又一次的改进中提升效率，这个过程包含了惯例的反复迭代。惯例从一次迭代进入下一个迭代时，不会发生显著改变。

从熵理论的角度来看，组织惯例是缓慢变化的。组织惯例的熵增过程，由最初的有序过程，逐渐变为混乱的无序过程，并逐渐失去效率（Anand et al.，2012）。组织惯例的运行特征使得内部各个活动保持稳定性和相互依赖，并长期维持稳定的变化（Ranucci，Souder，2015）。

在2011年的研究里，通过对四个挪威国家的不同组织的账单处理过程进行深入观察发现，在五个月的时间里，组织的惯例经历了数千次的内生变化，而且这些变化都是微小的和持续性的。组织惯例嵌入到组织的日常活动里，在利用式学习的过程中自我强化。利用式学习下，组织不会从根本上改变当前的战略体系。对过去经验的学习和萃取，可以帮助组织在渐进式变化中提升效率。

三、组织惯例的变革

1984年，汉南和弗里曼提出，惯例集是组织的记忆一旦离开了执行行为，就会逐渐瓦解。盖尔西克和哈克曼认为五种潜在的原因可能会导致群体惯例的显著变化，分别是组织遇到日常事务的新状态、群体目标经历了失败、到达了组织工作的时间节点、有意识干预引起的群体对现有规则的反思和不得不应对的组织结构变化。

作为开放系统，组织会与外界发生持续的信息交换。外部力量的突然改变，可能会使组织惯例在某个时点朝着熵增的方向快速发展（Anand et al.，2012）。外部力量的突然介入，使得组织内部出现混乱，导致原有惯例的破坏和失效。这种情况下，新的秩序会涌现，直至完全替代旧的秩序。对现有惯例造成巨大冲击的事件包括：兼并、收购、重组和生产流程再造等（Anand et al.，2012）。组织间的融合，如并购，是一种对组织惯例较强的扰动。为了应对惯例的剧烈变化，组织成员的知识会在短时间内重组和更新（Ranucci，Souder，2015）。

组织内的漂变会带来新的变异（Ciborra，2000）。从惯例的角度来说，内部漂变可能来自个体某次无意识的尝试，也可能来自任务执行时间的重新排列，或者来自个体协作方式的改变。2012年，加扎科维斯基等在其研究中指出，组织结构的变动和管理规则的重新制定，使得惯例在一个时期内形成一种相对混乱的状态。组织暂时的混乱状态，是各项陈旧的行为规则被废止的起点。从路径创造的角度看，新出现的惯例，为新路径的产生创造了条件（Garud et al.，2010）。新路径一旦产生，就会吸引更多的组织资源，实现自我强化（Bucher，Langley，2016）。

2010年，兹巴拉克和卑尔根发现，各方利益矛盾导致的冲突，会破坏现有各方利益的平衡。当现有的协定被打破，群体内的各种力量就会开始新的斗争，矛盾由此升级。当各方成员达成一致，最终进入休战状态，组织就会形成新的惯例。兹巴拉克和卑尔根认为如此周而复始，就是惯例一次一次被打破并重新建立的过程。

四、惯例的稳定性与变化性的矛盾统一关系

惯例的惰性和变化性之间，存在复杂的相互影响的关系。至今，学者们对于惯例的稳定性和组织变化性的关系仍存在诸多疑问。在2016年的论文中，祂桑润等认为惯例的惯性也可能会产生改变组织适应过程的变异。对于组织目标内惯例改变的实施偏差，可能会产生预料之外的变化。祂桑润等认为在持续的组织适应过程中，这种非计划性的和执行层面的变化，有可能被有限理性的个体选择并保留下来。惯例层面的惯性，与个体的选择性保留相互结合，可能在组织变化的过程中扮演着隐性推动者的角色。

惯性存在于个体层面和组织层面。波吕特斯和卡拉干达（Polites，Karahanna，2012）认为与组织惯性不同，个体层面的惯例惯性指的是个体对于固有行为模式的固执。以至于面对当外部激励刺激时，或明确察觉到更好的替代模式时，个体也不会改变当前的行为。在组织层面，如果组织现有惯例体系引起了组织结构变化的阻力，组织惯例系统就会增加组织的惯性，并最终削弱组织的适应性。2016年，祂桑润等利用基于NK模型的仿真实验，发现组织的惯例惯性会削弱组织的适应性变化，但跨越较长的时间节点之后，组织的惯例惯性反而会促进组织发生更大程度的突然变化。

加鲁德（Garud et al.，2010）认为内源性变化可以理解为路径创造（path creation）和漂变（drift）。在组织内部，如果内源性的惯例变异处于较低水平时，随着内源性变异概率的增大，组织的适应性变化能力也会增强。这是由于惯例的内源性变异抵消了现状偏好带来的自我锁定作用（Samuelson，Zeckhauser，1988）。当惯例的内源性变异增加到一个临界值时，内源性变异比率的增高反而会削弱组织的适应性。这是由于组织惯例内部变异

带来的代理问题、标准执行流程的改变、不适当的组织即兴和错误的任务执行尝试，会破坏惯例系统的稳定性。此时，组织的惯例惯性，有利于混乱状态下组织的适应性变化和自我纠偏（Yi Sangyoon et al.，2016）。从这个观点看，惯例惯性不一定对组织产生消极的影响。

流程管理技术强调，标准化的管理过程，需要把潜在的行为变异降低至最低水平。然而，对于行为变异的消除，会降低创新发生的可能性，甚至导致惯例与环境的脱离（Benner，Tushman，2003）。一旦惯例与外部环境严重脱节，组织就只能面临两种选择：组织要么摒弃现有惯例，要么等待组织自身的结构变革。因此，限制惯例的变异，一定程度上为更大的惯例变革积累了推动力。

在2012年的研究中，阿南德等总结了前人的研究，认为惯例的稳定性和不稳定性可以从主观与非主观两个维度进行划分。主观的稳定性指的是组织为了保证产出和效率，对现有惯例的坚持；非主观的稳定性指的是组织的惯性，所造成的影响是组织刚性和创新能力缺失。主观的非稳定性指的是对惯例的自由即兴和行为模式改变，有利于组织的柔性和创新；非主观的非稳定性指的是惯例与环境的脱离和惯例的随机老化，导致的结果是无法保证组织目标的完成。

组织文化对于惯例的影响是双向的。文化到底是阻碍组织惯例的变化，还是促进组织惯例的变化？组织领域的相关研究兴起于贝特尔斯等在2016年对于惯例整合的研究。员工和管理人员可能借助组织文化来隐藏组织惯例与当前环境的不匹配性，这会造成惯例变化的阻力。与此同时，文化可以支持现有的组织惯例，进而避免了外界因素对于惯例变化的推进。从这些角度来看，组织文化削弱了惯例变化的能力。

组织结构的调整和组织管理方式的确立，有可能使得组织陷入一个暂时的混乱状态。加扎科维斯基等在其研究中指出，这样的混乱状态可以使得旧的规则被废止和失效，从而引发新的规则产生。在稳定性和变化性下，组织惯例体现了典型的矛盾张力关系。法琼恩认为，解释这对矛盾，可以从过程和结果分离的视角来审视。在彭特兰等2011年的研究里，账单的成功处理是结果，而实现发票处理的步骤就是过程。彭特兰等发现，组织内部的稳定性结果，需要变化的过程来保障。正如法琼恩所言，组织惯例的持续性变化，是为了保障惯例执行效率和执行结果的稳定性。可见，惯例的稳定性和变化性，是彼此相依的矛盾体。

第四节　组织惯例的变化性与组织内部冲突

一、惯例复制目标的冲突

尼尔森和温特认为组织惯例本身具有可复制的特征。惯例的复制行为在组织中十分普遍。马奇的研究引发了人们对探索—利用式学习的思考。在多单元组织中，跨越地理和部门的惯例复制行为十分普遍。惯例在多单元组织中的复制，是组织能力内部的扩散行为，有利于发挥组织知识资源的杠杆作用。组织惯例在内部复制的过程中，必须面临一个重要的抉择，就是如何复制惯例才能达到最优的效果。阿德奥在2014年的研究中提出，在惯例复制过程中，一个突出的矛盾就是尽量精确地复制惯例与惯例的本地化适应行为之间的冲突。

组织惯例的复制包含了知识在群体中的复制（Røvik，2016）。一旦涉及知识的复制，就涉及知识的利用和创新。组织惯例的复制过程，也是群际问知识的转移过程。马奇认为利用—探索式学习是一对矛盾的统一体。前者指的是组织对于现有知识的学习和精炼，后者则包括了对新知识的探索。利用式学习虽然能够充分利用组织当前的能力达到短期效率的最优，但也可能抑制创新。探索式学习蕴含着未来学习的机会，但也可能使得组织暂时陷入困境和混乱状态。惯例包含了复杂的显性知识和隐性知识（Giudice et al.，2013），重点保留隐性知识还是显性知识的矛盾，也使得组织面临两难的抉择。

惯例包含了大量隐性知识，隐性知识与个体所处的组织环境高度匹配，因此惯例与本地环境高度嵌入。由于惯例具有环境的粘连性，脱离起源环境后惯例是否可以在新的组织环境下适应和生存，学者们至今还未给出统一的答案。环境和任务的复杂性，使得惯例在复制的过程中面临诸多不确定性（Ruuska，Brady，2011）。

二、对惯例认知差异的冲突

个体知识是形成惯例的微观基础（Feldman，2003）。图式（schemata）是个体对于现实情形的认知表征。尽管组织惯例建立在个体层面的基础上，但是通过沟通和信息共享可以到达群体和组织层面（Bartunek，1984；Rerup，Feldman，2011）。组织中的子群，如不同的部门，对支持惯例（espoused routine）和图式有着差异化的理解，这也造成了对于惯例的执行行为的差异。在组织领域的学者，如在兹巴拉克和卑尔根（Bergen）、霍华德-格林威尔及特纳和闻多瓦（Rindova）等的研究中，已经涉及惯例背后的动机、认知和行为。但惯例的认知图式和个体行为的直接关系，仍然没有明确。帕尔米贾尼和霍华德-格林威尔认为惯例的能动性与惯例认知的图式存在联系，这种联系有助于研究惯例变化的微观机制。

在组织层面，图式指的是群体共享的和可以达成共识的规程、规范及问题解决模式。由于个体和群体对于惯例的执行理解的差异，其执行惯例的动机也存在多元性。兹巴拉克和卓尔根认为惯例的动机决定了惯例是否被采用、改变或维持。莱卢普和费尔德曼发现，惯例的支持图式（espoused schema）是惯例背后的认知结构，决定了惯例的实施；对于惯例的执行，又重塑了惯例的支持图式。这种试误学习的路径正是费尔德曼在2003年所提及的惯例的形成和变化回路。

组织内的不同个体可能有着不同的个人经历和成长环境，进入组织的时间也有可能不同。知识结构的差异很容易形成对于惯例图式的差异化理解。同一个组织内部的惯例图式的差异，造成了个体或群体对于惯例执行的冲突（Stiles et al.，2015）。在不同的组织层级里，如果对惯例图式无法达成共识，信息传递和决策就会出现问题（Balogun，Johnson，2005）。来自组织外部的新惯例的导入，增加了组织惯例图式的模糊性，随之产生的图式差异造成的惯例执行动机的偏差，加剧了组织内部的分歧（Stiles et al.，2015）。当组织陷入内部冲突时，图式的重构可以平衡各方的惯例执行动机，从而减少惯例的执行冲突。

三、惯例背后的利益冲突

对于组织惯例内部结构的研究，基于知识和认知的视角是组织领域学者们研究的主流（Gavetti，2005）。其后，越来越多的学者，尤其是以霍华德-格林威尔为代表的学者们，开始重视惯例的内生变化机制。费尔德曼和奥里科斯基认为惯例内部的变化过程，需要在个体能动性的驱动下进行。

惯例在形成之初，行动者目标的差异化就已经产生。当惯例形成之后，一旦群体或其他个体当前的任务执行无法符合个体的利益时，也会引发冲突。兹巴拉克和卑尔根认为，在群体和组织层面，不同部门间的利益目标不一致，引发的后果就是群体间惯例的摩擦和冲突。

对于现有惯例的变革与维持的冲突，就是一种典型的惯例冲突。加扎科维斯基等在其研究中指出，冲突可以使组织陷入暂时的混乱和无序状态。兹巴拉克和卑尔根认为，随着个体利益协调的进行，组织或群体内部会达到暂时的休战状态。此时，新的惯例就会形成，并在一段时期内维持稳定。狄奥尼修和索卡思认为这种稳定状态会长期维持，直到新的利益诉求冲突的出现。

利益冲突的问题在新旧惯例交替的时候尤为明显。拉扎雷克（Lazaric）和丹尼斯（Denis）在2005年的研究中提到，新的管理标准体系的导入，应当充分考虑雇员对于旧的惯例的坚持，因为其背后涉及雇员的个人利益。组织在改变现有惯例的时候，应当考虑群体惯例背后的利益冲突，以减少冲突和混乱对组织的不利影响（Trevor et al.，2012）。

四、惯例更新中组织内部权力的冲突

当组织面临兼并和收购等情况时，在一些情况下不同的组织融合为新的组织。组织内部的部门间调整、合并和重组等情况，也会带来组织的重新整合。此时组织或群体就必然面临一个情况——惯例的重新融合。在日常任务的执行中，不同的组织经过长时间的探索，已经形成了高效率或最符合自身利益的惯例。不同惯例的重新融合，会导致群体或个体间冲突的集中爆发。

组织惯例源起于个体间的行动规则，这些规则与组织环境和组织文化紧密关联。惯例的形成和发展，都具有组织文化的烙印（Sørensen，2002）。从惯例的起源和发展来看，组织文化支持本群体和本组织的惯例（Dodgson，1993）。当不同组织或群体在惯例融合过程中发生冲突时，组织文化就起到了重要作用。如果支持惯例的组织文化无法相容，那么组织惯例的整合就会面临困难。从这个角度来看，组织惯例的整合过程也是组织文化的相融过程（Bertels et al.，2016）。分析来自不同组织的惯例的冲突和竞争过程，需要考虑组织文化的支持作用。

2016年学者萨法维和欧米德娃（Safavi，Omidvar，2016）进行了一项为期两年的研究，对象是一所大学 A 兼并一所艺术学院 B 的过程及兼并后的惯例整合。大学 A 试图整合艺术学院 B 的预算编制惯例和招聘惯例。由于大学 A 采用了集中化任务流程的手段，导致艺术学院 B 的工作人员断开了与以前工作教师的关键关系，从而失去惯例的合法性，进而导致艺术学院 B 工作人员的财务惯例最终被整合。当不同群体的惯例在整合过程中发生冲突时，惯例整合的背后是个体或群体间权力此消彼长的关系（Raman，Bharadwaj，2012）。

霍华德-格林威尔认为，分析惯例的变化，就要考虑个体的能动性。狄奥尼修和索卡思认为个体改变或维持惯例的能动性是通过组织内部的权力张力发挥作用的。惯例作为集体参与的活动，每个个体都与周围的个体形成密切的网络。一些更有权力的个体或群体，更具有影响甚至控制当前人际间关系的能力（Cast，2003）。布尔迪厄的"场域—象征资本"理论，可以从权力、合法性、声誉和网络关系的角度解释为什么某些群体或个体更具有控制力。研究组织中不同群体权力的变化性，是惯例微观变化机制研究的重要切入点。

第三章　组织整体视角下个体决策层面的慣例变化

第一节　个体的慣例执行策略与慣例演化的影响因素分析

一、慣例的相关性与个体任务执行效率

随着工作复杂性和动态性的持续增加，日常工作需要频繁地适应特殊的环境。这个适应过程对于每个个体而言都是一项挑战。温特早期的研究认为，组织有标准化重复性任务的动机。坚持慣例的表述行为的稳定性，被认为可以通过减少认知占用和避免个体间冲突的方式来增加组织的效率（Becker，2004）。上述做法的积极影响，需要基于稳定的运营环境（Stinchcombe，1990），然而变化的组织环境会带来慣例的扰动，并削弱组织的产出（Edmondson et al.，2001）。费尔德曼在2000年的研究中提到，参与者以可变的方式执行慣例，本身就是慣例特有的属性。因为变化性也是慣例固有的特征。在这里，变化性指的是微小的和持续性的变化。至此，一个矛盾性的话题就产生了：组织对于效率和标准化的维系动机，会不会与慣例

的动态性特征存在冲突？

　　兹巴拉克和卑尔根认为，外部环境的变换，带来了群体间或个体间的利益的冲突，这导致了惯例的稳定状态被打破。2012年，特纳和林德瓦在对六个垃圾收集组织的研究中发现，短期和长期的外部环境变化都会为惯例的变化提供土壤。短期来看，垃圾清障车等机械设备故障或天气情况的改变，会打破环卫工人原先的工作惯例。从长期来看，线路的重新规划和垃圾清理设备的更新升级，会给个体的行为惯例造成长期的改变。即使没有外部环境的变化，个体的惯例也会发生变化。特纳和林德瓦发现，来自不同组织的垃圾清理人员称，他们如果发现新的惯例能够以更高的效率完成工作，就会改变当前的工作方式。在维系惯例的运行时，组织的目标在于保证任务执行的效率（Karim，Mitchell，2000）。本书的基本假设是，惯例的变化会影响个体的任务执行效率，从而影响自身的绩效。因此，个体对于不同的惯例执行策略的选择，所依据的决策基础就是惯例的运行效率给个人带来的绩效。

　　勒巴伦（LeBaron）等在之前的研究中（2016）通过访谈、视频记录等手段，对特护病房医生的协调性活动进行长期研究，发现每一项日常工作任务，都存在高度的效率相关性。组织惯例是由个体策略构成的组合体。个体完成自身任务的方式，不仅对自身所负责的任务产生影响，也会影响与之匹配的其他环节。函数 $Pn(S_{jy}, S_{ix})$ 代表在同一个任务链条中，当上一个 j 采取策略 y 时，个体 i 采取策略 x 时，由惯例协调度带来的个体 i 效率的增加。在不同的组织中，不同子任务间的匹配度对于组织整体运行效率的影响存在差异。用 θ 表示组织惯例内部子任务间耦合的紧密程度。当个体 i 采取不同策略时，与惯例协调带来的收益如表3.1所示。

表3.1　个体 *i* 策略与惯例间协调收益

变量	个体 *i* 策略		
	A	*B*	*C*
惯例	$Pn\ (S_{jA},\ S_{iA})=2\theta$	$Pn\ (S_{jA},\ S_{iB})=\theta$	$Pn\ (S_{jA},\ S_{iC})=0$
协调	$Pn\ (S_{jB},\ S_{iA})=\theta$	$Pn\ (S_{jB},\ S_{iB})=2\theta$	$Pn\ (S_{jB},\ S_{iC})=\theta$
收益	$Pn\ (S_{jC},\ S_{iA})=0$	$Pn\ (S_{jC},\ S_{iB})=\theta$	$Pn\ (S_{jC},\ S_{iC})=2\theta$

资料来源：笔者整理

二、惯例与环境的不匹配程度

假设个体现有的惯例无法与环境实现高度匹配。个体只有通过调整策略，才能完成与环境的匹配。用不同策略间的任务执行效率的比值，反映个体所采取的惯例与当前环境的匹配度。令 P_A、P_B 和 P_C 分别代表个体采取坚持现有惯例、渐进性改变惯例和变革现有惯例三种策略时的个体绩效。定义 P_{mix} 表示现有惯例与环境的不匹配程度。其中，φ 代表变革现有惯例与渐进式改变现有惯例相比，所带来的额外收益。φ 的值越大，说明现有惯例与外部环境的不匹配度越高。为了简化模型，后续的模型里把 φ 的值统一设置为2.0。

当前惯例与环境的不匹配程度，体现在不同策略绩效的比较上，如式（3.1）和式（3.2）所示：

$$\frac{P_C}{P_B} = P_{\mathrm{mix}} \tag{3.1}$$

$$\frac{P_C}{P_A} = \varphi P_{\mathrm{mix}} \tag{3.2}$$

P_{mix} 的另一层含义是，如果个体主动采取适应环境的行为，会提升个体绩效，从而带来自身效用的提升。现有惯例与环境间的不匹配程度越高，个体执行现有惯例就会面临越高的绩效损失。组织环境发生重大改变后，彻底改变现有惯例，要比在现有惯例的基础上采取渐进式改进的方式带来更明显的绩效提升。

相对于新成立的组织而言，成熟的组织更加依赖现有的知识和经验，在日常重复性事务的处理上表现出更高的效率（Lavie et al.，2010）。但是，由于路径依赖的作用，当面临外部环境剧烈变革时，成熟组织的适应性如何，是一个值得商榷的问题。现实情况下，惯例由匹配环境到不匹配环境，需要一个长期的过程。组织惯例不仅具有变化性特征，也有维持现状的倾向。如果组织在外部环境持续变化的情况下，无法及时调整现有惯例，组织的惯例系统就会失效，并严重影响组织的整体绩效（Gilbert，2005）。惯例失去环境适应性的过程，又称为惯例的老化。惯例的老化是渐进式和持续进行的。惯例的老化会对组织造成不利影响。例如，在食品和生物制药行业里，为了严格保证产品的质量，企业必须按照最新的操作流程规范进行生产（Anand et al.，2012）。在这样的行业环境下，生产惯例的老化会导致严重的后果。

在模型中，惯例的不匹配度由 0 增长至 P_{mix} 所需要的模拟周期为 T_{cycle}，则 T_{cycle} 的倒数可以用来表示惯例老化的速率。

三、个体惯例与有形资源方面的粘连性

吉尔伯特（Gilbert）把组织的惯性分成两类，分别是资源刚性（resource rigidity）和惯例刚性（routine rigidity）。前者指的是没有采取新的资源投入模式，后者指的是陈旧的组织流程无法适应新的资源投入。此处吉尔伯特所说的资源，主要是从宏观角度出发的，牵涉到企业外部的诸多利

益相关者。与惯例紧密结合的组织内部资源，与组织惯例的改变有着更为紧密的关系。

2005年，彭特兰和费尔德曼提出，工件是惯例的物质依赖物。例如，文件、操作机械、电脑、办公室的空间布局甚至工作位的摆放，都影响着组织惯例。由于工件具有特殊性，因此在不同的环境下，工件对于惯例的影响作用不同。对于惯例的表述行为而言，工件的作用主要是限制和提供资源。惯例的明示例证与工件之间的矛盾，可能代表着管理者与工人的分歧，也可能代表着不同任务团队与组织总体目标的分歧。

沃尔科夫等（Volkoff et al., 2007）认为组织惯例除了具备明示例证和表述行为两方面之外，还应具备第三个方面，即有形资源方面（material aspect）。有形资源方面包括了彭特兰和费尔德曼所提及的惯例的工件，也包括组织中的各种软件和明文规程。不同于组织惯例的明示例证，惯例的物质材料是形象和具体化的，而前者是抽象和概念化的；也不同于组织惯例的表述行为，惯例的物质材料通过特定的技术被实施，且是预先设定和无法改变的，而前者包含个体对于不同行为的选择性执行。例如，企业信息系统可以被描述为组织惯例的物质材料，其一旦重新构建，员工的很多行为将会受到系统的限制。这会导致员工的任务执行惯例发生改变，并影响员工间的交互模式。

伦纳迪（Leonardi）和巴利认为，惯例有形资源包括了支持惯例的技术构件本身及与技术构件相互适应的个体经验。阿德奥认为惯例中包含隐性知识、规则和程序一旦与有形资源相互嵌入，就会变得相对稳定和持久。拜伦泰等（Berente et al., 2016）等通过对美国国家航空航天局（NASA）信息管理系统的实施进行研究，分析了惯例的明示例证、惯例的表述行为及有形资源三者间的不匹配情况，以及个体和组织层面对新的组织环境的适应过程（Berente et al.，2016）。个体的行为规则与有形资源的相互嵌入和共同演化，说明了组织惯例所包含的个体行为模式与有形资源具有粘连性。在式（3.4）中，dr 用来描述组织惯例与有形资源的粘连性，定义 $C_{mi}(x)$ 为惯例与有形资源间不匹配所带来的转换成本，C_{i0} 对个体 i 而言是常量。只要惯例与所支持惯例的有形资源发生偏离，个体要想达到原先的任务执行效率，就必须重新学习和适应。$C_{mi}(x)$ 从个体的角度描述了面对这种不匹配时，个体所需负担的额外成本。

组织作为一个适应性系统，可以不断调整与外部环境的关系。当渐进式地改变现有惯例时，组织会调用各种资源，不断适应自身的执行惯例，使其与惯例的有形资源间形成匹配关系。然而，惯例的渐进式改变，主要是基于现有的惯例系统，而组织惯例的变革，是基于全新的惯例系统。与前两种策略不同，变革现有惯例，会造成整个组织系统的适应性困难。组织惯例与有形资源的粘连性描述了组织放弃现有惯例系统并采取变革现有惯例的策略时，必须面对的额外成本。我们定义 dr，主要用来描述组织对于全新的惯例有形资源支持系统的适应成本。此处 dr 主要用来描述系统性地惯例变革引发的额外成本，$C_{mi}(x)$ 主要用来描述个体惯例执行策略的变化产生的转换成本。此时 dr 的值就是组织惯例与有形资源的粘连性的体现。这两个值将在下一节进行更细致的分类解释。

四、组织的社会化进程

组织对于新的操作规程和运行惯例的探索，包括自顶向下的过程和自底向上的过程（Zimmermann et al.，2015）。前者指的是高管确立组织双元的战略，然后一线管理人员参与贯彻执行。后者主要是一线管理人员在其认知水平改变的情况下，推动所在子单元内部的惯例变化。祎桑润等提出，与内源性变异不同，基于既定计划的组织惯例变化，有可能不利于组织的适应能力，并有害于组织的效率。

在马奇开创性的研究中，组织社会化指的是个体持续修正他们的信念，使得个人的知识结构与组织的知识结构相互接近。在马奇的社会化构型中，组织会筛选优秀个体，并建立一个编码集。在每一个模拟周期中，组织会重新筛选优秀个体，并对这些优秀个体进行编码学习。与此同时，每一个个体会以一定的速度从组织已编码的知识中进行学习。高度的社会化，代表了组织的利用式学习倾向。个体从组织编码学习的速度，反映了组织社会化的速度，也是组织利用式学习程度的体现。

金姆（Kim）和瑞伊（Rhee）在 2009 年的研究中将社会化分为了垂直社会化（vertical socialization）和水平社会化（horizontal socialization）。垂直社会化指的是个体持续性地修改其信念，使其尽可能地与组织已编码知识保持一致的过程。这种自顶向下的学习过程，一定程度上削弱了组织内部的知识差异性。水平社会化主要指的是人际间学习，包含了个体对于组织内部知识的搜寻。

赖利和图斯曼发现组织惯例系统的形成不仅是组织长期应对日常运行状态的结果，也受到组织内部各层级领导人员的主观支配。组织根据个体的任务执行效率，构建一个编码集。这个编码集中，含有任务执行效率最高的个体。组织会根据这个编码集中个体普遍采取的惯例执行策略，总结出对组织而言效率最高的策略。这个过程，就是组织编码的过程。

惯例的社会化，需要在组织和群体的层面形成统一的认知（Bacharach et al., 1996）。个体需要从组织编码集中进行学习。在组织提炼出编码集中的最优策略之后，个体采取组织提炼出的最优策略。这个过程被称为社会化的过程。从全局来看，组织所确定的惯例执行策略不一定是最优的。但是，这个策略代表了组织意志。社会化的速度越快，意味着组织内部进行利用式学习的程度越强。

在我们的模型中，由于个体采用了EWA学习，而非模仿学习，因此即使当个体知晓组织的编码集及最优的惯例执行策略，也不会直接改变自身当前的策略。组织高层可以通过正式和非正式的权力对个体改变当前惯例的行为施加影响。例如，改变当前的惯例系统进行探索式学习，需要高层管理人员克服不同部门和个人的阻力（Walrave et al.，2011）。组织进行绩效干预的路径是，通过对个体的不同惯例执行策略采取不同奖励或非鼓励干预，来影响个体对于绩效的判断，从而让个体重新权衡自身惯例策略的利弊。变量 $O_{support}$ 表示组织对于内部社会化支持力度的效用体现，这个值越大，组织越支持个体采取编码集中的最优策略。$O_i(S_{ix}, S_o)$ 代表组织社会化函数，其中 S_{ix} 表示个体所采取的策略，而 S_o 表示组织编码集中的最优策略。$O_i(S_{ix}, S_o)$ 作为个体的效用表达，体现在每个个体的惯例策略的选择过程。其表达式如式（3.3）所示。

$$O_i(S_{ix}, S_o) = \begin{cases} O_{support} & , S_{ix} = S_o \\ 0 & , S_{ix} \neq S_o \end{cases} \tag{3.3}$$

在每个模拟周期中，个体都会根据自身的收益选择惯例策略。但是，由于个体记忆的存在和放弃当前策略的成本，个体的策略选择具有一定的惯性。个体以往的惯例策略选择，影响着个体近期的惯例策略，也影响着个体当前的绩效。组织不会只根据个体当前某一时期的收益，推断这个个体的惯例策略是否得当。也就是说，组织在筛选优秀个体的时候，不能仅根据个体当前的绩效来考察每个个体。令 T_{period} 代表组织对于每个个体绩效的考核期。组织会根据 T_{period} 时期个体的绩效，筛选出优秀的个体。每过一个模拟周期，组织会将每个个体最新一期的绩效纳入考核表，而将每个个体最远一期的绩效记录消除。

$T_{exploration}$代表组织进行探索式学习的时间。在$T_{exploration}$期内，组织只观察个体绩效，并通过长期的观察不断确定潜在的编码集。当组织经历过$T_{exploration}$之后，就会启动社会化的过程。此时，组织会根据优秀个体的编码集，确定对组织而言最有利的惯例执行策略，并让所有个体采取组织选定的最优惯例策略。

第二节　惯例演化与有形资源的滞后性情形分析

一、第一种惯例与有形资源的滞后性情形

当组织外部环境与惯例发生不匹配时，在个体对于惯例的认知先发生变化的情况下，表现出的矛盾就是有形资源更新的滞后性。如果组织的高层管理人员没有意识到更新与惯例运行相关的有形资源，就会导致有形资源的陈旧。

即使高层管理人员意识到了惯例有形资源的重要性，也可能由于组织不具备足够的资金等原因无法更新惯例的有形资源。即使个体具有了改变现有惯例的意识，也并不意味着个体会选择改变现有惯例。由于有形资源的更新速度没有跟上外部环境的更新速度，个体改变现有的个人行为，会导致自身转换成本的增加。因此，理性的个体会根据周围其他个体的行为，以及子任务间的匹配度，综合做出选择。

行动的执行，依赖于配合这些行动的资源。萨谬尔森和泽克豪泽

（Samuelson，Zeckhauser，1988）发现，个体在不同行动策略之间进行选择时，会受到已投入资源的影响。改变当前行动，所带来的后果就是与原有的有形资源的偏离。个体在建立惯例的时候，在之前的有形资源基础上进行学习。改变原先的惯例，就需要在新的资源基础上进行学习，这会占用个体的认知资源。转变当前惯例，会带来原有的惯例有形资源的放弃成本和学习成本的增加。有形资源落后于个体认知的更新速度，随之产生的情况是个体的行为模式与所嵌入的各种工件间的不匹配。对于个体 i 而言，第一种惯例与有形资源的滞后性情形下惯例与有形资源间不匹配所带来的转换成本的表达如式（3.4）所示。

$$C_{mi}(x) = \begin{cases} 0, & S_{i(t)} = A \\ C_{i0}, & S_{i(t)} = B \\ dr \cdot C_{i0}, & S_{i(t)} = C \end{cases} \tag{3.4}$$

二、第二种惯例与有形资源的滞后性情形

赖利和图斯曼发现，一种普遍存在的情形是，高层管理人员重视资源刚性并致力于消除其消极影响，但却忽略了惯例刚性的普遍存在。这种情形带来的结果是，在一些高层管理所主导的组织变革中，惯例刚性被忽视并被延续。当惯例刚性积累到一定程度时，陈旧惯例与组织资源不匹配所带来的矛盾就会集中显现和爆发。组织内部的运行系统是一个整体，加入新的组件会给个体带来适应成本（Marino et al.，2015）。组织惯例所依附的有形资源作为惯例系统的一部分，在一段时期内是保持不变的。

外部环境的变化，激发组织管理人员的变革动机。技术的升级和突破，改变了组织的管理方式。拉巴杜（Labatut）等在2012年的研究中提到，需要从技术基础、管理哲学和组织模型三个维度研究惯例的行为模式。这其

中，新技术的应用，会改变组织的运行规则。管理人员所制定的新的目标，常常会改变组织惯例与其有形资源的匹配。例如，高层管理者所推行的新的信息管理系统，经常引发员工与企业日常运营的不匹配（Berente et al.，2016）。高层管理人员首先制订出有形资源的变更计划，并在组织层面实施。这种情况下，配合惯例的有形资源与环境是匹配的，却与当前的个体行为产生了冲突（Polites，Karahanna，2013）。但此时个体并不会贸然改变当前的行为规则。理性的个体会根据任务的衔接情况，以及惯例的老化程度，综合做出选择。

个体层面的行为惯性是有意识行为和无意识行为的结合体（Polites，Karahanna，2012）。个体会意识到新的组织系统的好处，但却不会改变当前的行为。这种现象与个体的现状偏好相关。一旦与组织惯例相关的有形资源发生了变化，就会出现个体的惯性行为与当前组织资源的不匹配。如果个体依旧坚持原先的惯例并抵触惯例的变化，这种行为也会带来转换成本的增加。此时，第二种惯例与有形资源的滞后性情形下惯例与有形资源间不匹配所带来的转换成本的表达如式（3.5）所示。

$$C_{mi}(x) = \begin{cases} dr \cdot C_{i0}, & S_{i(t)} = A \\ C_{i0}, & S_{i(t)} = B \\ 0, & S_{i(t)} = C \end{cases} \tag{3.5}$$

三、第三种惯例与有形资源的滞后性情形

第三种情况是，个体的认知水平是有限的，其学习能力不足以快速适应环境的变化。但是，个体已经意识到当前的个体层面的组织惯例与环境的不匹配，个体具有改变自身行为的动机。同时，组织的高层管理人员也意识到有形资源与组织外部环境的不匹配，并着手推动惯例的变化。但是，

由于组织现有的资源有限，无法推动有形资源的有效更新。配合惯例的有形资源虽然在持续地变化，但是这种变化具有一定的环境滞后性和偏移性。此时，第三种惯例与有形资源的滞后性情形下惯例与有形资源间不匹配所带来的转换成本的表达如式（3.6）所示。

$$C_{mi}(x) = \begin{cases} dr \cdot C_{i0}, & S_{i(t)} = A \\ C_{i0}, & S_{i(t)} = B \\ dr \cdot C_{i0}, & S_{i(t)} = C \end{cases} \qquad (3.6)$$

需要指出的是，本研究始终假设个体与组织的能力是有限的，无法与环境保持完美的同步。因此，对于惯例的明示例证和表述行为的变化与有形资源的变化完美吻合的情况，我们将略去讨论。

第三节　个体惯例执行的策略及基于EWA的模型构建

一、基于EWA的模型构建分析

在米勒和马尔蒂尼奥尼（Martignoni）的2016年的组织学习模型里，个体在知识增加的同时，也在不断遗忘过去的知识。这种遗忘特征，不断重塑着个体的知识结构，并改变着组织的知识结构。在探索—利用式学习的过程下，个体的知识遗忘对于组织知识的更新具有一定的意义。学者们不仅在组织学习模型中考虑到了个体遗忘，在个体的决策行为分析中也考虑到了个体记忆的这种特性。考虑个体的行为决策，心理学和行为经济学家主要提出了两类学习模型：第一类是基于强化学习模型；第二类是基于信念学习模型。

伯格斯和沙林（Börgers，Sarin，1997）、亚瑟（Arthur，1991），以及罗斯和埃里温（Roth，Erev，1995）的研究等都提出了个体策略选择的强化学习模型。基于强化的学习模型是一种正反馈机制，个体不需要形成关于其他个体决策的信念。个体的决策行为受到过去某种策略的支付的支配。在决策历史中，如果某一时期某种策略提高了个体的奖赏则个体未来选择这种策略的概率就会增加；而过去的某一策略使得个体的支付受损，则个体选择这种策略的概率就会降低。

行为经济学家通过对博弈互动实验的观察，提出了另一类有影响力的博弈模型——信念学习模型。此类模型的证据来自对试验者的互动行为的观察。虚拟博弈模型是一种比较有影响力的信念学习模型。如果与个体互动的对手选择了某一种行动，则个体就会在这个行动上增加信念权重的赋值（Cheung，Friedman，1997）。如果个体对近期的互动过程更为看重，则个体就会对其他行动者近期的策略赋予更高的权重。最后，在个体心中会形成基于其他个体行动可能性的支付函数，以确定自己在本时期的最优行动（Fudenberg，Levine，1995）。

EWA是一种融合了强化学习和信念学习特征的学习模型。卡莫瑞（Camerer）和霍（Ho）1999年首次提出了EWA模型。这个模型具有两种学习模式的基本特征，并且个体的决策机制考虑到了时间的加权。EWA模型中的每一个参数，都是行为实验人员现场观测和理论计算的结果。本研究正是采用EWA学习来研究组织中的个体对于不同的惯例执行策略的选择。在EWA模型中，维持现有惯例策略、渐进式改变现有惯例策略和变革现有惯例策略都会被赋予一个魅力值，这个值也被称为"吸引力指数"（Camerer，2003），在模型里是一个重要的个体决策变量。某一个惯例执行策略的魅力值越大，这个策略被行动者所采用的概率也越大。

在子任务间紧密联系的组织中，所有执行相关惯例的个体都是决策互动的参与者。变量 $s_i^k(t)$ 表示组织成员 i 在第 t 时刻采用惯例执行策略 k，分别用 $s_i(t)$ 和 $s_{-i}(t)$ 表示 t 时刻惯例的执行者 i 和与之发生工作联系的其他惯例执行者实际采用的惯例执行策略选择。式（3.8）中，$U_i(s_i^k(t)，s_{-i}(t))$ 表示惯例的执行主体 i 选择第 k 种惯例执行策略的效用。变量 $A_i^k(t)$ 表示第 k 个惯例执行策略的魅力值，代表了这种执行策略对于个体的吸引力的大小。$I_i(s_i^k(t)，s_i(t))$ 代表一个示性函数，这个函数及魅力值的构建方法如式(3.7)所示。

$$I_i\left(s_i^k(t),s_i(t)\right)=\begin{cases}0,& s_i^k(t)\neq s_i(t)\\1,& s_i^k(t)=s_i(t)\end{cases} \tag{3.7}$$

$$A_i^k(t)=\frac{\varphi N(t-1)A_i^k(t-1)+[\delta+(1-\delta)I_i(s_i^k(t),s_i(t))]U_i(s_i^k(t),s_{-i}(t))}{N(t)}$$

$$\tag{3.8}$$

$$N(t)=N(t-1)\varphi(1-\rho)+1 \tag{3.9}$$

关于上述公式里的模型中的参数，卡莫瑞2004年的研究对每一个参数值都做出了定义。组织中惯例执行的行动者 i 选择某个惯例执行策略的经验权重表示为 $N(t)$。这个权重代表了组织成员对于过去的惯例执行行动的重视程度，如式（3.9）所示。

参数 φ 表示某策略吸引力的衰退系数，随着个体的遗忘和组织外部环境的变化，某惯例执行策略的吸引力会不断衰减。如果惯例的执行主体 i 在某一次决策中没有选择某一个惯例执行策略，这个策略仍然会保持吸引力。因此，用 δ 表示没有被选择的惯例执行策略在魅力值时计算时的权重。从个体心理和决策行为的出发点来看，δ 可以代表某惯例执行策略未被选择时，惯例的执行主体 i 的后悔度。从经济成本的视角分析，δ 这个参数表示某惯例执行策略被放弃时的机会成本。δ 越大则个体更乐意选择先前使自己得到最优效用的策略，δ 为 1 时，该式退化为信念学习的模型。参数 ρ 可以控制每个策略的魅力值的增长，也可以体现惯例执行者的学习和记忆特征。ρ 为 0 时，某策略的吸引力增长得极为缓慢；ρ 为 1 时，被入选的策略的魅力值可以快速增长和积累。

当前时刻的所有的可选择策略魅力值 $A^k_i(t)$，是惯例的执行主体选择下一期惯例执行方式的依据。魅力值 $A^k_i(t)$ 的大小决定了每个惯例执行策略被采纳的概率。$A^k_i(t)$ 越大，这个策略在下一期被惯例的执行者选择的可能性越高。卡莫瑞在 2003 年的研究中通过一个 Logit 决策模型，把所有的策略在下一期被行动者选择的概率通过 $A^k_i(t)$ 表现出来。惯例的执行者 i 在第 $t+1$ 期间选择惯例执行策略 k 的概率如式（3.10）所示：

$$P^k_i(t+1) = \frac{e^{\lambda A^k_i(t)}}{\sum_{l=1}^{4} e^{\lambda A^l_i(t)}} \tag{3.10}$$

该模型中还包括了一个参数 λ，此参数反映了所有行动者对于策略吸引力反应的敏感度。λ 越大，参与者越会以更快的速度聚焦于对于某策略的选择（Camerer，2003）。

构建个体对于不同惯例执行策略的选择模型时，需要设置 EWA 模型的初始参数。根据卡莫瑞等给出的方法（2002），设定 $\lambda = 0.15$。根据安德森（Anderson，Camerer，2000）对 EWA 参数设置的建议，设置 $\varphi = 0.9$，$\rho = 0.75$，$\delta = 0.65$，并将策略初始权重 $N(0)$ 设置为 1。本书并不探讨这些参数的选择对于系统的影响，因此这些参数的值在模型中是固定的。

二、个体惯例的执行策略集

随着外部环境的变化，组织惯例系统的改变，会引起组织绩效的改变（Audia et al.，2000）。惯例系统的变化，可以通过组织绩效及其与组织目标的偏离程度来观察（Sitkin et al.，2011）。延伸的目标所附带的探索式学习过程可能对当前的惯例系统造成扰动，以至于对组织系统有用的惯例被破坏和抛弃（Sitkin et al.，2011）。

组织活动的从有序到无序、从随机分布到规律执行的过程，是组织适应性发挥作用的过程。组织内部对于惯例和实践活动的选择，在组织适应性方面扮演着重要角色。根据彭特兰和费尔德曼在2012年的研究，惯例的明示例证和表述行为之间，存在相互塑造的关系。表述行为受到外部环境的影响，决定着组织日常的执行效率（Feldman，2000）。2012年，彭特兰等发现，由于个体认知的不断调整个体日常的行为模式会发生变化。惯例的表述行为在发生变化后，与之对应的组织任务的执行效率会出现相应的变化，这会对个体的日常绩效造成影响。这就构成了一个反馈机制，即"行为—认知—绩效—行为—认知"的过程。理性个体会倾向于选择对自己有利的惯例行动，从而获得更高的个人收益。惯例的明示例证给个体提供了行为的模板。从复制和演化的角度分析，尼尔森和温特认为惯例作为组织的遗传因子，可以选择性表达。相同的理念来自利文索尔和马里诺（Marino）发表于2015年的相关研究中的观点，即组织的可塑性特征，使得组织可以在多个备选模板中选择适合当前状况的行为模板。基于上述学者的研究，本研究试图通过模型为组织构建惯例表达的模板集合。个体对于每一种惯例执行，是个体根据各种决策因素的综合考虑所采取的策略。

个体对于惯例的执行策略选择，采取三种策略，分别是：strategy A——维持现有惯例、strategy B——渐进式改变现有惯例、strategy C——变革现有惯例。

在组织理论中，组织当前的演化状态，都带有组织过去决策行为的历史印记。从个体的角度看，个体会根据过去的绩效，选择惯例执行策略。从组织的角度看，过去的成功经验对于组织的影响存在矛盾性的两面（Kim，Rhee，2014）。一方面，根据1990年阿尔戈特等的研究，先前的成功经验通过改进的学习曲线和知识存量的持续积累，可以促进未来的成功；另一方面，先前的成功经验会使组织陷入成功陷阱，进而增加失败的风险（Weick，1993）。尼尔森和温特提出，根据自然科学理论，由于淘汰机制的存在，成功组织的惯例更易自我复制和延续。

第四节　多主体建模下的模拟仿真分析

一、模型构建说明

模型构建的过程，是使用基于多主体计算机建模的方法。模型构建中所使用的公式，全部严格采用本章第一节到第三节所构建的公式。参数的设置将在模拟的过程中进一步解释。相应的模型参数如表3.2所示。

表3.2　影响个体决策的模拟参数

参数符号	参数解释
P_{mix}	现有惯例与环境的不匹配程度
dr	组织惯例与有形资源的粘连性
C_{i0}	对个体i而言惯例与有形资源间不匹配所带来的平均转换成本
θ	组织惯例内部子任务间耦合的紧密程度
$1/T_{cycle}$	惯例老化的速率
$O_{support}$	组织对于内部社会化支持力度
T_{period}	组织对个体绩效的观察期
$T_{exploration}$	组织社会化前进行探索式学习的时间

资料来源：笔者整理

二、组织惯例老化和有形资源对惯例演化的影响

（一）第一种惯例与有形资源的滞后性情形

1.现有惯例与环境的不匹配程度的影响

保持组织惯例与有形资源的粘连性dr=1.05，对个体i而言惯例与有形资源间不匹配所带来的平均转换成本C_{i0}=0.3，组织惯例内部子任务间耦合的紧密程度θ=1.0。同时，保持惯例老化的速率$1/T_{cycle}$=0.05。

当现有惯例与环境的不匹配程度P_{mix}=0.2时，模拟结果显示，在这种情况下，个体总是选择策略A。这种情形发展的结果是，组织最终演化为保持现有惯例的状态，如图3.1所示。

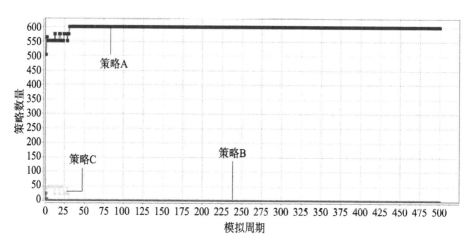

图3.1　P_{mix}=0.2时惯例执行策略演化

参数设置：dr=1.05，θ=1.0，C_{i0}=0.3，$1/T_{cycle}$=0.05，P_{mix}=0.2

资料来源：笔者整理

当现有惯例与环境的不匹配程度P_{mix}=0.5时，模拟结果显示在这种情况下个体并不总是选择策略A，组织出现了三种演化状态。第一种演化状态，个体全部选择策略A。第一种演化状态出现的概率为75%，与图3.1的图像相似。第二种演化状态下，选择保持现有惯例的个体逐渐减少，而选择渐进式改变现有惯例，即选择策略B的个体逐渐增加并成为大多数。而选择惯例变革的个体始终为0。第二种演化状态出现的概率为15%，如图3.2所示。在第三种演化状态下，选择保持现有惯例不变的个体会逐步减少，而选择变革现有惯例的个体数量会持续增加，但是选择渐进式改变现有惯例的个体数量始终极少。第三种演化状态出现的概率为10%，如图3.3所示。

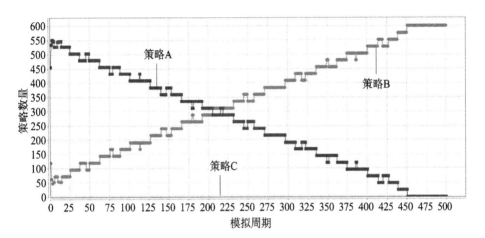

图3.2 提高P_{mix}至0.5时惯例执行策略演化(a)

参数设置：dr=1.05, θ=1.0, C_{i0}=0.3, $1/T_{cycle}$=0.05, P_{mix}=0.5

资料来源：笔者整理

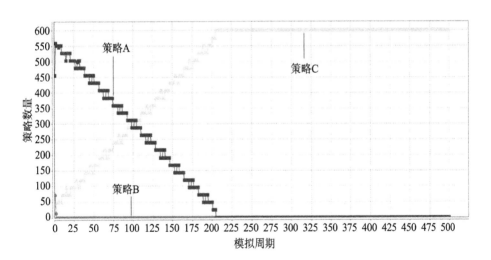

图3.3 提高P_{mix}至0.5时惯例执行策略演化(b)

参数设置：dr=1.05, θ=1.0, C_{i0}=0.3, $1/T_{cycle}$=0.05, P_{mix}=0.5

资料来源：笔者整理

当现有惯例与环境的不匹配程度 P_{mix}=0.9时，在这种情况下，系统依然出现了三种演化状态。第一种演化状态与图3.1所示图像相同，组织中的全部个体会选择保持现有惯例不变。第二种演化状态，与图3.2所示的演化结果类似，个体会逐渐转为渐进式改变当前的惯例，即选择策略B，如图3.4所示。图3.4相比于图3.2，选择A策略个体的数量与选择B策略个体的数量相等的交汇点出现得更早，个体会更快地选择渐进式地改变现有惯例。第三种演化状态如图3.5所示，与图3.3所示的演化结果类似。可以看出，当 P_{mix}=0.9时，图3.5相比于图3.3，选择A策略个体的数量与选择C策略个体数量相等的交汇点出现得更早，可见在这种情况下，个体会更早地选择变革现有惯例。

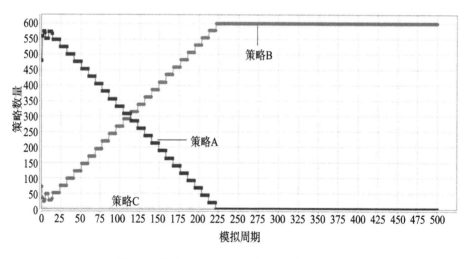

图3.4　提高 P_{mix} 至0.9时惯例执行策略演化(a)

参数设置：dr=1.05，θ=1.0，C_{i0}=0.3，$1/T_{cycle}$=0.05，P_{mix}=0.9

资料来源：笔者整理

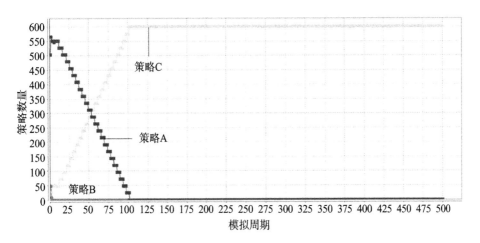

图3.5　提高 P_{mix} 至0.9时惯例执行策略演化(b)

参数设置：dr=1.05，θ=1.0，C_{i0}=0.3，$1/T_{cycle}$=0.05，P_{mix}=0.9

资料来源：笔者整理

在现有惯例与环境的不匹配程度 P_{mix}=0.9的情况下，第一种演化状态出现的概率为40%，相比于 P_{mix}=0.5的情况明显下降。第二种演化状态出现的概率为25%，而在 P_{mix}=0.5的情况下的比例为15%。第三种演化状态出现的概率为35%，而在 P_{mix}=0.5的情况下的比例为10%。可以看出，随着第一种惯例有形资源的滞后性情形随着现有惯例与环境不匹配程度的增大，个体会逐渐倾向于改变现有惯例。且随着惯例与环境的不匹配度的增高，组织中的个体经历了由倾向于选择维持现有惯例，到倾向于选择渐进式改变现有惯例，最后到倾向于选择进行惯例变革的三种状态的转变。

2.组织惯例的老化速率的影响

依旧保持组织惯例与有形资源的粘连性 dr=1.05，对个体 i 而言惯例与有形资源间不匹配所带来的平均转换成本 C_{i0}=0.3，组织惯例内部子任务间耦合的紧密程度 θ=1.0。上述的模拟情境，都把惯例老化的速率维持在了一个相对较高的水平，即 $1/T_{cycle}$=0.05。我们将惯例的老化速度 $1/T_{cycle}$ 设置为 0.005，并观察个体在 P_{mix}=0.2、P_{mix}=0.5 和 P_{mix}=0.9 三种情况下的策略选择。

如图 3.6 显示，惯例老化速率 $1/T_{cycle}$=0.005，现有惯例与环境的不匹配程度 P_{mix}=0.9 时个体对于惯例策略选择的情况。可以看出，没有个体选择改变现有惯例，所有个体都愿意维持当前的惯例不变。在 P_{mix}=0.2 和 P_{mix}=0.5 两种情形下，所得到的模拟结果与图 3.6 类似，没有个体选择改变当前惯例。

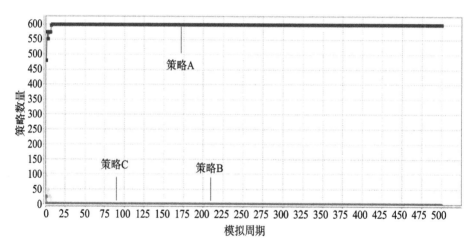

图3.6 $1/T_{cycle}$=0.005 时惯例执行策略演化

参数设置：dr=1.05，θ=1.0，C_{i0}=0.3，$1/T_{cycle}$=0.005，P_{mix}=0.2~0.9

资料来源：笔者整理

当惯例老化速率 $1/T_{cycle}$=0.005 时，现有惯例与环境的不匹配程度 P_{mix}=0.2、P_{mix}=0.5 和 P_{mix}=0.9 时，个体都不会选择改变惯例。依旧保持惯例的老化速率不变，此时将现有惯例与环境的不匹配程度设置为一个较大的值，令P_{mix}=2.5。观察图3.7所示的模拟结果，可以看出，这种情况下，起初个体不会选择改变现有惯例，但在某一时点上，一旦有少部分个体改变现有惯例，绝大多数个体也会突然采取变革现有惯例的策略。可见，当惯例的老化速率很低，但惯例与环境的不匹配程度可以达到很高水平时，组织内部具有突然发生惯例变革的可能性。

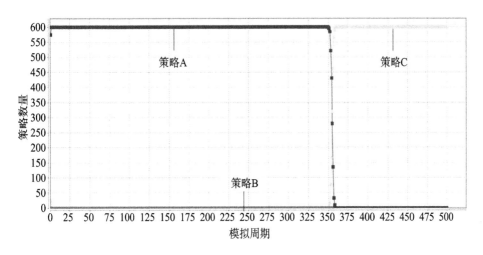

图3.7　$1/T_{cycle}$=0.005，P_{mix}=2.5时惯例执行策略演化

参数设置：dr=1.05，　θ=1.0，C_{i0}=0.3，$1/T_{cycle}$=0.005

资料来源：笔者整理

3.组织惯例与有形资源的粘连性的影响

固定4个参数不变，分别是现有惯例与环境的不匹配程度P_{mix}=0.9，惯例老化速率$1/T_{cycle}$=0.05，组织惯例内部子任务间耦合的紧密程度θ=1.0，对个体i而言惯例与有形资源间不匹配所带来的平均转换成本C_{i0}=0.3。研究组织惯例与有形资源的粘连性dr对于个体策略选择的影响。

图3.8~图3.10显示了当组织惯例与有形资源的粘连性dr发生变化时，

四种典型的组织演化状态。图3.8显示了第一种演化状态，即个体都选择维持现有惯例不变。图3.9显示了第二种演化状态，选择渐进式改变现有惯例的个体会逐渐增加。图3.10显示了第三种演化状态，选择变革现有惯例的个体会逐步增加。

当dr=1.05时，图3.8~图3.10所示的情景都有可能出现。第一种演化状态出现的概率为40%，第二种演化状态出现的概率为30%，第三种演化状态出现的概率也为30%。当dr=1.55时，第一种演化状态出现的概率为70%，第二种演化状态出现的概率为25%，第三种演化状态出现的概率为5%。当dr=2.55时，第一种演化状态出现的概率为75%，第二种演化状态出现的概率为25%，第三种演化状态出现的概率为0。

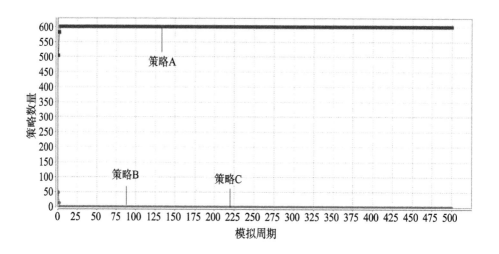

图3.8 dr=1.05~2.55时惯例执行策略演化(a)

参数设置：θ=1.0，C_{i0}=0.3，$1/T_{cycle}$=0.05，P_{mix}=0.9

资料来源：笔者整理

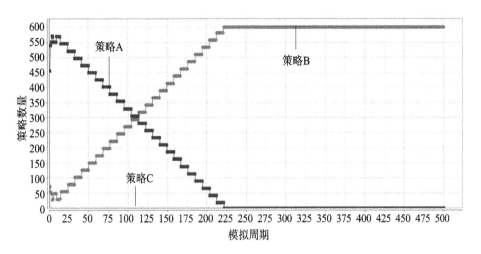

图3.9 *dr*=1.05~2.55时惯例执行策略演化(b)

参数设置：θ=1.0，C_{t0}=0.3，$1/T_{cycle}$=0.05，P_{mix}=0.9

资料来源：笔者整理

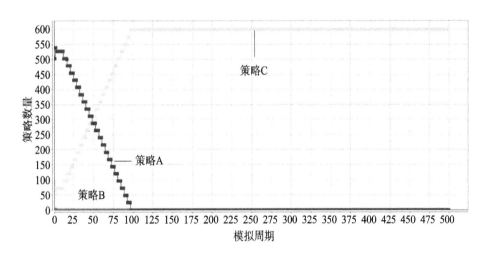

图3.10 *dr*=1.05~2.55时惯例执行策略演化(c)

参数设置：θ=1.0，C_{t0}=0.3，$1/T_{cycle}$=0.05，P_{mix}=0.9

资料来源：笔者整理

可以看出，随着组织惯例与有形资源的粘连性 dr 的逐渐增大，个体倾向于改变现有惯例的动机也逐渐减弱。个体不再愿意采取变革现有惯例的策略，并尽可能维持现有惯例不变。个体的行为嵌入与惯例相关的各种有形资源中，这些有形资源与个体的重复性行为高度匹配，个体与惯例相关的认知建立在这些有形资源构成的支持体系上。与组织惯例的有形资源一旦滞后于环境的变化，就会影响组织惯例的变化。且这种影响会随着有形资源的粘连性的增加而增大。

4.惯例与有形资源间不匹配所带来的平均转换成本的影响

固定4个参数不变，分别是现有惯例与环境的不匹配程度 P_{mix}=0.5，惯例老化速率 $1/T_{cycle}$=0.01，组织惯例内部子任务间耦合的紧密程度 θ=1.0，组织惯例与有形资源的粘连性 dr=1.55。研究惯例与有形资源间不匹配所带来的平均转换成本 C_{io} 对于个体策略选择的影响。

当 P_{mix} 由0.9变为0.5时，说明惯例与环境的不匹配程度有所下降，惯例老化速率 $1/T_{cycle}$ 由0.05降为0.01，降低了惯例的老化速度。因为 P_{mix}=0.9 且 $1/T_{cycle}$=0.05 的情形下，惯例的变化速度较快且程度较大，而 P_{mix}=0.5 且 $1/T_{cycle}$=0.01 这样的设置模拟了一种更为常见的情形。在这种情况下，当惯例与有形资源间不匹配所带来的平均转换成本 C_{io}=0.3时，可以看出，模拟中没有个体愿意改变现有惯例，即使是渐进式地改变现有惯例。而当惯例与有形资源间不匹配所带来的平均转换成本 C_{io} 降低至0.1时，在约45%的情形下，组织中的个体选择渐进式地改变现有惯例，如图3.11所示；在7.5%的情形下，组织会发展为惯例变革的情形；而另外47.5%的情形下，个体并不会改变当前的惯例。可见，降低惯例与有形资源间不匹配所带来的平均转换成本时，个体会更倾向于渐进式地改变当前的惯例。

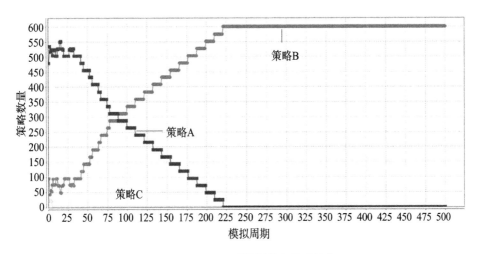

图3.11　C_{i0}=0.1时惯例执行策略演化

参数设置：θ=1.0，dr=1.05，C_{i0}=0.3，$1/T_{cycle}$=0.01，P_{mix}=0.5

资料来源：笔者整理

（二）第二种惯例与有形资源的滞后性情形

1.与第一种有形资源的滞后性情形的对比

为了与上一种情形作对比，依然令现有惯例与环境的不匹配程度 P_{mix}=0.5，惯例老化速率 $1/T_{cycle}$=0.005，组织惯例内部子任务间耦合的紧密程度 θ=1.0，对个体 i 而言惯例与有形资源间不匹配所带来的平均转换成本 C_{i0}=0.3，组织惯例与有形资源的粘连性 dr=1.05。

此时，组织惯例的演化出现了三种情况。出现概率最大的情况（占65%）是多数个体放弃坚持现有惯例，转向变革现有惯例。组织中的个体也可能坚持现有惯例，这种情形出现的概率为30%。一种较为罕见的情况是，个体逐渐放弃对现有惯例的坚持，而是选择渐进式地改变现有惯例，这种情况只占5%。

与第一种惯例与有形资源的滞后性情形对比，可以看出在第二种情形下，当惯例的老化速度较慢时，个体也会选择变革现有惯例。而在第一种

71

情况下，当惯例的老化程度较慢时，即使现有惯例与环境的不匹配程度在增加，个体也会坚持原有的惯例不变。

2.惯例老化速度的影响

保持其他参数不变，将惯例老化速率 $1/T_{cycle}$ 提高至0.01。在这种情况下，组织惯例的演化呈现出两种状态。多数个体放弃坚持现有惯例，转向变革现有惯例的情形出现的比例提高至90%，而绝大多数个体始终坚持现有惯例的情形的发生比率缩减至10%。可见，第二种惯例与有形资源的滞后性情形中，个体的惯例变革行为对于惯例的老化速度更加敏感。惯例变革的情形如图3.12所示。

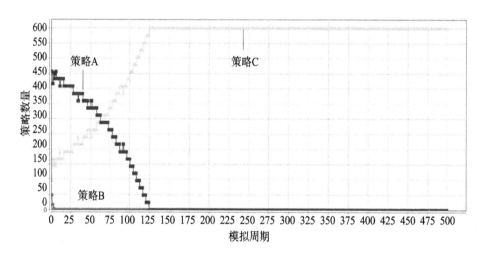

图3.12　提高 $1/T_{cycle}$ 至0.01时惯例执行策略演化

参数设置：$\theta=1.0$，$dr=1.05$，$C_{i0}=0.3$，$1/T_{cycle}=0.01$，$P_{mix}=0.5$

资料来源：笔者整理

3.惯例与有形资源间不匹配所带来的平均转换成本的影响

对个体 i 而言，惯例与有形资源间不匹配所带来的平均转换成本是影响个体惯例执行策略选择的因素。当组织更新了支持惯例执行的有形资源后，个体所面对的外部环境就会发生改变，这会影响个体效率的发挥。在上述模拟研究中，对个体 i 而言惯例与有形资源间不匹配所带来的平均转换成本 C_{i0} 被设置为 0.3。为了做对比研究，将 C_{i0} 设置为 0.1，观察其对于组织惯例演化的影响。模拟过程中保持现有惯例与环境的不匹配程度 $P_{mix}=0.5$，惯例老化速率 $1/T_{cycle}=0.01$，组织惯例内部子任务间耦合的紧密程度 $\theta=1.0$，组织惯例与有形资源的粘连性 $dr=1.05$。

模拟结果显示，将 C_{i0} 设置为 0.1 时，系统出现了三种演化结果。在 30% 的可能性下，组织中全部个体会选择维持现有惯例。在 20% 的可能性下，个体会逐渐放弃原有的惯例，并选择渐进式改变现有惯例的策略，如图 3.13 所示。在 50% 的可能性下，个体会采取惯例变革的方式。然而，即使组织中的绝大多数个体会变革现有惯例，组织的演化路径也出现了两种不同的形态。第一种形态下，大多数个体会由坚持现有惯例，直接转向变革现有惯例，演化的图像与图 3.12 类似，这种情况出现的概率约为 25%。而在第二种形态下，随着坚持现有惯例的个体逐渐减少，采取渐进式改变现有惯例策略和采取变革现有惯例策略的个体会同时增加，但最终采取变革现有惯例的个体会逐渐成为绝大多数。第二种演化形态的图像如图 3.14 所示，这种情形出现的概率约为 25%。

根据上述模拟结果，可见惯例与有形资源间不匹配所带来的平均转换成本 C_{i0} 对于个体的惯例选择有重要影响。$C_{i0}=0.1$ 时，组织中全部个体选择维持现有惯例的情形出现的概率为 30%；而当 $C_{i0}=0.3$ 时，组织中全部个体选择维持现有惯例的情形出现的概率下降到了 10%。现有惯例的有形资源的变化先于组织惯例的变化时，一旦个体的行为高度嵌入这些有形资源中，惯例与有形资源间不匹配所带来的平均转换成本就会很高，此时个体会倾向于抛弃原先的惯例。

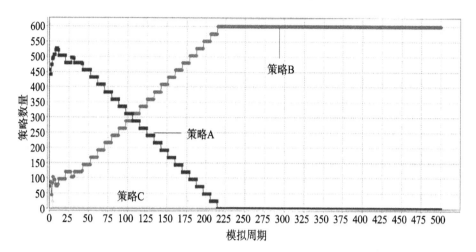

图3.13 降低C_{i0}至0.01时惯例执行策略演化(a)

参数设置：θ=1.0，dr=1.05，C_{i0}=0.3，$1/T_{\text{cycle}}$=0.01，P_{mix}=0.5

资料来源：笔者整理

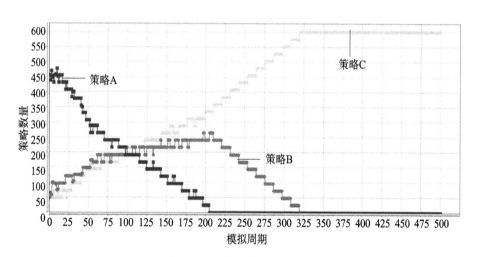

图3.14 降低C_{i0}至0.01时惯例执行策略演化(b)

参数设置：θ=1.0，dr=1.05，C_{i0}=0.3，$1/T_{\text{cycle}}$=0.01，P_{mix}=0.5

资料来源：笔者整理

4.组织惯例与有形资源粘连性的影响

依旧保持 C_{i0}=0.1，同时保持令现有惯例与环境的不匹配程度 P_{mix}=0.5，惯例老化速率 $1/T_{cycle}$=0.01，组织惯例内部子任务间耦合的紧密程度 θ=1.0。研究组织惯例与有形资源的粘连性 dr 对于个体惯例选择的影响。当 dr=2.55时，全部个体都始终维持现有惯例的情形下降为10%，而大部分个体由坚持现有惯例到选择渐进式改变现有惯例的情形发生的频率最高，达到了50%。在40%的情况下，绝大多数个体由坚持现有惯例，转变为变革现有惯例。

依旧保持 C_{i0}=0.1，P_{mix}=0.5，$1/T_{cycle}$=0.01，θ=1.0。将 dr 提高至3.55。此时，系统演化为渐进式改变现有惯例的概率反而降至10%，所有个体都坚持现有惯例的情形降至0%。90%的情况下，个体都会选择变革现有惯例。个体最终变革现有惯例的情形，也分为两种，分别如图3.15和图3.16所示。在图3.15的情形中，选择坚持现有惯例的个体持续快速地下降，而选择惯例变革的个体很快成为组织中的绝大多数。在图3.16所示的情形中，开始时，选择坚持现有惯例不变的个体逐渐减少，选择渐进式改变现有惯例的个体逐渐增加，并达到一个顶点。随后，随着模拟的进行，选择变革现有惯例的个体数量反而超越了选择渐进式改变现有惯例的个体数量，并成为组织中的绝大多数。

根据对组织惯例与有形资源的粘连性 dr 的研究，我们发现了以下有趣的结论。第一，第二种惯例与有形资源的滞后性情形下，随着 dr 的增大，坚持现有惯例不变的个体成为组织中的绝对多数情形出现的概率会降低；第二，随着 dr 的持续增大，个体会倾向于渐进式地改变现有的惯例；第三，当 dr 增大到一定程度，选择变革现有惯例的个体成为绝大多数的情形会持续增加。当组织通过改变支持惯例的有形资源来迫使组织改变现有惯例时，个体对于惯例的选择，很大程度上受到组织惯例与有形资源的粘连性的影响。

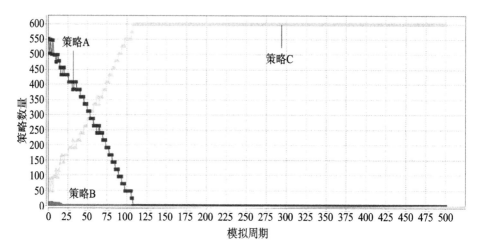

图3.15 *dr*提高至3.55时惯例执行策略演化(a)

参数设置：θ=1.0，*dr*=3.55，C_{i0}=0.1，$1/T_{\text{cycle}}$=0.01，P_{mix}=0.5

资料来源：笔者整理

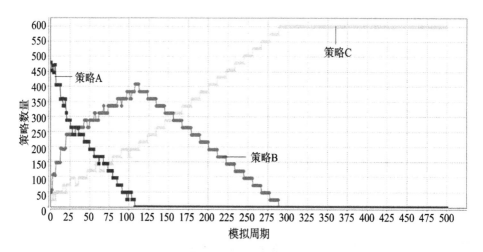

图3.16 *dr*提高至3.55时惯例执行策略演化(b)

参数设置：θ=1.0，*dr*=3.55，C_{i0}=0.1，$1/T_{\text{cycle}}$=0.01，P_{mix}=0.5

资料来源：笔者整理

对于绝大多数个体选择渐进式改变现有惯例的情形出现的概率，组织惯例与有形资源的粘连性的影响是一种倒"U"形关系。可见，dr过高或过低时，个体都不会倾向于选择渐进式地改变现有惯例。当支持惯例的有形资源的改变先于惯例的改变时，如果惯例与有形资源的粘连性很高，个体就会变革现有的组织惯例。

　　模拟过程中，笔者观察到了一种特殊的惯例演化形态。依旧保持P_{mix}=0.5，$1/T_{cycle}$=0.01，θ=1.0。设置C_{i0}为0.3且dr为5.55，这代表了一种组织惯例与有形资源的高粘连性情形。在这种状态下，组织惯例的演化状态如图3.17所示，且这种情况出现的概率为100%。这种情形中，绝大多数个体在开始阶段就会选择渐进式改变现有惯例。但随着模拟过程的进行，选择渐进式改变现有惯例的个体会被变革现有惯例的个体逐渐取代。可见，一旦组织惯例与有形资源的粘连性很高时，若支持惯例的有形资源先于组织惯例的变化而变化，组织会以变革惯例代替渐变惯例的方式演化。

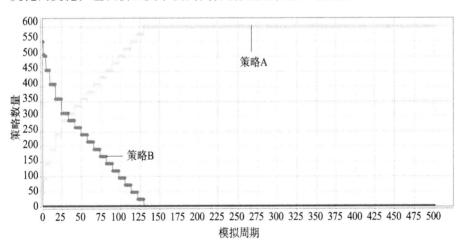

图3.17　dr提高至5.55时惯例执行策略演化

参数设置：θ=1.0, dr=5.55, C_{i0}=0.1, $1/T_{cycle}$=0.01, P_{mix}=0.5

资料来源：笔者整理

（三）第三种惯例与有形资源的滞后性情形

与第一种和第二种惯例与有形资源的滞后性情形做对比，依旧固定4个参数不变，分别是现有惯例与环境的不匹配程度 P_{mix}=0.5，惯例老化速率 $1/T_{cycle}$=0.01，组织惯例内部子任务间耦合的紧密程度 θ=1.0，组织惯例与有形资源的粘连性 dr=1.05。观察惯例与有形资源间不匹配所带来的平均转换成本 C_{i0} 对于个体策略选择的影响。

当 dr=1.05 且 C_{i0}=0.1 时，系统演化为所有个体都选择保持现有惯例的策略的概率为40%；系统演化为个体逐渐放弃坚持原有惯例，转而采取渐进式改变现有惯例的情形的概率为40%；演化成个体逐渐放弃坚持原有惯例，转而采取变革现有惯例的情形的概率为20%。

当 dr=1.05 且 C_{i0}=0.3 时，系统演化为所有个体都选择保持现有惯例的策略的概率下降10%；系统演化为所有个体逐渐放弃坚持原有惯例，转而采取渐进式改变现有惯例的情形的概率提升60%；系统演化成个体逐渐放弃坚持原有惯例，转而采取变革现有惯例的情形的概率提升为30%。

当 dr=1.55 且 C_{i0}=0.1 时，系统演化为所有个体都选择保持现有惯例的策略的概率为15%；系统演化成为个体逐渐放弃坚持原有惯例，转而采取渐进式改变现有惯例的情形的概率为55%；系统演化成个体逐渐放弃坚持原有惯例，转而采取变革现有惯例的情形的概率为30%。

当 dr=1.55 且 C_{i0}=0.3 时，系统演化为所有个体都选择保持现有惯例的策略的概率下降为0；出现个体逐渐放弃坚持原有惯例，转而采取渐进式改变现有惯例的情形的概率提升80%；系统演化成个体逐渐放弃坚持原有惯例，转而采取变革现有惯例的情形的概率下降为20%。

根据以上的模拟结果可见，在第三种惯例与有形资源的滞后性情形下，当组织惯例与有形资源的粘连性较低时，如果惯例与有形资源间不匹配所带来的平均转换成本变高，系统演化为绝大多数个体渐进式改变现有惯例和演化为绝大多数个体变革现有惯例的可能性都会增高。当组织惯例与有形资源的粘连性较高时，如果惯例与有形资源间不匹配所带来的平均转换成本变高，演化为绝大多数个体变革现有惯例的可能性反而会下降，而系统演化为绝大多数个体渐进式改变现有惯例的情形的可能性会提升。

三、子任务间耦合程度对惯例演化的影响

（一）第一种惯例与有形资源的滞后性情形

1.逐步提高组织惯例内部子任务间耦合的紧密程度

上述研究中，组织惯例内部子任务间耦合的紧密程度 θ 始终为1.0。接下来的研究，将聚焦于子任务间耦合程度的改变对于个体惯例执行策略选择的影响。

首先，研究在第一种惯例与有形资源的滞后性情形下的情况。依旧固定4个参数不变，分别是现有惯例与环境的不匹配程度 P_{mix}=0.5，惯例老化速率 $1/T_{cycle}$=0.01，组织惯例与有形资源的粘连性 dr=1.55，研究惯例与有形资源间不匹配所带来的平均转换成本 C_{i0}=0.1，模拟当组织惯例内部子任务间耦合的紧密程度变化时，个体对于惯例策略选择的不同反应。

图3.18和图3.19显示了当组织惯例内部子任务间耦合的紧密程度 θ=3.0时，个体的惯例策略选择出现的两种情形，这两种情形出现的概率几乎相同。第一种情形下，选择维持现有惯例的个体会逐步减少，选择渐进式改

变现有惯例的个体会逐步增加，如图3.18所示。第二种情形下，绝大多数个体会始终坚持维持现有惯例，如图3.19所示。

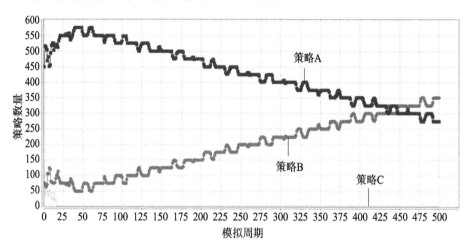

图3.18　θ提高至3.0时惯例执行策略演化(a)

参数设置：dr=1.55，C_{i0}=0.1，$1/T_{cycle}$=0.01，P_{mix}=0.5

资料来源：笔者整理

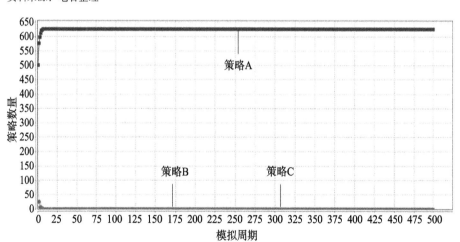

图3.19　θ提高至3.0时惯例执行策略演化(b)

参数设置：dr=1.55，C_{i0}=0.1，$1/T_{cycle}$=0.01，P_{mix}=0.5

资料来源：笔者整理

2.组织惯例内部子任务间耦合的紧密程度很高的情形

仍然固定4个参数不变，分别是现有惯例与环境的不匹配程度 P_{mix}=0.5，惯例老化速率 $1/T_{cycle}$=0.01，组织惯例与有形资源的粘连性 dr=1.55，惯例与有形资源间不匹配所带来的平均转换成本 C_{i0}=0.1。研究当组织惯例内部子任务间耦合的紧密程度 θ=5.0时的情形。模拟结果显示，个体的惯例策略选择依然出现两种情形。第一种情形与图3.19所示的相似。第二种情形下，个体的惯例策略选择如图3.20所示。在这种情形下，选择渐进式改变现有惯例的个体会逐渐增加，选择维持现有惯例不变的个体会逐渐减少。但是，这种情形的变化过程更加缓慢，以至于寻找渐进式改变现有惯例的个体的数量长时间内无法超过维持现有惯例的个体的数量。

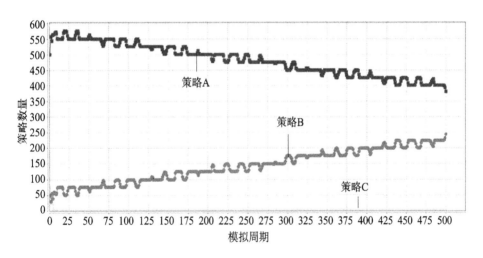

图3.20　θ提高至5.0时惯例执行策略演化

参数设置：dr=1.55，C_{i0}=0.1，$1/T_{cycle}$=0.01，P_{mix}=0.5

资料来源：笔者整理

对比图3.11、图3.18和图3.20，可见当 θ 变得较大时，即使个体具有改变现有惯例的意愿，也不会出现改变现有惯例的个体数量快速取代维持现有惯例个体数量的情况。上述的模拟结果说明，当组织惯例内部子任务间耦合的紧密程度较大时，个体对于惯例策略的选择会更加慎重。

3.组织惯例内部子任务间耦合的紧密程度很低的情形

在上述研究中，都模拟了一种组织惯例内部子任务间耦合的紧密程度较大时的情况。接下来，将模拟组织惯例内部子任务间耦合的紧密程度很小时的情形。设置 θ 小于1，研究发现，随着 θ 的减小，系统演化为大多数个体选择渐进式改变组织惯例策略的情形越来越难以出现。当 θ 较低时，个体在组织惯例与环境不匹配的情况下，渐进式改变现有惯例的意愿也会降低。然后，当 θ 持续降低至一个很小的值时，系统会出现一种情形，即绝大多数个体会坚持现有惯例，但一旦少量个体选择变革现有惯例时，绝大多数个体也会迅速变革现有惯例。这种情形在 θ 很小时，出现的可能性大大增加。图3.21显示了当 $\theta=0.2$ 时个体惯例策略选择的典型情况。

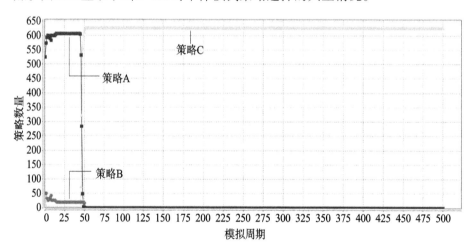

图3.21 θ 降低至0.2时惯例执行策略演化

参数设置：$dr=1.55$，$C_{i0}=0.1$，$1/T_{cycle}=0.01$，$P_{mix}=0.5$

资料来源：笔者整理

根据上述模拟结果可以看出，当组织惯例内部子任务间耦合的紧密程度已经较低时，随着子任务间耦合的紧密程度持续降低，个体选择渐进式改进现有惯例的意愿也会持续下降。但是，在这种情况下，组织中的个体极有可能出现突然变革现有惯例的情形。当现有组织惯例的老化程度持续增加，与环境出现不匹配时，少量个体一旦采取变革现有惯例的策略，大量个体也会迅速变革现有惯例，以至于现有惯例体系突然瓦解。

（二）第二种惯例与有形资源的滞后性情形

1.提高子任务间耦合的紧密程度

在第二种惯例与有形资源的滞后性情形下，依旧保持 4 个参数不变，分别是现有惯例与环境的不匹配程度 P_{mix}=0.5，惯例老化速率 $1/T_{cycle}$=0.01，组织惯例与有形资源的粘连性 dr=1.55，惯例与有形资源间不匹配所带来的平均转换成本 C_{i0}=0.1。在第一种惯例与有形资源的滞后性情形下，组织只会出现两种演化状态，如图 3.18 和图 3.19 所示。模拟结果显示，当组织惯例内部子任务间耦合的紧密程度较大时（θ=3.0 和 θ=5.0），所表现出的情形与第一种惯例与有形资源的滞后性情形不同，组织会出现三种演化状态。除了出现如图 3.18、图 3.19 和图 3.20 所示的演化结果外，还会出现第三种演化结果，如图 3.22 所示。图 3.22 的情形显示了当 θ=5.0 时，组织惯例的演化情形。在这种情形下，选择维持现在惯例不变的个体数量会缓慢减少，选择变革现有惯例的个体数量会缓慢增加。图 3.22 的情形出现的概率较低，仅为 10% 左右。

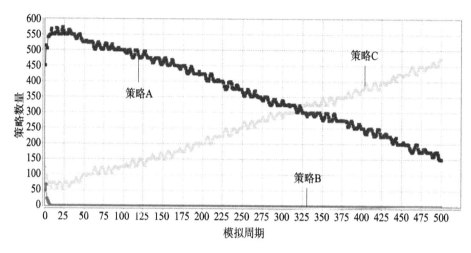

图3.22　θ升高至5.0时惯例执行策略演化

参数设置：dr=1.55，C_{i0}=0.1，$1/T_{cycle}$=0.01，P_{mix}=0.5

资料来源：笔者整理

2.降低子任务间耦合的紧密程度

在第二种惯例与有形资源的滞后性情形下，我们来研究当组织惯例内部子任务间耦合的紧密程度较低时的情形。与在第二种惯例与有形资源的滞后性情形下不同，当θ逐渐减小时，组织出现绝大多数个体选择策略C的情形的概率会大大增加。当θ小于0.5时，组织无一例外会演化为惯例变革的情形。此外，在第二种惯例与有形资源的滞后性情形下，当组织惯例内部子任务间耦合的紧密程度很小时，组织不会出现绝大多数个体突然从坚持现有惯例改变为变革惯例的情形，而是一开始就会具有强烈的变革现有惯例的倾向，如图3.23所示。

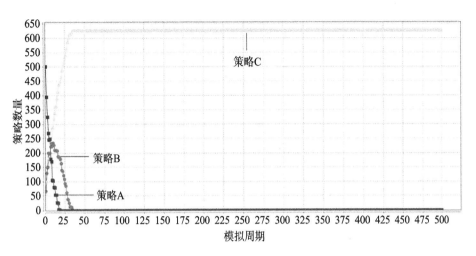

图3.23　θ降低至小于0.5时惯例执行策略演化

参数设置：dr=1.55，C_{t0}=0.1，$1/T_{cycle}$=0.01，P_{mix}=0.5

资料来源：笔者整理

（三）第三种惯例与有形资源的滞后性情形

在第三种惯例与有形资源的滞后性情形下，若组织惯例内部子任务间耦合的紧密程度较高时（θ=3.0或θ=5.0），与在第一种惯例与有形资源的滞后性情形下类似，系统会出现两种演化情形，与图3.18、图3.19和图3.20所示类似。但当组织惯例内部子任务间耦合的紧密程度较低时（θ=0.4或θ=0.2），此时组织惯例的演化又与在第一种和第二种惯例与有形资源的滞后性情形下不同。

当组织惯例内部子任务间耦合的紧密程度θ=0.2时，组织惯例会出现两种演化形态，如图3.24和图3.25所示。图3.24所示的情形下，伴随着选择坚持现有惯例的个体数量的快速下降，选择渐进式改进组织惯例的个体会快速占领整个组织。在第二种组织惯例的演化形态下，如图3.25所示，首先，选择坚持现有惯例的个体数量会快速下降，而选择渐进式改变现有惯例的个体数量会快速增加，直至成为绝大多数。但随后，选择变革现有惯

例的个体会持续增加，选择渐进性改变现有惯例的个体数量在某一时刻迅
速减少，最终被变革惯例的个体完全取代。图3.25所示的情形出现的概率
约为30%，而图3.25所示的情形出现的概率约为70%。

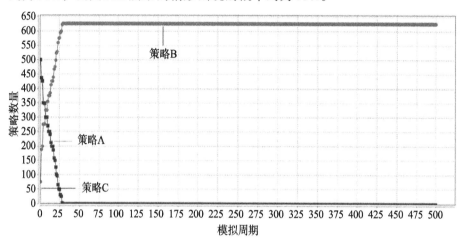

图3.24 θ 降低至0.2时惯例执行策略演化(a)

参数设置： dr=1.55， C_{i0}=0.1， $1/T_{cycle}$=0.01， P_{mix}=0.5

资料来源：笔者整理

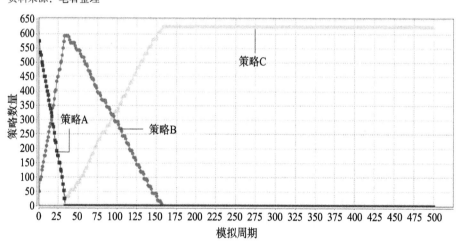

图3.25 θ 降低至0.2时惯例执行策略演化(b)

参数设置： dr=1.55， C_{i0}=0.1， $1/T_{cycle}$=0.01， P_{mix}=0.5

资料来源：笔者整理

（四）三种情形下任务间耦合对惯例变化影响的分析

通过以上的模拟研究可以看出，在三种不同的惯例与有形资源的滞后性情形下，当组织惯例内部子任务间耦合的紧密程度出现变化时，组织惯例的演化也会呈现出不同的特征。在第一种和第三种惯例与有形资源的滞后性情形下，一旦惯例内部子任务间耦合的紧密程度较高时，系统会呈现出两种演化形态，分别是全部个体都选择维持现有惯例和绝大多数个体选择渐进式改变现有惯例。而选择渐进式改变现有惯例的个体不会快速成为绝大多数，选择维持现有惯例不变的个体的数量也不会快速降低。这种情况在惯例内部子任务间耦合的紧密程度越高时，表现得越明显。在第二种惯例与有形资源的滞后性情形下，组织惯例除了具有上述两种演化情形外，还出了第三种情形。这种情形下，选择变革现有惯例的个体会缓慢增加，选择维持现有惯例的个体数量会缓慢下降，但是选择渐进式改变现有惯例的个体始终没有出现。

当惯例内部子任务间耦合的紧密程度很小时，组织惯例就会呈现出更加多样化的演化形态。在第一种惯例与有形资源的滞后性情形下，一种典型的情况是，绝大多数个体起初会选择维持现有惯例。但是，随着惯例与现有环境的不匹配度的增加，一旦少量个体选择变革现有惯例，组织内部在某一时刻选择变革现有惯例的个体就会急剧增加，并成为绝大多数。这种情况表现为现有惯例在维持不变的过程中，在某一时点突然瓦解。在第二种惯例与有形资源的滞后性情形下，组织惯例无一例外会演化成变革的情形。但是，从环境改变的初始阶段，选择变革现有惯例的个体就会持续且快速地增加，而选择维持现有惯例和渐进式改变现有惯例的个体数量会快速减少。在第三种惯例与有形资源的滞后性情形下，组织会出现两种演化形态，在第一种形态下，选择变革现有惯例的个体始终没有出现，随着维持现有惯例的个体的快速减少，选择渐进式改变现有惯例的个体会快速增加。在第二种形态下，伴随着维持现有惯例的个体快速减少，选择渐进式改变现有惯例的个体会持续增加，并很快达到峰值。但随后，选择变革现有惯例的个体又会最终取代选择渐进式改变现有惯例的个体，并成为绝大多数。

四、组织全局社会化过程对惯例演化的影响

（一）组织社会化支持力度对惯例变化的影响分析

在全局社会化中，组织在全局范围内构建策略编码集。依旧保持4个参数不变，分别是现有惯例与环境的不匹配程度 P_{mix}=0.5，惯例老化速率 $1/T_{cycle}$=0.01，组织惯例与有形资源的粘连性 dr=1.55，惯例与有形资源间不匹配所带来的平均转换成本 C_{i0}=0.1，组织惯例内部子任务间耦合的紧密程度 θ=1.0。当组织通过筛选优秀个体，确定了优势策略之后，就会支持所有个体采取这些优势策略。接下来我们将研究组织对于内部社会化的支持力度 $O_{support}$ 是如何影响个体的惯例策略选择的。

在第一种惯例与有形资源的滞后性情形下，当 $O_{support}$=3.0、$O_{support}$=5.0 和 $O_{support}$=10.0时，组织惯例的演化状态几乎相同。组织会呈现几种不同的演化情形，比较普遍的一种是组织中的大多数个体始终选择维持现有惯例不变。另外两种典型的情形如图3.26和图3.27所示，这两种情形所出现的概率仅次于组织中的全部个体始终选择现有惯例的情形。组织在模拟的前期阶段，选择渐进式改变现有惯例的个体数量有可能会增加（图3.26），选择变革现有惯例的个体数量也有可能增加（图3.27）。但是随着模拟过程的持续进行，选择改变现有惯例的个体反而会减少直至消失，而选择维持现有惯例的个

体数量会重新恢复。以上的模拟结果说明，在第一种惯例与有形资源的滞后性情形下，组织全局社会化会导致组织维持现有惯例的倾向增加。

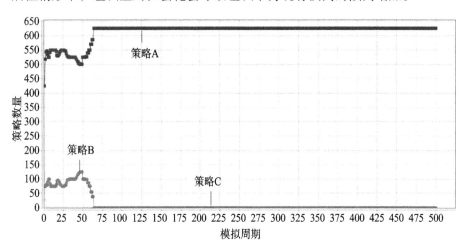

图3.26　$O_{support}$=3.0或5.0时惯例执行策略演化(a)

参数设置：dr=1.55，C_{i0}=0.1，$1/T_{cycle}$=0.01，P_{mix}=0.5，θ=1.0

资料来源：笔者整理

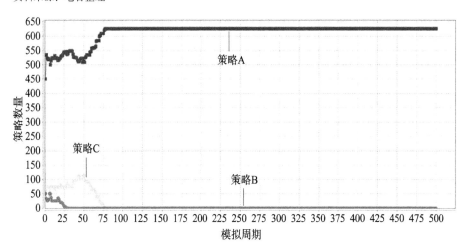

图3.27　$O_{support}$=3.0或5.0时惯例执行策略演化(b)

参数设置：dr=1.55，C_{i0}=0.1，$1/T_{cycle}$=0.01，P_{mix}=0.5，θ=1.0

资料来源：笔者整理

在上述的模拟中，一旦组织对优秀个体筛选完成，组织就启动了全局社会化的进程。T_{period}=50，代表组织对于每个个体绩效的考核期，组织的全局社会化进程会在50个模拟周期之后启动。组织全局社会化，代表了一种组织利用式学习的情形。接下来，我们会引入另一种典型的情形，即组织先进性探索式学习，再进行利用式学习。

（二）组织进行探索式学习的时间对惯例变化的影响分析

$T_{exploration}$代表组织进行探索式学习的时间，之前的模拟研究将其设置为0。依旧保持其他参数不变，将$T_{exploration}$设置为20。这意味着，组织在全局社会化之前，会保持中立，不具有惯例策略引导的倾向性。模拟结果显示，除了大多数个体依旧保持现有惯例不变外，还存在以下两种模拟情形。在图3.28所示的情形下，原先组织中选择渐进式改变现有惯例的个体会逐渐增加，但一旦组织开启了全局社会化进程，选择维持现有惯例不变的个体会迅速增加，导致组织最终选择维持现有惯例不变。在图3.29所示的模拟情形中，当组织开启了社会化进程之后，选择渐进式改变惯例的个体会快速增加，组织最终会演化为渐进式地改变现有惯例的形态。

继续增加组织进行探索式学习的时间，令$T_{exploration}$=50，并观察仿真结果。在这种设置下，组织惯例会出现三种演化情形。在大约一半的可能性下，组织中的大多数个体始终会维持现有惯例不变，如图3.30所示，而另外两种演化情形如图3.31和图3.32所示。

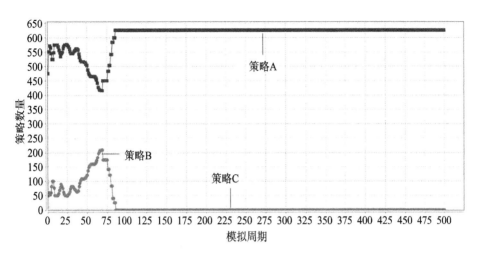

图3.28　$T_{exploration}$为20时惯例执行策略演化(a)

参数设置：dr=1.55，C_{i0}=0.1，$1/T_{cycle}$=0.01，P_{mix}=0.5，θ=1.0，$O_{support}$=5.0

资料来源：笔者整理

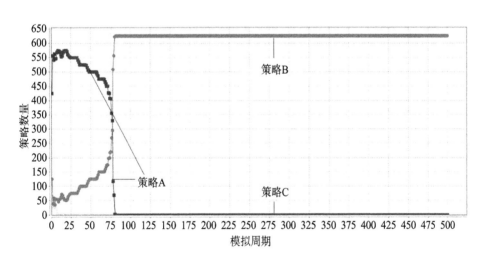

图3.29　$T_{exploration}$为20时惯例执行策略演化(b)

参数设置：dr=1.55，C_{i0}=0.1，$1/T_{cycle}$=0.01，P_{mix}=0.5，θ=1.0，$O_{support}$=5.0

资料来源：笔者整理

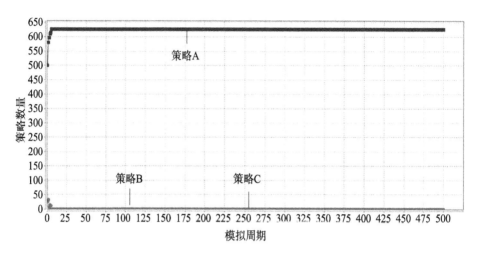

图 3.30　$T_{exploration}$ 增加至 50 时惯例执行策略演化(a)

参数设置：dr=1.55，C_{i0}=0.1，$1/T_{cycle}$=0.01，P_{mix}=0.5，θ=1.0，$O_{support}$=5.0

资料来源：笔者整理

　　延长组织对于惯例的探索式学习的时间后，组织中可能出现改变现有惯例的情形。组织全局社会化的目的，是找到对于组织最有效的优势策略并将这种策略推广。全局社会化作为一种利用式学习的方式，对于效率的判断主要是个体在过去一段时期内的策略选择。在探索式学习初期，出于自身效率和效用的考虑，理性的个体不会贸然选择改变现有惯例。因此，当环境发生改变后，在组织学习初期，具有最高效率的个体往往也是与大多数保持策略一致的个体。在组织学习的初期，组织可能将持保守态度的个体纳入到编码集。如果留给组织进行探索式学习的时间过短，组织编码集内部的优秀个体将会以维持现有惯例不变作为优势策略。延长探索式学习的时间后，随着现有惯例的持续老化和选择改变惯例的个体逐渐增加，个体选择改变现有惯例后的效率也会提升。此时，被组织纳入编码集的个体才更有可能是具有改变现有惯例倾向的个体。此时，一旦组织开启了全局社会化进程，渐进性改变现有惯例的策略（图3.31）和变革现有惯例的策略（图3.32）就可能迅速被全部组织成员所采纳。

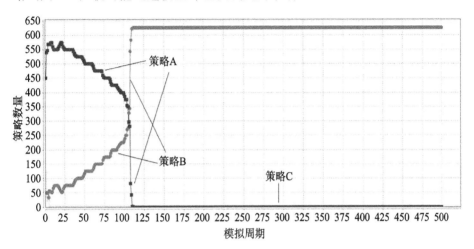

图3.31　$T_{exploration}$增加至50时惯例执行策略演化(b)

参数设置：dr=1.55，C_{i0}=0.1，$1/T_{cycle}$=0.01，P_{mix}=0.5，θ=1.0，$O_{support}$=5.0

资料来源：笔者整理

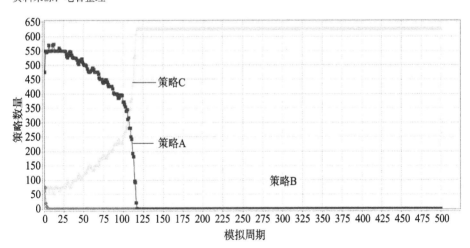

图3.32　$T_{exploration}$增加至50时惯例执行策略演化(c)

参数设置：dr=1.55，C_{i0}=0.1，$1/T_{cycle}$=0.01，P_{mix}=0.5，θ=1.0，$O_{support}$=5.0

资料来源：笔者整理

（三）考虑任务间耦合对惯例变化的共同影响

在上述的研究中，我们没有改变组织惯例内部子任务间耦合的紧密程度，始终保持 $\theta=1.0$。在先前的研究中我们已经发现，组织惯例内部子任务间耦合的紧密程度可以影响个体对于惯例策略的选择。图 3.20 就显示了当 $\theta=1.0$ 时组织惯例的演化情形。惯例内部子任务间耦合的紧密程度越高，当某个个体选择改变现有的惯例执行策略时，就越需要考虑到与之衔接的其他子任务的执行情况。子任务间耦合性高时，如果新旧惯例之间存在不匹配的情况，个体就需要为此付出额外的协调成本。当组织内的子任务存在高的耦合性时，组织全局社会化如何影响个体的惯例策略选择，就成为我们感兴趣的研究问题。

保持其他参数不变，依旧令组织探索式学习的时间 $T_{exploration}$ 等于 50 个周期，组织惯例内部子任务间耦合的紧密程度 $\theta=5.0$。在这种情境设置下，组织依然会呈现出多样化的演化形态。在超过一半的情形下，所有个体依然会选择维持现有惯例不变。此外，组织会出现一种典型的情形，如图 3.33 所示。原本组织发生了渐进式改变现有惯例的倾向，但是在探索式学习期结束后，组织依然回归到维持现有惯例不变。对比当 $\theta=1.0$ 和 $T_{exploration}=50$ 的情形（图 3.31 和图 3.32），可以看出，当惯例内部子任务间耦合的紧密程度较高时，即使在组织全局社会化启动之前进行了探索式学习，组织内的惯例渐变倾向也不容易被保留下来。

依旧保持组织惯例内部子任务间耦合的紧密程度 $\theta=5.0$，将组织探索式学习的时间 $T_{exploration}$ 提高至 100 个周期。此时，组织惯例将出现三种演化行为，第一种是所有个体不改变现有惯例，第二种和第三种如图 3.34 和图 3.35 所示。

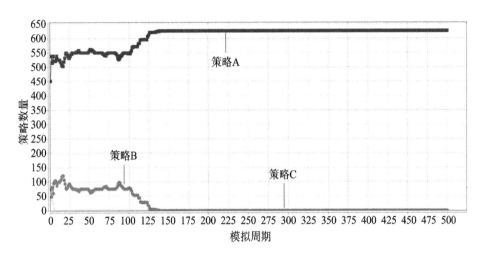

图3.33 $T_{exploration}$增加至50时和θ=5.0惯例执行策略演化

参数设置：dr=1.55，C_{i0}=0.1，$1/T_{cycle}$=0.01，P_{mix}=0.5，θ=5.0，$O_{support}$=5.0

资料来源：笔者整理

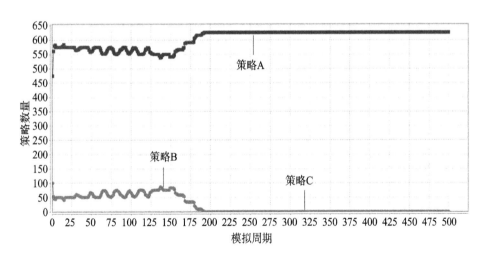

图3.34 $T_{exploration}$增加至100时和θ=5.0惯例执行策略演化(a)

参数设置：dr=1.55，C_{i0}=0.1，$1/T_{cycle}$=0.01，P_{mix}=0.5，θ=5.0，$O_{support}$=5.0

资料来源：笔者整理

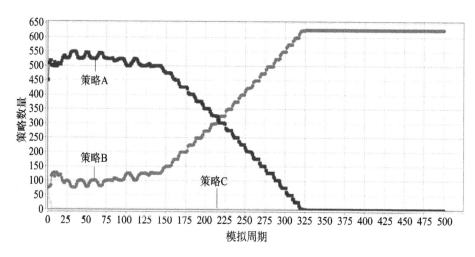

图3.35 $T_{exploration}$增加至100时和θ=5.0惯例执行策略演化(b)

参数设置：dr=1.55，C_{i0}=0.1，$1/T_{cycle}$=0.01，P_{mix}=0.5，θ=5.0，$O_{support}$=5.0

资料来源：笔者整理

在图3.34所示的情境中，在前200个模拟周期中，组织中存在倾向于渐进式改变现有惯例的个体。但是，随着模拟的持续进行，这些个体的数量并没有增加，而是逐渐被选择维持旧惯例的个体所取代。相比图3.33，选择渐进式改变现有惯例的个体在组织中存在的时间更长。

在图3.35所示的情形中，选择渐进式改变现有惯例的个体最终成为组织中的绝大多数。在探索式学习阶段，选择采取维持现有惯例策略的个体和选择采取渐进式改变现有惯例的个体会长期共存。当组织开始进行全局社会化的时候，选择渐进式改变现有惯例的个体的数量开始持续稳定地增加，并成为组织中的绝大多数。组织最终演化为渐进式改变现有惯例的形态。

依旧保持组织惯例内部子任务间耦合的紧密程度θ=5.0，将组织探索式学习的时间$T_{exploration}$提高至150个周期。此时，组织惯例出现了四种演化形态。在第一种演化形态中，所有个体始终坚持现有惯例不变。

在第二种演化情形中，对比与$T_{exploration}$=150所示的情形，选择渐进式改变现有惯例的个体和选择维持现有惯例不变的个体共存在的时间更长。在前250个模拟周期内，组织内部都存在一定数量的倾向于渐进式改变现有惯例的个体。而在前200个模拟周期中，选择渐进式改变现有惯例的个体的数量还在不断增加。当组织开启了全局社会化进程之后，选择维持现有惯例不变的个体开始增加，并成为组织中的绝大多数。组织最终仍然演化为维持旧惯例不变的形态。这种状态下的演化图像如图3.36所示。

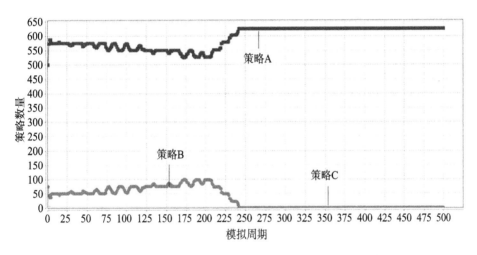

图3.36　$T_{exploration}$增加至150时和θ=5.0惯例执行策略演化(a)

参数设置：dr=1.55，C_{i0}=0.1，$1/T_{cycle}$=0.01，P_{mix}=0.5，θ=5.0，$O_{support}$=5.0

资料来源：笔者整理

在第三种演化形态中，在较长一段时期内，倾向于渐进式改变现有惯例的个体和倾向于维持现有惯例不变的个体会共存。一旦组织开启了全局社会化的进程，在短期内，选择渐进式改变现有惯例的个体的数量就会超过选择维持旧惯例不变的个体的数量。第三种惯例演化状态如图3.37所示。可以看出，在探索式学习期内，个体渐进式改变现有惯例的倾向得以保留，维持现有惯例不变的个体存在于组织内的时间更长。

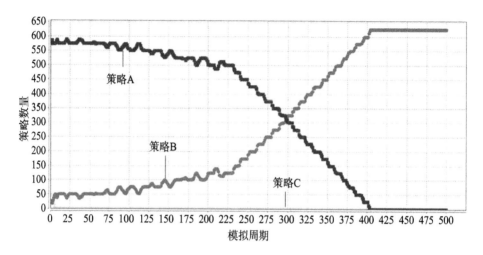

图3.37　$T_{exploration}$增加至150时和θ=5.0惯例执行策略演化(b)

参数设置：dr=1.55，C_{i0}=0.1，$1/T_{cycle}$=0.01，P_{mix}=0.5，θ=5.0，$O_{support}$=5.0

资料来源：笔者整理

在第四种演化形态中，在探索式学习阶段，选择变革现有惯例的个体数量会持续增加，而选择维持现有惯例不变的个体会持续减少。在较长的时期内，选择这两个惯例执行策略的个体始终共存。当组织开启了全局社会化之后，在一个较短的时期内，选择维持现有惯例不变的个体会持续减少，最终被变革现有惯例的个体所取代。第四种演化形态如图3.38所示。

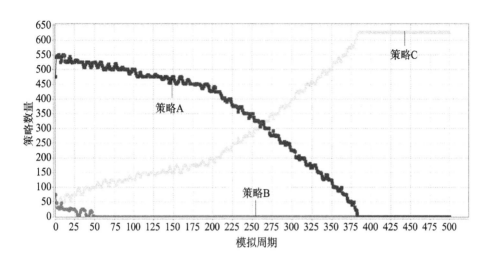

图3.38　$T_{exploration}$增加至150时和θ=5.0惯例执行策略演化(c)

参数设置：dr=1.55，C_{i0}=0.1，$1/T_{cycle}$=0.01，P_{mix}=0.5，θ=5.0，$O_{support}$=5.0

资料来源：笔者整理

综上模拟结果进行分析，当任务间耦合的紧密程度高时，组织中选择不同惯例执行策略的个体共存的时间会更长。选择某种惯例执行策略的个体不会快速取代另一种个体，且个体选择变革现有惯例的情形不容易出现。内部子任务间的耦合程度较高时，即使组织内部存在探索式学习期，一旦组织开始了利用式学习，组织也会趋向于演化成维持旧惯例不变的状态。因此，当内部子任务间耦合的紧密程度高时，必须延长组织探索式学习的时间，才能确保选择惯例变化策略的个体数量的持续增加。

分析上述模拟结果，从组织全局的角度来说，在同一组织内部个体选择不同的惯例执行策略会降低组织整体的运行效率。而组织内部子任务间耦合的紧密程度越高，同一段时期内个体选择不同惯例执行策略的情形越有可能出现。不同的惯例执行策略长期共存，会使得子任务间的协调程度降低并增加冲突升级的可能性。这种情况下组织应该采取的策略是既增加探索式学习的时间，又进行组织全局社会化。这样做可以保证在惯例老化的情况下，组织能够最终跳出现有惯例的束缚，同时不至于影响组织的运行效率。

第五节　本章小结

在组织整体视角下个体决策层面的惯例变化分析中，通过计算实验模型得到了仿真分析结果。支持惯例的有形资源的更新存在滞后性时，称为"第一种惯例与有形资源的滞后性情形"；组织内部支持现有惯例的有形资源的更新速度超过惯例的更新速度时，称为"第二种惯例与有形资源的滞后性情形"；惯例的有形资源虽然在持续地变化，但是这种变化具有一定的环境滞后性和偏移性，以至于惯例的有形资源无法契合现有旧的惯例和快速更新的惯例，称为"第三种惯例与有形资源的滞后性情形"。

本章的主要结论是：第一种惯例与有形资源的滞后性情形下，随着惯例与环境不匹配程度的增加，选择维持现有惯例的个体持续下降。系统演化至所有个体选择渐进式改变现有惯例或变革现有惯例的可能性会增大。惯例老化速率越慢，个体改变现有惯例的倾向越弱。惯例老化速率很慢，且惯例与环境的不匹配度很高时，组织惯例在初期阶段不会发生变化，但有可能在后期阶段突然爆发惯例变革。随着组织惯例与有形资源的粘连性增大，个体倾向于改变现有惯例的动机也逐渐减弱。降低惯例与有形资源间不匹配所带来的平均转换成本时，个体会更倾向于渐进式地改变当前的惯例。

　　第二种惯例与有形资源的滞后性情形下，相比第一种惯例与有形资源的滞后性情形，组织发生惯例变革的可能性更高。随着惯例与有形资源的粘连性的增大，坚持现有惯例不变的个体成为组织中的绝对多数的情形的出现概率会降低。绝大多数个体选择渐进式改变现有惯例的情形出现的概率，与有形资源的粘连性的影响是一种倒"U"形关系。惯例与有形资源的粘连性过高或过低时，个体都不会倾向于选择渐进式地改变现有惯例。在组织惯例与有形资源具有高粘连性情形时，组织会由初始阶段的渐进式改变现有惯例转为变革现有惯例，而不是由维持旧的惯例转为变革现有惯例。

　　第三种惯例与有形资源的滞后性情形下，如果惯例与有形资源间不匹配所带来的平均转换成本变高，组织演化为绝大多数个体变革现有惯例的可能性反而会下降，而演化为绝大多数个体渐进式改变现有惯例的情形出现的可能性会提升。

　　当组织惯例内部子任务间耦合的紧密程度较大时，组织内部出现惯例替代的时间更长，组织内部发生惯例变革的可能性就会降低。第一种惯例与有形资源的滞后性情形下，组织惯例内部子任务间耦合的紧密程度很低时，随着子任务间耦合的紧密程度的持续降低，惯例系统发生渐进式变化的可能性也会减低，组织在某一时点突然发生惯例变革的可能性会增加。在第一种惯例与有形资源的滞后性情形下，一旦组织开启全局社会化，组织维持现有惯例的倾向会增加。在第一种惯例与有形资源的滞后性情形下，在组织开启全局社会化前，增加组织的探索式学习时间，惯例改变的可能性会增大。当惯例内部子任务间耦合的紧密程度较高时，即使在组织全局社会化启动之前进行了探索式学习，组织内的惯例渐变倾向也不容易被保留下来。

第四章　包含多子群的组织社会化进程与惯例变化

在第二章的分析里，研究的对象是"个体—组织"层面的惯例变形研究。在分析惯例的社会时，并没有考虑到群体因素对于惯例变化的影响。为了进一步完善分析，需要将考虑组织社会化的模型扩展为"个体—群体—组织"社会化模型。分别研究包含多子群结构的组织内部社会化的不同构成，可以更深入分析社会化过程对惯例变化的影响。为了简化模型的影响因素，本章的模型构建与仿真只考虑第一种惯例与有形资源的滞后性情况。

第一节　多子群组织的社会化与惯例变化

一、包含多子群的组织社会化

沃尔拉文等（Walrave et al.，2011）学者的研究表明，组织高层管理人员在组织内部惯性的阻碍下不断放弃探索式学习，是组织走向成功陷阱的主要原因。沃尔拉文等虽然考虑了外部环境的变化，但所构建的模型以高层管理人员作为分析载体，无法解释组织最底层的涌现行为。我们的研究，需要承接其系统思考的思路，但分析对象以组织内部普遍存在的子群进行展开。金姆和瑞伊（Kim，Rhee，2014）的研究将目光投向了"早期成功陷阱"（early success trap）。探索式学习的发展，需要经历一个过程，且组织在前期阶段的成功是其生存的关键。因此，金姆和瑞伊（2014）抛出疑问：相比于组织在晚些阶段的成功，群体或组织的过早成功是否会对组织的演化产生不利影响？

对于多群体的探索式行为，组织内的高层管理人员会进行判断，并利用自身权力对其施加一定的影响（Burgelman，1988）。组织高层对群体的探索式行为的支持行为包括鼓励和权力委托（Lechner，Floyd，2012）。赖利和图斯曼认为组织双元行为包括了分散化、差异化和目标集成。在多子群组织中，组织可以在不同子群间设置差异化的目标，子群间可以保持惯例演化的差异化。但从组织全局的角度出发，为了保证子群间的协调和全局战略的一致，组织需要进行目标的集成。这在一定程度上又会消除子群间的差异性。因此，组织社会化究竟应该以怎样的形态存在，是一个值得深思的问题。

金姆和瑞伊（2014）的理论推演试图在组织自我锁定思想的理论下另辟蹊径。他们所构建的模型以组织整体作为分析单元，即把诸多异质性的组织放在同一个模拟池中。如果组织过早地成功，那么组织就不需要在某些战略上耗费精力进行探索式学习。如果组织可以利用早期的成功经验，且把追求长期绩效作为主要目标，那么组织就可以在现有经验的基础上重点进行利用式学习。金姆和瑞伊（2014）的研究依旧把组织作为一个整体进行分析。然而组织包含许多群体，这些群体的结构也影响组织社会化的过程。我们的研究，将从多群体组织入手，进一步分析组织社会化过程与个体层面惯例变化的微观机制之间的关系。

二、组织自我强化与惯例的锁定

组织或群体社会化与组织探索式学习是相互矛盾的对立面。马奇1991年的研究和米勒2006年的研究也表明，组织社会化对于组织内部多样性的削弱会影响组织的长期绩效。与此同时，组织高层会推行其统一认可的策略，以保证组织的当前效率。由于惯例系统关系到组织当前的运行效率，也关系到组织适应外部环境的能力。那么，探索式学习在惯例系统演化的过程中，其意义就不仅仅是对于未来组织成功的保证，而是关系到组织当前的生存状态。我们承接上述学者的研究，分析组织社会化进程和探索式学习对于惯例系统演化的影响。

组织的探索式学习和社会化过程，都是组织进行路径创造的过程。在此过程中，变量间形成反馈回路和非线性变化（Garud et al.，2010）。一旦路径被偶发性地选择，内外部机制的联合会形成自我强化的过程（Vergne，Durand，2010）。例如，有些个体的任务执行行为在某一时刻具有更高的效率，这个行为就会被个体记忆并强化。如果没有外部因素的剧烈扰动，一旦某个过程具有了路径依赖的特征，这个过程就有可能形成自我锁定。

自我锁定可以发生在任何一个策略选择中，这个策略并不一定是最优策略（Vergne，Durand，2010）。在考虑子群结构影响下的社会化过程中，惯例形成前期的探索式学习怎样影响新路径的形成？一旦组织社会化启动，会不会进一步强化惯例的惯性，并形成组织的自我锁定？本章研究将重点关注这两个问题。

第二节　多子群组织社会化类型的模型构建

一、组织全局社会化模型的构建

马奇、金姆和瑞伊（2009）、方等（Fang et al.，2010）、凯恩和阿拉维（Kane，Alavi，2007）、米勒和赵（Miller，Zhao，2006）和波斯纳等（Posen et al.，2013）的组织学习模型中，都曾对这种组织全局社会化的形式进行过描述。这是一种组织内部普遍存在的学习形式。组织会构建一个编码集，筛选绩效表现最优秀的个体进入编码集。然后，组织会对优秀个体的知识进行编码，以此确定组织未来所要执行的最优的行为。组织在编码的同时，个体也向组织进行学习。主要表现为个体从组织已编码的知识中学习现成的操作规程和经验。组织构建编码集并进行知识编码的过程，和个体向组织进行已编码知识学习的过程是同时进行的。包含多子群的组织在全局社会化下，组织学习的过程如图4.1所示。

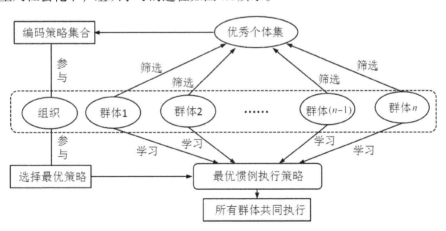

图4.1　组织全局社会化的模型构建示意图

资料来源：笔者整理

二、群体层面社会化模型的构建

组织在适应环境的过程中，会强化自身认知和探索新的惯例。在群体内部，管理人员对于这种探索式学习具有支持的权力，方式包括鼓励和授权等（Lechner，Floyd，2012）。探索式活动会增加群体内部个体行为的多样化程度，这为新惯例的产生提供了机会。在多群体组织中，很多时候新惯例的出现并不是高级管理人员的战略意图。一线管理人员在日常工作的过程中经常会遇到各种技术问题或客户需求（Sheremata，2000），此时子单元内部就会出现以内部管理人员作为推动力的惯例变化。这时候，组织社会化的权力就会从组织层面下降到群体层面。在群体层面社会化中，每个子群会形成独立进行编码学习的社会化过程。包含多子群的组织的群体层面社会化过程如图4.2所示。

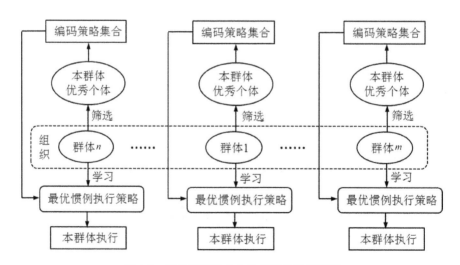

图4.2　群体层面社会化的模型构建示意图

资料来源：笔者整理

三、群体间的惯例复制模型的构建

2012年，温特等发现在快消、酒店、咨询、工业生产和服务业，特别是特许经营行业中，惯例的复制行为极为常见。温特、霍华德–格林威尔、延森和苏兰斯基都认为，在组织内部复制和推广已经探索成功的实践方式，是组织快速成长的路径之一。在全球范围内迅速且有效地复制操作和日常运行惯例，是很多成功组织通行的做法。例如，在麦当劳跨国集团，标准化的制作和销售惯例会在全球数万个经营门店快速推广。

惯例的复制行为，广泛存在于多单元组织、跨国公司及其海外子公司、连锁零售企业和特许经营组织中。组织内部群际间的惯例复制，需要惯例复制模板的参与。例如，金姆等发现，同一个企业内部，海外子公司可以学习那些更早完成海外进入的子公司的运营经验和操作惯例。苏兰斯基认为，组织对于惯例模板的选择，也是组织进行知识编码的过程。包含多子群的组织的群际间惯例复制过程如图4.3所示。

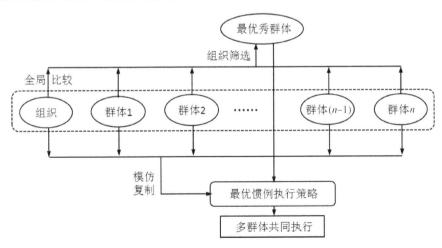

图4.3 群体间的惯例复制模型构建示意图

资料来源：笔者整理

第三节　多子群社会化结构下的模拟仿真分析

一、组织全局社会化过程对惯例演化的影响

在之前的章节中，我们研究了组织全局社会化对惯例演化的影响。在先前的模拟设置中，组织作为一个整体并不存在内部子群结构。而接下来的模拟设置中，组织内部存在多个相互独立的子群。

在织全局社会化中，组织在全局范围内构建策略编码集。依旧保持5个参数不变，分别是现有惯例与环境的不匹配程度 P_{mix}=0.5，惯例老化速率 $1/T_{cycle}$=0.01，组织惯例与有形资源的粘连性 dr=1.55，惯例与有形资源间不匹配所带来的平均转换成本 C_{t0}=0.1，组织惯例内部子任务间耦合的紧密程度 θ=1.0，组织对于内部社会化支持力度 $O_{support}$=5.0，组织对个体绩效的考察期 T_{period}=50。同时，模拟的场景依旧是第一种惯例与有形资源的滞后性情形（最为普遍），令组织内部子群的数量 G_{number}=25。

首先，令组织进行探索式学习的时间 $T_{exploration}$ 等于0个模拟周期。此时多子群结构下组织全局社会化过程中的组织惯例演化行为如图4.4所示。模拟结果显示，在初期阶段，选择改变现有惯例的个体数量增加缓慢。一旦组织开启了全局社会化进程，选择维持旧惯例不变的个体就会增加，成为组织中的绝大多数。

令组织进行探索式学习的时间 $T_{exploration}$ 等于100个模拟周期，此时包含多子群组织的惯例演化形态如图4.5和图4.6所示。

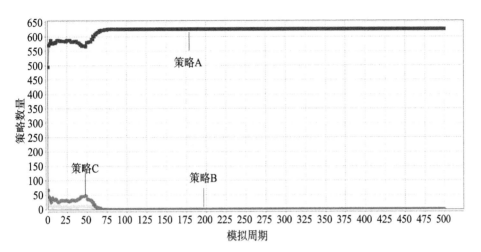

图4.4　组织全局社会化下 $T_{\text{exploration}}$**=0惯例执行策略演化**

参数设置：dr=1.55，C_{i0}=0.1，$1/T_{\text{cycle}}$=0.01，P_{mix}=0.5，θ=1.0，O_{support}=5.0

资料来源：笔者整理

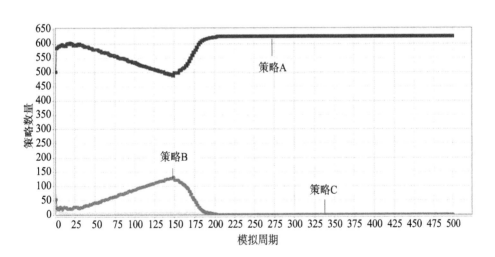

图4.5　组织全局社会化下 $T_{\text{exploration}}$**=100惯例执行策略演化(a)**

参数设置：dr=1.55，C_{i0}=0.1，$1/T_{\text{cycle}}$=0.01，P_{mix}=0.5，θ=1.0，O_{support}=5.0

资料来源：笔者整理

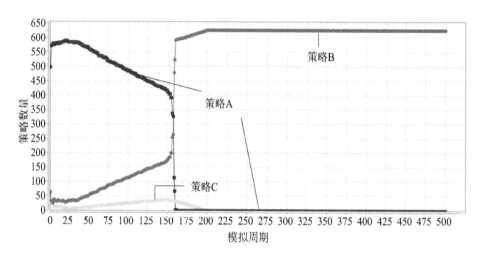

图4.6 组织全局社会化下 $T_{exploration}$=100惯例执行策略演化(b)

参数设置：dr=1.55，C_{t0}=0.1，$1/T_{cycle}$=0.01，P_{mix}=0.5，θ=1.0，$O_{support}$=5.0

资料来源：笔者整理

在图4.5所示的演化形态下，在模拟的初始阶段，选择渐进式改变现有惯例的个体持续增加，选择维持现有惯例不变的个体持续减少。当组织开始了全局社会化之后，选择渐进式改变现有惯例的个体开始减少，而选择维持现有惯例不变的个体开始持续增加。组织惯例最终会维持不变。

在图4.6所示的演化形态下，在组织的探索式学习阶段，选择渐进式改变现有惯例和变革现有惯例的个体会同时增加。在这个阶段，选择变革现有惯例的个体数量的增长速度，始终慢于选择渐进式改变现有惯例的个体数量的增长速度。当组织开始了全局社会化之后，短时期内，选择渐进式改变现有惯例的个体数量会突然增加，并成为组织中的绝大多数；选择维持现有惯例不变的个体数量会突然减少，并在很短的时间内消失；选择变革现有惯例的个体会在一段时间内逐步减少，直至消失。

令组织进行探索式学习的时间 $T_{exploration}$ 等于200个模拟周期，此时包含多子群组织惯例演化形态如图4.7和图4.8所示。

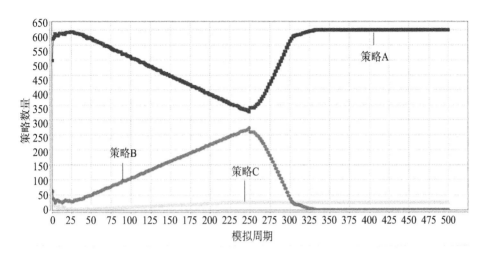

图4.7 组织全局社会化下 $T_{exploration}$=200惯例执行策略演化(a)

参数设置：dr=1.55，C_{i0}=0.1，$1/T_{cycle}$=0.01，P_{mix}=0.5，θ=1.0，$O_{support}$=5.0

资料来源：笔者整理

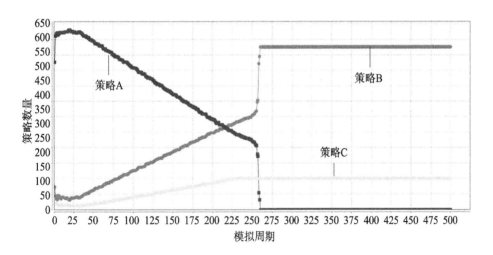

图4.8 组织全局社会化下 $T_{exploration}$=200惯例执行策略演化(b)

参数设置：dr=1.55，C_{i0}=0.1，$1/T_{cycle}$=0.01，P_{mix}=0.5，θ=1.0，$O_{support}$=5.0

资料来源：笔者整理

在图4.7所示的演化形态下，在一个较长的时期内，选择渐进式改变现有惯例的个体会持续增加，并与那些试图保持现有惯例的个体数量相接近。但是，当组织开始了全局社会化之后，在未来的一段时期，选择渐进式改变现有惯例的个体就会持续减少，并被采取维持现有惯例策略的个体取代。在整个模拟周期中，选择变革现有惯例的个体始终存在（数量约为1个子群），并且数量维持稳定。

在图4.8所示的演化形态下，在组织探索式学习期内，选择渐进式改变现有惯例的个体数量持续增加，并超过了选择维持现有惯例不变的个体的数量。当组织开始了全局社会化之后，坚持原有惯例不变的个体会突然放弃原先的策略，转而成为渐进式改变现有惯例的个体。在整个模拟期间，选择变革现有惯例的个体始终在增加，并最终维持稳定（约为4个子群）。组织最终形成的模拟形态是，组织内大多数群体选择渐进式改变现有惯例，而少部分群体选择变革现有惯例。

二、群体层面社会化过程对惯例演化的影响

在群体层面社会化中，每个子群独立构建自己的编码集，不受到组织全局的影响。依旧保持5个参数不变，分别是现有惯例与环境的不匹配程度 $P_{mix}=0.5$，惯例老化速率 $1/T_{cycle}=0.01$，组织惯例与有形资源的粘连性 $dr=1.55$，惯例与有形资源间不匹配所带来的平均转换成本 $C_{i0}=0.1$，组织惯例内部子任务间耦合的紧密程度 $\theta=1.0$，组织对于内部社会化支持力度 $O_{support}=5.0$。同时，模拟的场景依旧是第一种惯例与有形资源的滞后性情形，令组织内部子群的数量 $G_{number}=25$。在此基础上，模拟群体层面社会化及组织惯例演化的过程。

组织进行探索式学习的时间 $T_{exploration}$ 等于0个模拟周期时的情形如图4.9

所示。由模拟结果看出，群体层面社会化的过程开启之后，采取维持现有惯例策略的个体成为组织中的大多数，其数量保持长期稳定。与全局社会化不同（如图4.4所示），在群体层面社会化的情况下，选择维持现有惯例的个体并不会成为100%。选择渐进式改变现有惯例的个体和选择变革现有惯例的个体依然长期存在，只是存在于少量的群体中。

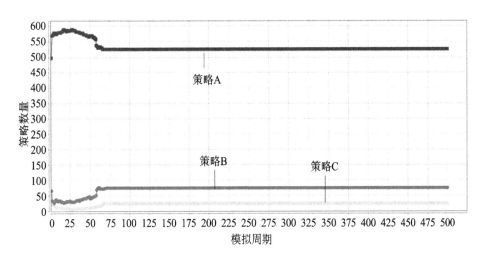

图4.9　群体层面社会化下$T_{exploration}$=0惯例执行策略演化

参数设置：dr=1.55，C_{i0}=0.1，$1/T_{cycle}$=0.01，P_{mix}=0.5，θ=1.0，$O_{support}$=5.0

资料来源：笔者整理

令组织进行探索式学习的时间$T_{exploration}$等于100个模拟周期，此时组织惯例的演化将出现两种情形。分别如图4.10和图4.11所示。在图4.10的演化情形下，组织完成探索式学习后，在群体社会化开始的初期，选择坚持现有惯例的个体数量小幅下降。同时，选择渐进式改变现有惯例和选择变革现有惯例的个体数量小幅度上升。选择三种策略的个体数量不会发生根本性改变。最终，组织中三种策略共存于不同的群体中。选择坚持现有惯例的个体仍然为大多数。

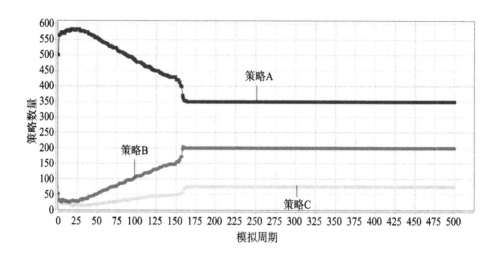

图 4.10　群体层面社会化下 $T_{exploration}=100$ 惯例执行策略演化(a)

参数设置：$dr=1.55$，$C_{i0}=0.1$，$1/T_{cycle}=0.01$，$P_{mix}=0.5$，$\theta=1.0$，$O_{support}=5.0$

资料来源：笔者整理

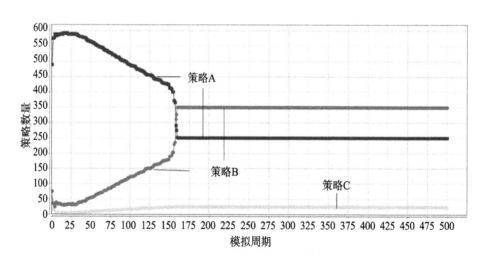

图 4.11　群体层面社会化下 $T_{exploration}=100$ 惯例执行策略演化(b)

参数设置：$dr=1.55$，$C_{i0}=0.1$，$1/T_{cycle}=0.01$，$P_{mix}=0.5$，$\theta=1.0$，$O_{support}=5.0$

资料来源：笔者整理

在图4.11的演化情形下，组织完成探索式学习后，一旦各群体内部开始了社会化进程，短期内选择渐进式改变现有惯例的个体数量会超过选择维持现有惯例不变的个体的数量。同时，选择变革现有惯例的个体数量短期内并不会发生明显变化，且数量较少。从长期来看，选择不同惯例执行策略的个体数量维持相对稳定，多数群体选择了渐进式改变现有惯例，另一部分群体选择了维持现有惯例，只有很少数的群体选择变革现有惯例。

三、群体间惯例复制对惯例演化的影响

群体间的惯例复制，是一种高度的利用式学习。组织会挑选绩效表现最优的群体，然后支持其他群体复制该群体的惯例执行策略。依旧保持5个参数不变，分别是现有惯例与环境的不匹配程度 $P_{mix}=0.5$，惯例老化速率 $1/T_{cycle}=0.01$，组织惯例与有形资源的粘连性 $dr=1.55$，惯例与有形资源间不匹配所带来的平均转换成本 $C_{i0}=0.1$，组织惯例内部子任务间耦合的紧密程度 $\theta=1.0$，组织对于内部社会化支持力度 $O_{support}=5.0$。同时，模拟的场景依旧是第一种惯例与有形资源的滞后性情形，令组织内部子群的数量 $G_{number}=25$。在此基础上，模拟群体间惯例复制的过程。

首先，令组织进行探索式学习的时间 $T_{exploration}$ 等于0个模拟周期。此时系统的惯例演化如图4.12所示。在模拟的初期，个体有渐进式改变现有惯例的倾向，表现为选择渐进式改变现有惯例策略的个体数量逐渐增加。当组织开始了群际间的利用式学习，选择渐进式改变现有惯例的个体很快减少，直至消失。最终，组织中的所有个体都会选择维持现有惯例不变。

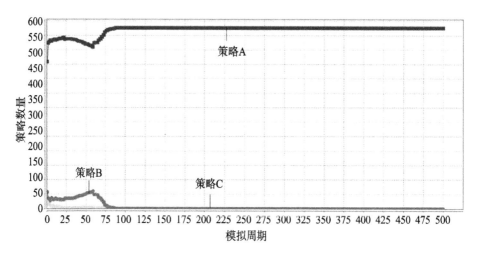

图4.12　群体间惯例复制下$T_{exploration}$=0惯例执行策略演化

参数设置：dr=1.55，C_{i0}=0.1，$1/T_{cycle}$=0.01，P_{mix}=0.5，θ=1.0，$O_{support}$=5.0

资料来源：笔者整理

令组织进行探索式学习的时间$T_{exploration}$等于100个模拟周期。此时，组织会向两个方向演化，分别如图4.13和图4.14所示。图4.13所示的情形出现的概率约为30%，图4.14所示的情形出现的概率约为70%。

在第一种演化情形中，在探索式学习阶段，选择渐进式改变现有惯例的个体缓慢增加，选择维持现有惯例不变的个体缓慢减少。当组织开启了群际间的惯例复制时，在一个很短的时期内，选择渐进式改变现有惯例的个体数量在小幅度减少，而选择维持现有惯例的个体数量在小幅度增加。随着群际间利用式学习的进行，在某一时间点，选择渐进式改变现有惯例的个体会突然增加，并成为组织中的绝大多数。组织最终的演化形态是，所有群体都选择渐进式改变现有惯例，如图4.13所示。

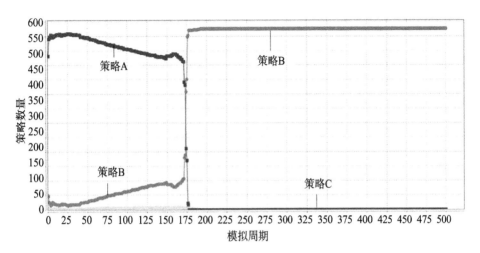

图4.13 群体间惯例复制下 $T_{exploration}$=100惯例执行策略演化(a)

参数设置：dr=1.55，C_{i0}=0.1，$1/T_{cycle}$=0.01，P_{mix}=0.5，θ=1.0，$O_{support}$=5.0

资料来源：笔者整理

　　第二种演化情形下，在探索式学习阶段，选择维持现有惯例的个体在下降，且下降速度快于图4.13所示的第一种情形。与此同时，选择渐进式改变现有惯例的个体和选择变革现有惯例的个体数量在增加，且选择渐进式改变现有惯例的个体的增加幅度要快于选择变革现有惯例的个体数量的增加幅度。当组织开启了群际间的惯例复制后，在某一时间点，选择维持现有惯例不变的个体和选择渐进式改变现有惯例的个体数量会在短时间内急剧减少；同时，选择变革现有惯例的个体数量会快速增加，并成为组织中的绝大多数。组织最终的演化形态是所有群体会选择变革现有惯例，如图4.14所示。

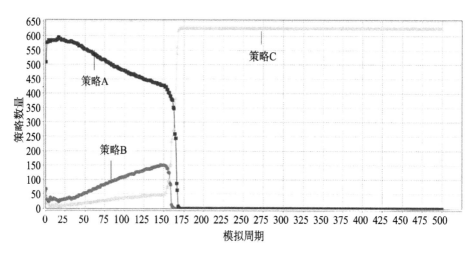

图4.14　群体间惯例复制下$T_{exploration}$=100惯例执行策略演化(b)

参数设置：dr=1.55，C_{i0}=0.1，$1/T_{cycle}$=0.01，P_{mix}=0.5，θ=1.0，$O_{support}$=5.0

资料来源：笔者整理

第四节　本章小结

在观察了三种群际间组织社会化的演化形态之后，我们可以看到组织惯例演化与组织自我强化的联系。组织理论在相当长的一段时间内告诉我们，组织惯性（organizational inertia）会降低组织效率和组织环境适应性。赛多（Sydow）等在2009年的研究中认为，组织产生路径依赖的过程可分为三个阶段：表现阶段（preformation phase）、形成阶段（formation phase）和锁定阶段（lock-in phase）。表现阶段以大量的不可预测的个体行为特征（Mahoney，2000），其中某些关键性的事件会进入组织的动力系统，这种起始性的关键转变更类似于复杂科学中的"分叉"（bifurcation）（Lorenz，1963）。在形成阶段，支配性的关键事件会出现，使得组织的演化过程走向不可逆的道路（Schreyögg，Sydow，2011）。个体可选择的策略范围开始收窄，但是组织并不会收敛到一个事件点。在锁定阶段，主导型的决策被固定，个体的决策行为开始收缩到一条已有的路径中，个体决策的弹性和灵活性消失。此时即使有新的个体进入组织，或是新的更有效的策略可供选择，组织也不会偏离已经形成的轨道。三个阶段的示意图如图4.15所示。

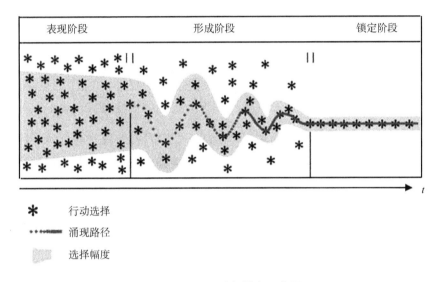

图4.15　组织路径锁定示意图

资料来源：赛多等（2009）

　　在我们的研究中，组织社会化进程的开启，会加速组织惯例的快速演化和个体行为的收敛。组织社会化开启之前，在组织的探索式学习阶段，组织内部的惯例执行策略会存在多样化。这个状态就是赛多等（2009）所说的组织路径锁定的表现阶段。此时，各种惯例执行策略会自由竞争，并争取占据效率的制高点。当组织开启了社会化进程之后，组织会选择并支持某一种惯例执行策略，此时的惯例演化状态类似于形成阶段。当组织彻底完成了社会化之后，组织演化状态就处于锁定阶段，此时差异化的惯例执行行为在组织内部很难存在。

群体间的惯例复制，对组织的多样化有着最为不利的影响。一旦开启了组织社会化进程，所有群体的个体将会被鼓励或强制采取一致的策略。这对于组织当前的运行效果最为有利，但是不利于组织未来的探索式学习。但是，一旦外部环境要求组织发生惯例变化，群体间的惯例复制也是保证组织有效实施全面惯例变革的最有效形式。在这样的组织形态下，组织的变革也最为彻底。

在组织全局社会中，组织的演化会出现两种可能性。第一种可能性为，个体在任何时期都不愿意改变现状，表现为组织的惯性保持。第二种可能性为，个体在初始阶段有改变惯例的意愿，但这种倾向最终被社会化行为所抑制。随着探索式学习时间的延长，在全局社会化开启之后，组织可能在极少数群体中保留着与其他群体不同的惯例执行策略。相比于前两种社会化形式，群体层面的社会化最有利于多样化行为的保留。当组织完成群体层面社会化之后，在不同群体中会存在多种演化状态共存的局面。然而如果组织内部的群体之间存在较为频繁的配合和依赖行为，群际间惯例执行策略的差异就会降低组织的整体效率。

组织最初的发展受到个体行为和决策的影响，但随着组织演化的进行，个人的行为将越来越无法左右系统的惯性（David，1985）。换言之，组织内的所有个人都会被卷入这个自我强化的动力系统。在组织形成的早期阶段，组织就可能被卷入能力陷阱（Kim，Rhee，2009）。在全局社会化中，这样的情形可以清晰地表现出来。在包含多子群的组织中，如何选择合理的社会化策略，在保证组织运行效率的同时，保留组织的惯例适应能力，是研究者们未来需要关注的问题。沃尔拉文（Walrave）等（2011）借助系统动力学方法，认为组织自我锁定是高层人员对于探索式行为的自我放弃。这样的分析只是从高层管理人员角度出发的，无法解释底层涌现行为，因此其研究结论并不能很好解释自下而上的变革行为。我们的研究从个体行为分析的角度，从另一个侧面解释了惯例的惯性特征。

值得注意的是，惯例系统不仅仅有沃尔拉文等（2011）和赛多等（2009）所述的自我锁定的过程，更有一种突然变革的过程。突然变革的过程是外部环境压力、惯例老化和组织社会化三者相互作用的共同结果。金姆和瑞伊（Kim，Rhee，2014）的模拟结果告诉我们，组织过早的成功经历，会使得组织在今后的发挥过程中更容易经历危机。然而，我们的研究结果表明，在多子群组织中，不论组织早期的经历如何，组织都有可能突然且迅速地打破原有的陈旧体系。金姆和瑞伊（2014）也发现对于历史绩效的重视程度过高可能使组织进入成功陷阱，而对近期绩效的重视则更容易让组织走出自我锁定。我们的研究中，组织和群体对于个体的观察期始终是50个模拟周期。如果我们调整组织对个体绩效的观察期，是否会影响组织惯例的演化形态，也值得我们去进一步研究。

第五章 组织惯例的群际间复制机制

本章将进一步解析惯例的结构和特征，从个体和个体间网络的角度，研究其在群体间的复制行为。从惯例的编码性和复杂性入手，有助于研究惯例复制的效果。我们将基于先前的实证和案例研究，根据知识的流动方向和边界跨越者所处的位置和分布情况，归纳出边界跨越者参与下的群体惯例复制模式。考虑个体的异质性时，需要将对于边界跨越者本身特征和能力的分析纳入到模型中。我们把群体中的所有个体和边界跨越者作为具有自身能动性的行为主体，研究他们的网络构建行为对于惯例复制的影响。

第一节 组织惯例的群际间复制行为的理论分析

一、惯例复制行为及研究空白

温特和苏兰斯基认为，转移和复制组织的成功经验，以及最佳实践范例，是组织适应环境的关键驱动因素。2009年，尼尔森与温特提出，从演化经济学的角度来看，组织的知识资产嵌入组织惯例中。温特等发现，组织内部不同单元间对模板的复制，在麦当劳、沃尔玛和星巴克等企业中十分常见。延森和苏兰斯基等2007年的研究、温特等2012年的研究，以及阿德奥2014年的研究都认为，对于包括银行业、快餐业、酒店服务业及咨询等行业的组织来说，对运营惯例等成功模板的复制，是其维持竞争优势的基本途径。里夫金提出，如何在竞争对手模仿之前，有效复制和利用自身的优秀惯例是一个挑战。

组织惯例在复制的过程当中，惯例接收群体的学习效果受到惯例本身特征的影响。汉森（Hansen）发现，知识在多单元（multi-subunits）组织内部转移的有效性，取决于知识本身的复杂性特征。随着任务复杂性和环境复杂性的增加，子单元对于外部信息交换的需求也相应增加（Choi，2002）。子任务的复杂性，要求行动者耗费更多的心智去完成任务（Wollersheim，Heimeriks，2016）。由于组织惯例的具体实践规则和经验根植于每个员工，具有隐性特征（Zander，Kogut，1995），苏兰斯基据此提出，如何成功地将其复制就成为摆在组织面前的一道难题。即使只在组织内部进行模板的复制，知识供给方和知识接受方之间也存在信任问题。不同于组织间和个体间的信息交换，本研究的入手点是群体。群体间关系的建立，以及边界跨越者的参与对群体关系构建的影响需要被重新分析。

二、知识转移与惯例复制

惯例既可以以显性知识的方式转移，也可以以隐性知识的方式转移。显性方式包括规则程序、执行文件、蓝图和行为模板，且具有可编码的特性（Ranucci，Souder，2015）。由于显性知识容易被明确表达和形成对照，因此更容易在不同组织和群体间进行整合和复制。在惯例复制的过程中，对隐性知识的编码和整合可以促进隐性知识的保留，消除不同群体间惯例替代时的负面影响（Birkinshaw et al.，2010；Ranucci，Souder，2015）。

隐性知识的转移，更依赖于成员间的直接和非正式联系。相比于显性知识的转移，隐性知识的转移与个体间强联系的关系更加显著（Becerra et al.，2012）。阿内特（Arnett）和维特曼（Wittmann）在2014年的研究中提到，隐性知识要想在群际间成功转移，需要群体成员建立稳定的联系和信任关系。隐性知识的转移通常是无形的和难以观测的，但其转移过程可以通过组织惯例来体现（Heimeriks et al.，2012）。由于隐性知识的模糊性，导致其相对于显性知识来说可移动性偏低。

三、群体间的惯例复制行为

2005年，霍华德-格林威尔提出，对于组织惯例的变化，以往的研究多数从组织层面和个人层面入手，而忽视了对群体层面的研究。布雷斯曼（Bresman）在2013年的研究发现，组织通常以多群体结构（multiple-groups）的形态运行，每个独立的群体执行相似的任务。同时由于面临相似的外部环境，某个群体发展出的新惯例，可以应用于其他群体。苏兰斯基的研究表明，当一些群体的惯例改变来自同一组织内部其他群体新开发的惯例，整个组织将会随之受益。当一个群体基于其他群体的经验改变惯例，这个群体就在经历一个替代式学习的过程（vicarious learning process）（Levitt，March，1988；Bresman，2013）。

马尔霍特拉（Malhotra）和迈赫扎克（Majchrzak）2004年提出，当组织面临持续动荡的外部环境时，组织内团队间的知识共享机制不仅能提升团队的任务执行效率，也有利于组织获得持续性的竞争优势。不同组织单元间的知识共享，有助于提升组织的总体知识水平，并碰撞出新的知识（Cohendet et al.，1999；Leonard，1995；Macdonald，1995）。跨组织单元的知识转移比单元内部的知识转移更加困难。其原因在于单元内部的成员随着交往惯例的形成，通常使用本地化的编码和非编码形式转移知识，这使得单元外部的个体难以获悉完整的信息（Dougherty，1992）。群际间的惯例转移不仅受到转移方的能力、动机和机会的影响（Chang et al.，2012），也受到惯例接收群体成员的现有知识水平和能力的影响（Empson，2001）。

　　由于组织结构的复杂性，惯例的执行者可能分散在不同的任务单元中，并对惯例建立起不同的认知。如何在不同群体和单元间进行惯例的协调和认知统一，就成为一项重要议题。巴普吉在 2012 年的研究中提出，"中间人"（intermediaries）可以强化惯例行动者之间的沟通，并增加惯例执行者之间的响应速度和响应概率。然而这里所指的中间人，是一个相对抽象的概念，指的是在任务执行者之间传递意图的整体，并不一定指实质意义上的"人"。边界跨越者（boundary spanners）是组织和外部环境间信息交换的中间人，用于寻找和甄别有用的信息（Leifer，Del-becq，1987；Dollinger，1984）。当惯例在不同群体中复制的时候，中间人发挥着重要作用（Bresman，2013）。这些中间人影响着群体间的信息交换，进而影响群体对于惯例的集体认知。群体间的知识转移，需要边界跨越者的参与。边界跨越者的所处位置影响着群体间联系的构建和信息传递的效率，进而影响组织惯例的复制效果（Conway，1997；Zhao，Anand，et al.，2013）。

第二节　边界跨越者结构对群际惯例复制的影响

一、组织内的群体边界

在组织研究中，边界有多重含义。边界指的是界限或活动范围。边界可以包括知识边界、任务边界、组织层级边界、地理边界、社会边界、认知边界、文化边界、部门边界以及学科边界（Carlile，2002；Ferlie et al.，2005；Levina，Vaast，2008；Orlikowski，2002）。边界跨越行为可以促进不同单元的信息共享和对复杂任务的解决（Hsiao et al.，2012）。不同类型的边界可以抑制不同部门人员对工作任务的协调、知识的共享，以及跨部门的中间人行为（Bechky，2003；Levina，Vaast，2005；Pawlowski，Robey，2004）。

随着组织由纵向层级式结构向多单元结构转变，任务流程和工作小组间的协调就需要借助跨越组织内部边界的信息共享机制来完成（Cross et al.，2000）。在多单元或多群体构成的组织中，边界跨越行为可以定义为个体试图与子单元外部个体建立联系，并利用互动交流等形式完成资源的获取，以协助子单元完成既定目标的一系列行动（Ancon，1990）。

二、边界跨越者结构的出现

边界跨越者结构（boundary spanner structure），是一种集中化的单元间结构（Aldrich，Herker，1977）。这种结构的形成和发展，是组织不断适应特定环境的结果。边界跨越者结构以间接的知识转移渠道和有限的边界跨越者数量为特征。当组织由多个功能单元或团队构成时，边界跨越者结构就是广泛存在的。例如，跨国公司不同子公司间及子公司与母公司间，存在边界跨越者的信息交流活动（Barner et al.，2014）。汉森在1999年调研了大量电子产品生产企业，发现企业子单元间虽然存在联系，但这些子单元间个体层面的直接联系却很少，不同子单元的工程师之间缺少直接的互动和交流。

边界跨越者是组织和外部环境间信息交换的中间人，用于捕捉和筛选新的信息（Leifer，Delbecq，1978；Dollinger，1984）。例如，在跨国公司中，外派人员（expatriates）是促进知识转移的重要因素，他们充当边界跨越者的角色，协助母公司将知识转移到海外子公司（Bonache，Brewster，2001；Hébert et al.，2005；Kostova，Roth，2003）。外派人员在跨国公司子公司中的角色就是典型的边界跨越者。边界跨越者必须理解组织内部的编码系统和认知图式，并将边界外部的信息转化成边界内部人员可以理解的信息（Tushman，Scanlan，1981）。边界跨越者不仅简单地传递信息，也是信息的鉴别和处理中心之一，他们往往需要掌握最新的外部知识（Allen et al.，1979）。在组织内部，边界跨越者的功能是辅助对于知识源单元知识的吸收（Knoppen et al.，2001）。阿尔戈特等发现，边界跨越者的辅助作用，使得原先分散和多样化的组织单元得以建立连接，间接促进了知识转移、知识创造甚至组织创新（Hargadon，1998）。

贾诺维奇（Janowicz）等把边界跨越者分为两类，分别是运营层（operating-level）边界跨越者和公司层（corporate-level）边界跨越者（Janowicz-Panjaitan，Noorderhaven，2009）。前者主要指向公司的日常事务等，如技术工程师；后者可以影响公司战略的实施，如管理团队。穆旦比（Mudambi）和斯威夫特（Swift）在2011年的研究中发现边界跨越者的频繁交流，依赖于发展并实施组织内部特有的交流语言。这些交流语言包括标准化的组织形式和各种编码方式。因此，与来自不同单元个体的直接的信息交流相比，边界跨越者间的交流语言有着更高的标准化程度，这有助于提升其交流的效率（Mudambi，Swift，2009）。

马罗内（Marrone）2010年的研究认为搜寻作为边界跨越者的重要功能，可以使团队成员获取与其运行环境相关的各种信息。团队的边界跨越者与目标团队成员保持着松散的联系，这是获取重要信息的渠道。组织机构中兼具边界跨越者结构的中层管理人员，更专注于对于新知识的搜寻和探索。处于边界跨越者位置的中层管理人员，由于其自身知识吸收能力的提升和对新知识的不断获取，他们所在的组织单元能更快地掌握有价值的技术和商业机会（Ren，Guo，2011）。

组织单元间的惯例共享对于惯例接收单元是有利的，对于整个组织来说也是有利的，但对于知识源单元来说却不一定有利。因为惯例的共享需要占用知识源单元个体的时间与精力，从而降低知识源单元的运行效率（Tortoriello et al.，2012）。此时，少数的边界跨越者充当代理人，可以节约其他成员的精力和时间，并提升知识共享的效率。

三、边界跨越者的角色过载

边界跨越者的形成主要有两条途径，分别是组织角色任命和组织实践（Levina，Vaast，2005）。前者指的是在某一领域处于支配地位的代理人，利用象征资本或他们自身的网络地位优势，直接使得自己或指定其他个体扮演边界跨越者角色；后者指的是没有被指定边界跨越者身份的个体，通过各种方式，跨越边界进行信息共享。

来自社会心理学的研究表明，负担边界跨越者任务的个体，可以首先获得独特性和专有性知识，从而使他们在组织内获得相应的地位和影响力；凡事有利有弊，边界跨越者也将面临各种冲突压力和随之产生的角色过载（role overload）（Beehr et al.，1976）。

边界跨越者的信息处理功能，导致其很可能因为大量信息需要即使处理而出现信息负荷过重的情况（Aldrich，Herker，1977）。当个体需要在有限的时间内完成过多的任务，就不得不放弃其中的某些工作。角色过载，不仅增加了个体的学习成本，也不利于群体任务执行效率的提升（Marrone et al.，2007；Beehr et al.，1976）。

马罗内等在2007年的研究中提到，不仅需要研究角色过载对于子单元学习效率的影响，边界跨越行为对于个体角色过载的影响机制也需要被研究。因此，一个重要的研究问题是，组织如何协调边界跨越者角色在各个子群内部的分布情况，最大限度地发挥边界跨越者功能的同时，减少边界跨越角色的资源占用。

四、边界跨越者数量与惯例复制

在任务流程上相互依赖的团队，需要进行信息交换以保证任务的完成。在不同的组织中，领导者对边界跨越行为的支持程度不同，影响了个体边界跨越行为的出现（Yule et al.，2009）。在一些团队中，领导者担负着边界跨越者的责任（Edmondson，1999）。雷恩（Ren）和郭（Guo）在2011年的研究中发现中层管理人员的边界跨越者角色有利于他们发现新的机遇，但兼具边界跨越角色的中层管理人员只占一部分，而非全部。

边界跨越者在团队中的数量并不多。克罗斯和普鲁萨克（Cross，Prusak，2002）观察到在一些研发团队中，只有3~4名边界跨越者，而这些研发团队的数量普遍在30~40人。而且克罗斯（Cross）和普鲁萨克（Prusak）还发现这些边界跨越者一旦离开群体，带来的将是重要信息路径的断裂。知识广度不足及社会连接关系的缺乏，是边界跨越者较少的原因（Cross，Prusak，2002）。

从功能多样性的角度而言，具有边界跨越功能的个体需要具备多样化的知识背景（Bunderson，Sutcliffe，2002）。边界跨越者在组织中是相对稀缺的，新加入组织的个体和背景知识单一的个体无法有效承担边界跨越任务。

米勒等2014年的研究发现，惯例在组织中是分布式存储的，每个个体对于惯例的理解是局部性的、差异化的及相对局限的。不同群体的边界跨越者对于组织惯例的认知是逐步构建的。边界跨越者本身的认知水平也具有局限性，其对于惯例参与群体间惯例的复制，需要占用认知资源。可见，边界跨越者对于惯例的复制具有重要影响。本研究将从边界跨越者的不同分布情况入手，研究其对于惯例复制的影响。

对于边界跨越者能力和数量的问题，还缺乏相应的理论和实证研究（Marrone，2010）。个体的边界跨越会导致角色压力（role stress），进而影响信息传递和知识转移的效率。增加边界跨越者数量也许会缓解这个问题。然而，边界跨越者的数量始终是有限的。边界跨越者需要具备跨团队、跨领域甚至跨组织的技能，也需要具有较强社会网络构建能力，并取得来自内外群体组织成员的认同。边界跨越者的涌现和形成，需要投入相应的组织资源，且需要较长的实践周期（Levina，Vaast，2005）。如何合理分配组织内的边界跨越者到各个子群，使其有效地发挥作用，将是我们需要研究的问题。

第三节　边界跨越者参与下群体间惯例复制的过程

一、群际间知识流动的网络结构分析

组织内部的边界跨越活动既发生在管理层（Ancona，1990；Ancona，Caldwell，1992），也发生在普通团队成员之间（Ancona，Caldwell，1992）。发生在员工层面的边界跨越活动，主要涉及生产协调、信息传递和知识共享行为（Joshi et al.，2009）。在多子群构成的系统中，如果子群将过多精力集中于内部事务，那么必将错失获取外部重要信息的机会；但如果子群将精力集中于边界跨越活动，子群处理内部事务的能力将削弱（Brewe，1991）。子群边界需要合理管理，以保证子群既保持有效的功能性，也具有一定的信息可渗透性（Sundstrom et al.，1990）。

克纳彭（Knoppen）等在2011的研究中发现在存在知识流动关系的组织内和组织间，边界跨越者可以来自不同的部门，包括核心部门、生产部门和零售部门；边界跨越者的角色可以由技术人员、销售人员和运营经理等不同职业的人员扮演。在组织的日常运行过程中，边界跨越者既存在于知识向外流动的组织单元，也存在于知识向内流动的组织单元（Fugate et al.，2009）。可见，边界跨越者可以来自惯例源单元，也可以来自惯例接收单元。在我们的研究中，将分别讨论边界跨越者存在于惯例源群体、惯例接收群体及同时存在于惯例源和惯例接收群体时的三种典型状态。

安柯娜（Ancona）在1990年的研究发现，三种典型的子单元交流类型存在于组织中，依次是子单元专注于其内部的学习过程，直至做好了向外部传递信息的准备（informing）；子单元专注于内部建设的同时，也向外部传递着自身的成员所掌握的信息（parading）；子单元强调外部化过程，要求团队成员主动与外界建立联系，依靠外部条件获取最佳的解决方案（probing）。可见，第一种子单元更类似于惯例源单元，作用是完成惯例的扩散；第三种子单元更类似于惯例接收单元，主要是吸收外部信息；第二种子单元兼具第一种子单元和第三种子单元的功能。

核心团队往往面临更多的不确定性，需要对环境快速反应，因此，其边界跨越必须更加及时和快速地完成处理信息传递的任务。此外，在核心团队中，边界跨越者与普通成员的关系，并不完全等同于在支持团队中边界跨越者与普通成员之间的关系（Davison et al.，2012）。核心团队中边界跨越者与普通成员间的协调过程，对于多团队系统的稳定性和效率具有更显著的影响。在我们的模型中，也将边界跨越者进行了区分，分别是惯例源群体的边界跨越者和惯例接收群体的边界跨越者。

根据理论分析，我们认为组织中存在三种典型的边界跨越者结构，可分别被称为"源导向（source orientation）结构""接收导向（receive orientation）结构"和"双导向（double orientation）结构"。我们将在模型1、模型2和模型3的构建中分别进一步阐述。康伟（Conway）于1997年发现，当存在边界跨越行为时，不同群体间的信息交换存在三种结构，分别是联络人（liaisons）结构、桥（bridges）结构和链接（link-pins）结构。联络人结构下，两个群体的间隙中存在一个中间人，负责与两个群体的守门人（gate-keeper）之间进行联络。桥结构下，群体间信息沟通的中间人角色并不是由群体外的第三方扮演，而是由本群体内的守门人扮演。这种结构一定程度上类似于我们定义的双导向结构，即模型3所阐述的结构。链接结构下，某一群体的守门人直接与另一个群体的普通成员建立联系。但是，康伟在1997年的研究中提到，所识别的三种边界跨越者交流类型中，并没有知识的流动方向，也没有知识源和知识接收群体。在我们识别的模型中，源导向结构和接收导向结构的形态与链接结构类似。但是，在源导向结构下，知识接收群体的普通成员与知识源群体的边界跨越者主动建立联系；在接收导向结构下，知识接收群体的边界跨越者主动与知识源群体的普通成员建立联系。

二、群际间知识网络结构

（一）源导向结构

群体的边界跨越行为，是群体获取社会资本的重要方式（Geletkanycz，Hambrick，1997）。例如，软件开发团队必须及时获取外部信息和多样化的创意，并获取其他开发团队成员的信任（Oh et al.，2006）。因此，群体间冗余的外部连接，更有利于群体获得组织内部的社会资本（Oh et al.，2004）。但如果群体所有与外部的连接都集中于少数个体，剩余的群体成员就会与多样化的信息和外部资源相隔绝，这种隔绝性将影响群体的信息获取能力和判断能力（McCaule，1989）。将外部连接功能集中于少数个体，将不利于群体外部社会资本的获取（Oh et al.，2006）。

乔希等（Joshi et al.，2009）和埃德蒙森（Edmondson）（2003）在访谈中发现，在一些组织中，团队领导者鼓励团队成员直接与其他团队建立联系。一种普遍的情形是，知识接收群体的边界跨越者直接与知识源群体建立联系，以获取所需知识（Zhao，Anand，2013）。同时，由众多异质性成员构成的研发团队，存在更多的外部交流通道，而负责探索式学习任务的团队往往具备这种特征（Ancona，Caldwell，1992）。子群成员和外部边界跨越者的协调机制，与子群成员和内部边界跨越者的协调机制存在差异（Davison et al.，2012）。基于多团队系统理论的研究结果表明，跨子群的连接功能需要所有个体来完成的情形，或是由唯一的个体完成的情形，都无法使得团队的功能达到最优（Davison et al.，2012）。我们首先需要描述的情形是，组织惯例接收群体与组织惯例源群体的边界跨越者直接建立联系的情况，即源导向结构，如图5.1所示。

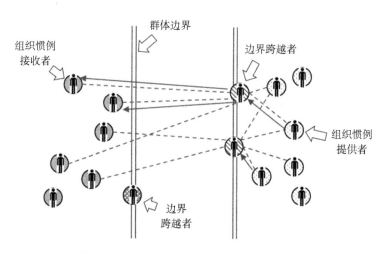

图5.1　源导向结构下的群际间惯例复制机制

资料来源：笔者整理

（二）接收导向结构

领导人员对于子群的信息交换和边界跨越行为有很强的影响力（Ancona，1990；Joshi et al.，2009）。子单元的边界跨越行为包含了与重要的外部行为主体建立联系，这些外部行为主体包括经理层或其他高级管理人员、相互依存的个体或子群，以及掌握重要资源和信息的群体成员（Marrone et al.，2007）。知识接收群体的边界跨越者的最初角色确定，时常来自总部的直接任命。被任命的人员起初有着明确的任务分配，这些人员需要与总部各部门保持联系，并辅助完成与总部的内部信息网络构建。某些被任命的人员会通过自身努力，取得总部人员的认同，并获取总部的技术资源。因此从客观上来看，知识接收群体的边界跨越者是普遍存在的，代表了一种普遍的组织结构。

源导向结构中的情形是，个体直接与惯例源群体建立联系并获取知识。然而，惯例源群体的知识共享行为，会使这些个体失去独特性优势和价值，因此个体不乐意主动共享知识。如果惯例源群体和惯例接收群体存在较强的个人连接关系，由于私人关系的存在，惯例源个体会减少对于知识转移的忧虑（McEvily et al.，2003）。个体间的强连接，也有利于增加惯例源个体和惯例接收个体之间的信任关系，从而增强惯例源个体的知识共享意愿（Tortoriello et al.，2012）。惯例接收群体的边界跨越者在长期的社会关系交换中，较容易与惯例源群体建立信任关系。因此，惯例接收群体边界跨越者的存在，也是组织内部知识流动的必然结果。如图5.2所示，在模型2中，惯例接收群体的边界跨越者尝试与惯例源群体的普通成员建立联系，以完成惯例辅助学习的任务。这样的结构即接收导向结构。

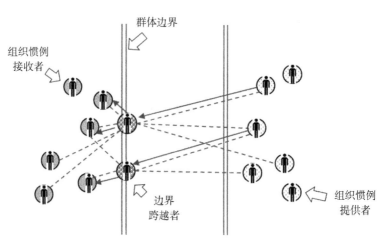

图5.2 接收导向结构下的群际间惯例复制机制

资料来源：笔者整理

（三）双导向结构

赫斯特（Hirst）和曼（Mann）在2004年的研究中通过对56个团队包括350名员工的实证研究表明，团队的边界跨越行为与项目绩效呈正相关，但边界跨越行为通过项目领导角色体现时较为有效。马克斯等人（Marks et al.，2005）和戴维森等（Davison et al.，2012）发现在工作流程设计和多团队系统中，不受限制的团队成员之间的信息交换，并不利于保证多团队系统的效率。基于谢尔曼（Sherman）和凯乐（Keller）在2011年的研究，随着不同组织单元间人与人直接交流频率的增长，协调问题就会随之产生。

不同组织单元间由于沟通障碍的存在，知识供给单元和知识接收单元难以建立起密切的联系（Pawlowski，Robey，2004）。当边界跨越者只存在于惯例源群体或惯例接收群体时，群体知识并不一定能建立有效的沟通。如果边界跨越者缺失，大量群体成员与外部群体过于紧密的外部连接，会挤占群体内部的网络资源，导致群体的内部连接的失效。因此，适度而非过于密集的群体间连接才更有利于群体任务执行效率的提高。这就要求两个群体的边界跨越者充当协调人的角色。

不同群体的边界跨越者有着更为高效的沟通方式。维纳（Levina）和瓦斯特（Vaast）在2005年的研究中通过对一家大型保险公司的深入调研发现，公司总部会直接任命一些人员到相应的销售团队，以完成部门与总部的信息交换。随着与本地销售团队的频繁交流，这些被任命的人员与总部的边界跨越者间会逐渐建立起较为高效的沟通方式。

在组织的日常运行过程中，边界跨越者既存在于知识向外流动的组织单元，也存在于知识向内流动的组织单元（Fugate et al.，2009）。模型1和模型2的典型情况中，边界跨越者要么只存在于惯例接收群体，要么只存在于惯例源群体。这两种模型都没有讨论边界跨越者在两者群体同时存在的情形。在模型3中，我们将研究边界跨越者在两个群体同时存在的情况，即双导向结构。双导向结构下的群际间惯例复制机制如图5.3所示。

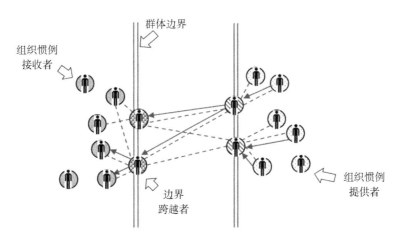

图5.3 双导向结构下的群际间惯例复制机制

资料来源：笔者整理

第四节　群际间惯例复制的模型构建

一、组织惯例基本元素设计

（一）组织和群体构建

1.群体

在每个模拟周期，每个群体需要完成一个相应的任务。组织包含两种群体，分别是惯例源群体和惯例接收群体。惯例源群体完成探索式学习，是知识的转出方。惯例接收群体完成利用式学习，是知识的转入方。组织内有 g_1 个惯例源群体，而惯例接收群体的数量为 g_2。为了简化分析，在模型中始终保持源群体的数量 g_1 为1。

2.个体

每个惯例源群体和惯例接收群体中所包含的个体数量皆为 n。每个群体中包含普通个体和边界跨越者。普通个体负责组织任务的完成，边界跨越者则协助组织学习过程的进行。每个普通个体具有区别于其他个体的技能，用以完成相应的组织任务。

（二）任务与惯例构建

1.子任务设置

一项任务的完成，需要整个群体的参与。完成一项任务，既需要个体程序性知识，也需要个体陈述性知识。每项任务（task）由一系列子任务构成（sub-task）。每一项子任务的完成都需要一个有独特技能的个体进行参与。程序性知识影响个体对于所负责子任务的完成。个体对一项子任务的执行行动（action），体现了个体的任务执行惯例。

执行任何一项子任务，都需要个体具备相应的技能。对于任一个体 i 负责的子任务 sub-task-i 而言，定义向量 $\boldsymbol{L}^i = l^i_1 l^i_2 ... l^i_{mc}$，$l^i_z \in \{-1, 0, 1\}$，$i$ 表示所需的技能的集合。维度 mc 代表完成 sub-task-i 所需知识的复杂程度，称为"程序性知识复杂度"。$\boldsymbol{L}^i$ 代表外部环境高度匹配的技能集合。

2.子任务网络设置

一个群体中，每个个体完成一项子任务，不存在冗余个体，子任务数量等于每个群体里的个体数量 n。子任务之间具有关联性，子任务间的关联性连接构成了事件网络。事件网络是有向网络，代表了任务执行的顺序。在模型中，对于一个子任务而言，都有可能存在指向其他子任务的有向连接。被指向的子任务完成的先决条件，是上一个子任务被完成。子任务间的连接关系越多，代表一项任务越复杂。

对于任意一个个体 i，定义向量 $\boldsymbol{A}^i = a^i_1 a^i_2 \cdots a^i_n$。其中任一元素 a^i_j 表示个体 i 所完成的子任务 sub-task-i 可能存在指向其他子任务的连接，j（$0<j<n+1$）为任意整数值。$a^i_j = 0$ 表示子任务 sub-task-i 不存在指向子任务 sub-task-j 的连接。$a^i_j = 1$ 则表示子任务 sub-task-i 存在指向子任务 sub-task-j 的连接。$a^i_j = 1$ 意味着 sub-task-j 的完成需要以 sub-task-i 的完成为先决条件。$\boldsymbol{A}^i$ 中值为 1 的元素的个数为 me，代表"事件网络的复杂度"。复杂度 m_e 为 1 和 3 时，子任务序列网络结构分别如图 5.4 和图 5.5 所示。由于 i 负责群体中一项独一无二的任务，因此 $\boldsymbol{A}^i$ 反映了对于 i 而言与外部环境高度匹配的子任务连接关系。

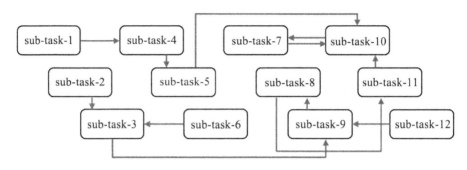

图5.4 子任务网络序列复杂度 m_e=1 时的子任务

资料来源：笔者整理

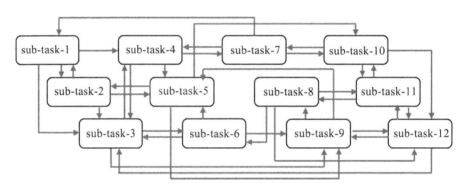

图5.5 子任务网络序列复杂度 m_e=3 时的子任务

资料来源：笔者整理

3. 任务执行设置

组织中任务的执行是以群体为单位展开的。每个模拟周期中群体需要执行一项完整的任务。任务执行受到两方面因素的影响，分别是个体对于子任务的执行效率和个体对于子任务网络的认知。

群体的子任务执行效率是个体子任务执行效率的加总。将子任务继续分解成 m_c 项具体工作。个体执行一项任务，需要用到 m_c 个技能领域。如果个体的知识与外部环境要求的技能不匹配，则某项具体工作的工作时间增加 1 个单位。个体完成子任务的绩效提升体现在任务完成时间的缩短。

组织执行下一项子任务 sub-task-j 时，会搜寻上一项子任务 sub-task-i 是否存在指向这个子任务的连接，这体现了任务执行序列的关系。个体 i 在完成子任务 sub-task-i 时，如果存在指向下一项子任务的连接，会进行标记。例如，sub-task-i 应该存在指向 sub-task-j 的连接，却被个体 i 错误地标记为指向 sub-task-k，就会出现任务序列的不匹配。

如果个体 i 标记的任务间连接关系与正确的任务连接关系不匹配时，组织任务的执行就会增加 1 个时间单位。组织完成任务的整体绩效提升体现在任务完成时间的缩短。

二、组织学习过程设计

（一）组织知识构成

1.个体程序性知识

在任意一个群体中，每个个体具有独特的知识。每个个体的知识构成各不相同。将个体 i 的个人知识向量定义为 $H^i = h^i_1 h^i_2 ... h^i_{mc}$，其中维度 mc 代表个人知识的复杂程度，由外部环境的复杂程度决定。组织学习的过程，就是 H^i 不断满足外部环境要求的过程。由于各种条件制约，H^i 不可能与 L^i 完全匹配。

2.事件网络知识

个人陈述性知识主要包括个体对于事件网络和子任务执行序列的理解。对于个体 i 而言，定义向量 $B^i = b^i_1 b^i_2 \cdots b^i_n$。向量 B^i 是个体 i 所理解的自身负责的子任务与其他子任务间的连接关系。随着组织学习过程的进行，B^i 会不断改变，以适应外部环境。由于各种条件制约，B^i 不可能与 A^i 完全匹配。

（二）组织学习与惯例更新

1. 个体知识吸收

由于个体认知水平有限，惯例源所转移的知识无法在单个模拟周期内全部吸收。定义个体的吸收能力为 p_a，用概率值来描述，表示在每个模拟周期中个体 i 的向量 H^i 的某一个维度复制相应惯例源个体 j 的向量 H^j 的相应维度的概率。由于个体的学习能力有限，因此 p_a 的值域取（0，1）。

2. 个体程序性知识的学习

组织学习的过程，是个体改变认知的过程。个体对于个体程序性知识的认知和事件网络的认知均发生着变化。个体学习的过程中，向量 H^i 的每个维度均有一定概率发生改变，这个概率被马奇定义为组织学习的速度。与马奇定义的组织学习模型不同，本书中每一个群体内个体具有差异性的知识向量 H^i，用以完成不具有替代性的子任务。在惯例源群体和惯例接收群体中，负责完成相同子任务分工个体具有相似的知识向量 H^i。利用式学习的过程，是每个个体找到相对应的惯例源个体，然后进行模仿学习。

3. 个体事件网络知识的学习

理想状态下，组织内所有个体对于事件网络知识应该形成共有的认知。然而，个体的认知能力有限，不可能完整地掌握与惯例相关的事件网络知识。因此事件网络知识是分布式存储的，个体只需要掌握与自己所执行子任务相关的事件网络子网络就可以。在每一个模拟周期内，个体间逐个观察与自己所执行子任务相关的其他子任务。个体根据相应的惯例源群体的模仿对象，不断改变 B^i 向量中各元素的值，使其趋近于 A^i 向量。

4.惯例源和边界跨越者的影响

组织内部的知识共享会占用个体的精力和时间，使得个人的绩效表现降低。此外，也会使得个体的技术和经验外泄，从而导致个体失去得以倚重的竞争优势。在本书中，惯例源群体原本就是知识的供给方，其作用不在于完成组织任务，而在于促进组织的利用式学习。即使如此，也需要考虑到个体的知识共享意愿。用P_i表示惯例源群体内个体的知识共享意愿。P_i表示模型在单次模拟周期中，当惯例源群体个体收到请求后愿意共享知识的概率，值域取（0，1）。

根据前文的文献梳理，边界跨越者的作用主要是连通组织内部的群体、完成信息传递及促进知识转移。本书中，惯例源群体边界跨越者的数量为N_s，惯例源接收群体边界跨越者数量为N_r。边界跨越者构建交流通道和辅助知识转移的过程会占用其工作时间，被过度占用工作时间所导致的后果是角色过载（Marrone et al.，2007；Aldrich，Herker，1977；Beehr et al.，1976）。辅助完成个体的知识转移任务后，边界跨越者的工作时间占用被解除，边界跨越者可以不再处于过载状态。在模型中，完成一次辅助知识转移的行动时，边界跨越者需要消耗1单位工作时间。与此同时，边界跨越者的剩余可用工作时间又以一定的速率恢复。设V_s和V_p分别用来描述惯例源群体和惯例接收群体内边界跨越者的剩余可用工作时间恢复速度，定义为"角色负载承受能力"。每个模拟周期内，边界跨越者的可承受角色负载都以V_s和V_p个单位的速率恢复。

边界跨越者的认知能力是有限的，对于惯例的转移能力也是有限的。在模型中，设定m_c=100（个人程序性知识的复杂度为100）和m_e=1（每个子任务指向1个其他子任务）为边界跨越者的标准吸收能力。当知识的复杂度持续增加，边界跨越者在单个模拟周期中所耗费的工作时间也将成比例增加。

5. 个体间的相互信任

曾格（Zenger）和劳伦斯（Lawrence）在1989年的研究中发现员工在组织和团队中的任期，对组织的边界跨越活动有正向的影响。这两位研究人员认为，长期的共处使群体间成员发展出了更便于彼此沟通的方式。乔希（Joshi）等（2009）也发现，群体成员随着共有工作时间的增加而逐渐变得默契。来自不同群体的边界跨越者成员，要想跟外部群体建立联系，需要完成关系构建并升级信任关系（Mudambi，Swift，2009）。虽然边界跨越者可以在本群体内部占据网络中心位置并获得有利资源，他们取得外部群体的认同却需要花费精力和时间（Marrone，2010）。此外，相当一部分边界跨越者角色是领导直接指定的，在此之前其中的一些个体并没有具体的边界跨越行为（Levina，Vaast，2005）。这意味着，即使具备了本群体内部的网络中心性，也不能保证边界跨越者与其他群体的成员构建了有效的连接。因此，在我们的模型中，惯例接收群体与惯例源群体内边界跨越者的网络是逐步构建的。这样构建模型的目的是为了还原组织成员和边界跨越者间由陌生到彼此熟悉的过程。

受地域空间和组织文化等多种因素影响，不同群体成员间建立联系的时间要长于同一群体内部成员间建立联系的速度。设定 p_v 代表不同群体间边界跨越者与普通个体的信任建立速度。不同的模型中，这个值代表的含义存在差别，取决于组织惯例和组织信任氛围等因素。在模型1中，p_v 代表惯例接收群体普通个体与惯例源群体边界跨越者的信任建立速度。这个值越大，则惯例接收群体普通个体取得惯例源群体边界跨越者信任的时间越短。在模型2中，p_v 用以描述惯例接收群体边界跨越者与惯例源群体普通个体的信任建立速度。

6.可编码惯例的所占比重

边界跨越者的任务是负责传递知识。个体间的经验很多时候是以隐性知识的方式转移的。在组织中，一些操作事例可以以文档和范本的形式存在。在组织学习中，这些可以形成文本化经验的惯例，被称为"可编码惯例"。在传递知识的过程中，编码知识可以不经过边界跨越者的理解和吸收直接传送。模型中用p_c代表可编码惯例占惯例的总体比重。

三、子群网络结构及边界跨越者构建

根据文献和理论梳理的边界跨越者分布模式，建立三个子模型。这三个子模型反映了理论和现实中存在的三种理想情况。在模型1中，惯例接收群体的个体要想跟惯例源群体内的个体取得联系，需要首先与惯例源群体的边界跨越者建立联系。在模型2中，惯例接收群体内的个体不需要直接与惯例源群体中的边界跨越者取得联系，而是通过本群体中的边界跨越者与惯例源群体取得联系。模型3中，惯例源群体和惯例接收群体的成员不直接联系，两个群体间的联系都需要借助各自边界跨越者的沟通渠道来完成。下面将以此构建三个子模型。

（一）源导向结构的构建

对于惯例源群体的边界跨越者而言，在未取得信任的情况下，不可能随意跟任何一个来自外部群体的普通成员迅速建立关系。设c_i代表惯例接收群体普通个体的外部知识网络构建能力。这个值越大，惯例接收群体的个体越有可能与更多的惯例源群体边界跨越者建立联系。

在模型1中，惯例接收群体并不存在实质性的边界跨越者，个体对外部群体的沟通渠道存在较大的自由度。惯例源群体对外界的沟通需要借助边界跨越者来完成。惯例接收群体的成员要想获得知识，首先必须跟惯例源群体的边界跨越者建立联系。如果这种联系没有建立，个体可以在下一个模拟周期中，从惯例源群体中随机找寻一个边界跨越者，并尝试重新建立联系。源导向结构下的群际间惯例复制流程如图5.6所示。

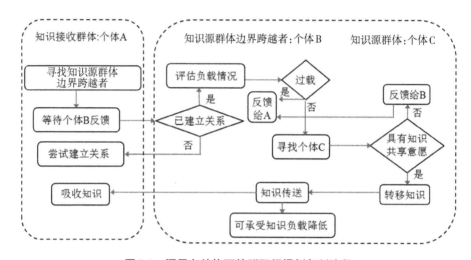

图5.6　源导向结构下的群际间惯例复制流程

资料来源：笔者整理

（二）接收导向结构的构建

相比于模型1，在模型2中，惯例接收群体中的个体不需要直接与惯例源群体取得联系。惯例接收群体的边界跨越者需要根据本群体成员的需求，与惯例源群体内的个体取得沟通。由于归属于不同群体的原因，个体B与个体C不可能马上建立联系。当个体B找到一个惯例源群体边界跨越者时，如果联系关系没有建立，个体B就需要重新建立联系并将这个信息反馈给知识需求方 A。用 C_p 描述惯例接收群体边界跨越者的外部知识网络构建能力。这个值越大，则惯例接收群体的边界跨越者越有可能与更多的惯例源群体成员建立联系。接收导向结构下的群际间惯例复制流程如图5.7所示。

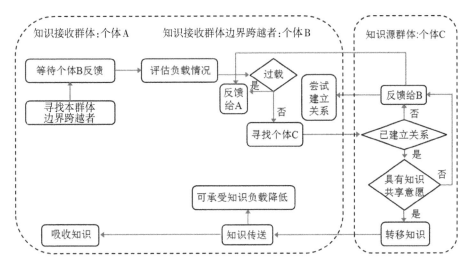

图5.7　接收导向结构下的群际间惯例复制流程

资料来源：笔者整理

（三）双导向结构的构建

在模型3中，个体的组织学习过程需要经过两个边界跨越者，分别来自惯例接收群体和惯例源群体。个体不需要跨越群体以求建立新的连接，跨群体的沟通工作全部由边界跨越者代之完成。不同组织内部，节点的连接情况都存在差异。为了便于研究，定义群体内部的网络连接密度为 pr，用群体内部任意两个个体的相互连接的概率表示。这个指标代表了群体内部成员关系的紧密程度。

边界跨越者的任务是完成知识的传送。跨群体的知识转移，需要边界跨越者的参与。个体知识的传送，需要经历两个边界跨越者，无形中增加了边界跨越者的认知资源占用。同样用C_p描述惯例接收群体边界跨越者的外部知识网络构建能力，在模型3中指的是惯例接收群体边界跨越者构建与惯例源群体边界跨越者沟通网络的能力。双导向结构下的群际间惯例复制流程如图5.8所示。

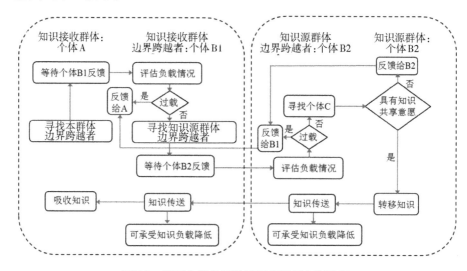

图5.8　双导向结构下的群际间惯例复制流程

资料来源：笔者整理

四、基本假定与参数设置

为了便于研究，简化模型，控制不确定因素，需完成以下假定。

（1）惯例源群体能有效完成探索式学习，并与外部环境保持一致。

（2）一个群体中，每个个体完成一项子任务，不存在冗余个体。

（3）群体内部节点建立网络连接的速度远高于群体间节点建立网络连

接的速度，群体内部节点间的连接即刻建立，不存在时间延迟。

（4）边界跨越者和群体外普通个体以及群体内普通个体和群体外边界跨越者间在模拟的初始点并不存在联系。

（5）边界跨越者之间已经构建了联系，不需要重新建立联系。

我们为每个模拟参数设置一个标准值，模拟过程中，任何参数的修改都需要进行说明。在默认情况下，研究某一个参数对系统的影响时，需要保证其他参数的值始终固定。相关的模拟参数如表5.1所示。

表5.1 群际间惯例复制模型的参数设置

参数名称	符号	标准值
知识接收群体的数量	g_1	20
知识源接收群体的数量	g_2	1
每个群体内的个体数量	n	20
程序性知识复杂度	m_c	100
事件网络的复杂度	m_e	1
每个知识源群体边界跨越者数量	N_s	4
每个知识接收群体边界跨越者数量	N_r	2
知识接收群体边界跨越者的外部知识网络构建能力	C_p	0.25
知识接收群体普通个体的外部知识网络构建能力	c_i	0.10
子群内部的网络密度	p_r	0.50
知识源群体边界跨越者角色负载承受能力	V_s	1.5
知识接收群体边界跨越者角色负载承受能力	V_p	0.5
知识源群体中普通个体的知识共享意愿	P_i	0.30
知识接收群体中普通个体对所转移知识的吸收能力	p_a	0.30
可编码惯例的所占比重	p_c	0.50
不同群体间边界跨越者与普通个体的信任建立速度	p_v	0.02

资料来源：笔者整理

第五节　计算实验结果及分析

仿真结果图中，横坐标是模拟的周期。根据上文对于模型构建的描述，纵坐标表示每项任务的完成时间。惯例与环境的契合度越高，完成任务所需的时间越少，曲线下降得越明显。因此，曲线的下降幅度越大，惯例的优化程度越高。

一、边界跨越者角色负载承受能力的影响

假设 V_{s0} 为惯例源群体边界跨越者角色负载承受能力的标准值，用 V_{s0} 增加或减少的百分比表示所研究变量的变化。例如，设定 $V_s=V_{s0}=1.5$，则 $V_s=$（1+40%）。V_{s0} 意味着 V_s 的值为2.1。从图5.9可以看出，惯例源群体边界跨越者角色负载承受能力 V_s 影响着组织惯例的优化。当 V_s 在一定范围内变化时，持续增加 V_s 可改变惯例的优化效果。持续增加 V_s 并不会带来组织惯例优化效果的明显变化。然而，当 V_s 的值低到某一程度时，惯例源群体边界跨越者角色负载承受能力的不足会显现出来。此时，组织惯例的优化会受到较为严重的影响。

令 V_{p0} 为惯例接收群体边界跨越者角色负载承受能力的标准值，用 V_{p0} 增加或减少的百分比表示 V_p 的变化。从模拟结果可以看出，惯例接收群体边界跨越者角色负载承受能力的变化，对组织惯例变化产生的影响非常微小。这个研究结论似乎与以往文献所提及的结果并不相符。接下来，我们也将结合其他变量，继续对这个问题展开进一步研究。接收导向结构下 V_p 的改变对惯例复制的影响，如图5.10所示。

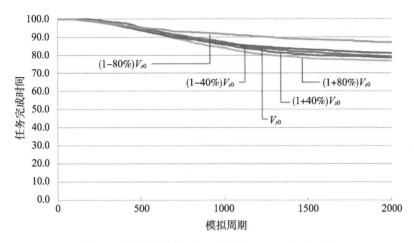

图5.9　源导向结构下 V_s 的改变对惯例复制的影响

资料来源：笔者整理

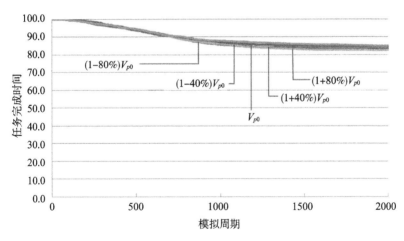

图5.10　接收导向结构下 V_p 的改变对惯例复制的影响

资料来源：笔者整理

模型3中，同时考虑 V_{p0} 和 V_{s0} 值的变化。可以看出边界跨越者角色负载承受能力的变化对于组织惯例变化的影响较为明显。在模拟的初期阶段，边界跨越者角色负载承受能力的变化对于结果的影响就已经显现。持续增加边界跨越者角色负载承受能力可以有效地促进组织惯例的优化。相比于模型1和模型2，模型3中边界跨越者角色负载承受能力的提升可以更有效地促进组织惯例的优化效果，且这种变化可以体现在模拟周期的初期阶段。双接收导向结构下V_p和V_s的改变对惯例复制的影响如图5.11所示。

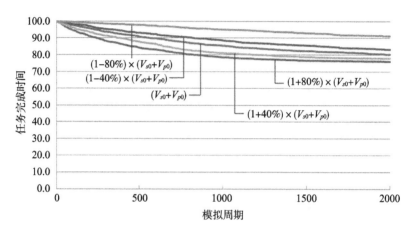

图5.11　双接收导向结构下V_p和V_s的改变对惯例复制的影响

资料来源：笔者整理

二、边界跨越者数量的影响

改变惯例源群体边界跨越者数量N_s，可以看到随着组织学习过程的进行，组织惯例有了明显的变化。N_s的变化不但可以改变组织惯例优化速度，也可以改变长期内组织惯例优化的效果。惯例源边界跨越者数量越多越有利于组织惯例优化速度和优化效果的提升。在组织学习的前期阶段，N_s的数量变化对组织惯例变化的影响就已经表现得十分明显。源导向结构下N_s的改变对惯例复制的影响如图5.12所示。

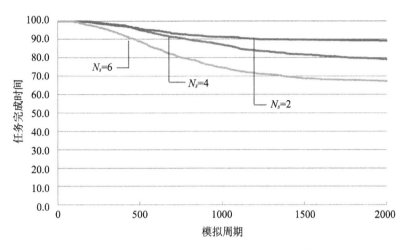

图5.12　源导向结构下 N_s 的改变对惯例复制的影响

资料来源：笔者整理

接收导向结构下 N_r 的改变对惯例复制的影响如图5.13所示。N_r 表示每个惯例接收群体边界跨越者的数量。由模拟结果可以看出，不断增加 N_r，组织惯例的优化速度出现了明显的变化。长期来看，N_r 的变化也有利于促进组织惯例优化效果的提升。这也说明了对于任何一个惯例接收群体来说，在"群体成员—本群体边界跨越者—惯例源群体成员"的信息交流模式下知识接收群体边界跨越者的作用较为突出。

边界跨越者的数量，一定程度上反映了群体内部和跨群体网络连接的多样性。受到群体内部网络连接密度的影响，个体不可能与每个群体的边界跨越者建立联系。此时，增加边界跨越者的数量，个体与本群体边界跨越者建立联系的概率就会增加。同时，边界跨越者数量的增加，也会增加群体与外群体的网络连接多样性。对于单个边界跨越者来说，只可能与其他群体的一定数量的个体建立联系，且这种连接关系在较长的时期内是稳定不变的。边界跨越者的交际能力有限，无法跟所有的外部群体成员保持联系。增加边界跨越者的数量，可以使群体获得更丰富的外部连接，从而有利于组织学习和惯例优化。

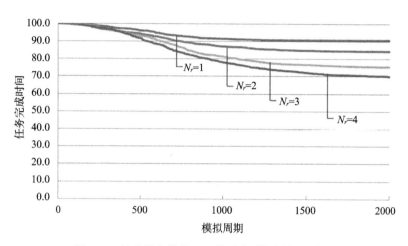

图5.13　接收导向结构下N_r的改变对惯例复制的影响

资料来源：笔者整理

三、各群体内部网络连接密度的影响

用P_r表示群体内部的网络连接密度。源导向结构下P_r的改变对惯例复制的影响如图5.14所示。本次主要模拟了当惯例接收群体成员直接与惯例源群体边界跨越者建立联系时，子群内部的平均网络密度对组织惯例变化的影响。在模型1中，可以看出当群体内部的网络连接密度发生变化时，对前中期的惯例变化存在影响。随着群体内部的网络连接密度持续减小，组织惯例优化的幅度逐渐变小。当群体网络连接密度达到一定值后，持续增加群体密度，对惯例优化的效果并没有显著的促进作用。

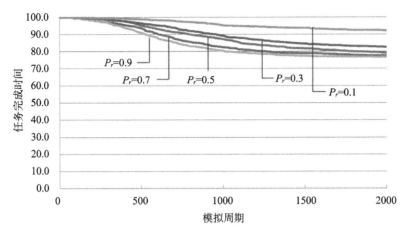

图5.14　源导向结构下P_r的改变对惯例复制的影响

资料来源：笔者整理

接收导向结构下P_r的改变对惯例复制的影响如图5.15所示。本次主要模拟了当惯例接收群体成员直接与本群体边界跨越者建立联系时，子群内部的平均网络密度对组织惯例变化的影响。与图5.14模型对比可以看出，此时群体内网络密度对于惯例变化的影响相比于模型1更明显。当群体内部的网络连接密度过小时，组织惯例的变化速度和长期内的变化效果都会受到显著抑制，甚至停滞。当群体内部的网络密度增加时，长期内组织惯例的优化效果会出现较大幅度增加。

在模型3中，个体需要经历两重边界跨越者，才能获取惯例源群体中个体的知识。此时我们看到，一旦群体内部没有建立起有效的连接，将会严重影响组织学习对于组织惯例的优化。当群体内部网络密度p_r只有0.1时，组织惯例很难发生变化。此时，持续增加群体内部的网络连接，从长期来看可以促进组织惯例的发展。双导向结构下P_r的改变对惯例复制的影响如图5.16所示。

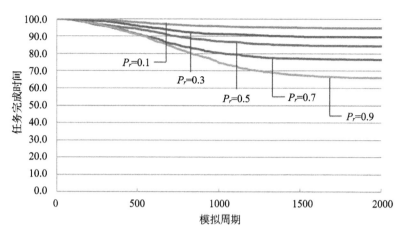

图5.15　接收导向结构下 P_r 的改变对惯例复制的影响

资料来源：笔者整理

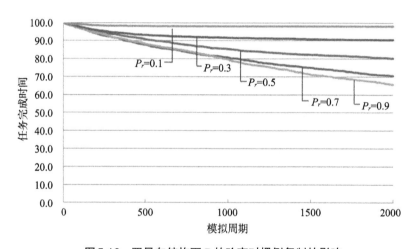

图5.16　双导向结构下 P_r 的改变对惯例复制的影响

资料来源：笔者整理

　　模型1和模型2中，惯例接收群体的数量占多数。模型1中的个体不需要通过本群体的边界跨越者，可以直接与惯例源群体边界跨越者建立联系。因此，惯例接收群体的网络密度对于这种关系的建立就不存在影响。模型2

中个体依赖于本群体的边界跨越者与外界取得联系，稀疏的网络连接很可能使得大多数个体失去与外界连通的通道。模型3中，由于惯例接收群体和惯例源群体中的个体相隔了两个边界跨越者，边界跨越者与本群体个体的网络连接就更为重要。本群体成员一旦无法与本群体边界跨越者建立有效连接，将严重影响组织惯例变化的进程。

我们观察到的结论是，群体内成员之间的网络连接密度，影响着长期内惯例优化的效果。子群内的边界跨越者和子群成员的网络连接密度变化，对于模型3的惯例复制效果影响最为显著，对于模型2的惯例复制效果的影响小于模型3，对于模型1的惯例复制效果影响最小。

四、边界跨越者与普通个体的信任建立速度的影响

保持不同群体间边界跨越者与普通个体的信任建立速度 p_v=0.02，以及其他参数不变，将三个模型放在一起观察模拟结果。可以看出，在模拟的初始阶段，模型3的惯例变化速度要快于模型1和模型2，随着模拟过程的持续进行，在组织学习的中期阶段，三个模型的组织惯例变化速度趋于相同。当不同群体间边界跨越者与普通个体的信任建立速度 p_v=0.02时，三个模型下对惯例复制的对比如图5.17所示。

提高不同群体间边界跨越者与普通个体的信任建立速度 p_v=0.06，保持其他参数不变并观察模拟结果。可以看出，当不同群体间边界跨越者与普通个体的信任建立速度加快时，在模拟的初期阶段，模型1和模型2的惯例优化速度得到提升，基本与模型3的惯例优化速度一致。随着组织学习过程的持续进行，在模拟中期，模型1和模型2的惯例的优化速度逐渐超过模型3。不同群体间边界跨越者与普通个体的信任建立速度 p_v=0.06时三个模型下惯例复制对比如图5.18所示。

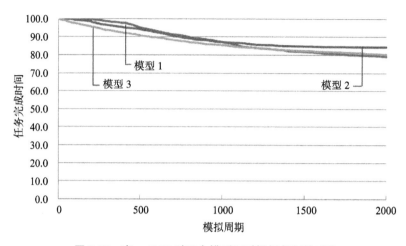

图5.17　当p_v=0.02时三个模型下对惯例复制的对比

资料来源：笔者整理

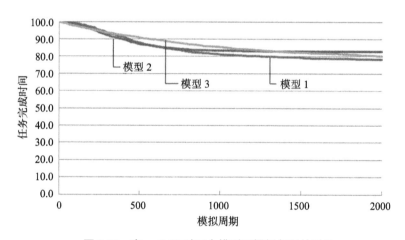

图5.18　当p_v=0.06时三个模型下惯例复制的对比

资料来源：笔者整理

　　保持不同群体间边界跨越者与普通个体的信任建立速度p_v=0.06，以及其他参数不变，改变惯例源群体边界跨越者的角色负载承受能力V_s值。当p_v=0.06时源导向结构下V_s的改变对惯例复制的影响如图5.19所示。从图

5.19可以看出，当不同群体间边界跨越者与普通个体的信任建立速度增大时，惯例源群体边界跨越者的角色负载承受能力的变化对于组织惯例变化的影响会更加明显。但是，不同群体间边界跨越者与普通个体的信任建立速度持续增大时，并不会带来长期内惯例复制效果的提升，所影响的仅是组织学习前期惯例变化的速度。

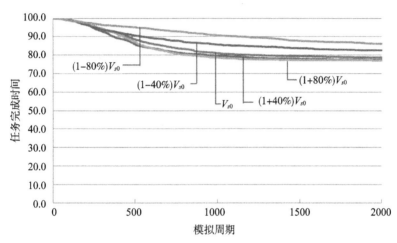

图5.19 当p_v=0.06时源导向结构下V_s的改变对惯例复制的影响

资料来源：笔者整理

保持不同群体间边界跨越者与普通个体的信任建立速度p_v=0.06，以及其他参数不变，改变惯例接收群体边界跨越者的角色负载承受能力V_p值。当p_v=0.06时接收导向结构下V_s的改变对惯例复制的影响如图5.20所示。可以看到，此时惯例接收群体边界跨越者的角色负载承受能力的变化对于惯例变化的影响依然不明显，持续提升惯例接收群体边界跨越者的角色负载承受能力无法有效提升组织惯例复制的效果。然而，当边界跨越者的角色负载承受能力过低时，如V_p=20%V_{p0}时，会影响组织学习前中期的惯例优化速度。

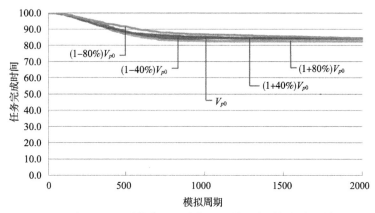

图5.20　当p_v=0.06时接收导向结构下V_s的改变对惯例复制的影响

资料来源：笔者整理

五、惯例的复杂性与可编码性影响

源导向结构下m_e的改变对惯例复制的影响如图5.21所示。事件网络的复杂度m_e代表每个子任务与其他子任务的关联度，m_e=q代表一个子任务与其他q个子任务存在连接关系。观察模型1下的模拟结果，当事件网络的复杂度增加时，组织惯例的优化效果也会减弱。

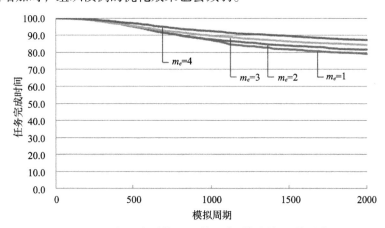

图5.21　源导向结构下m_e的改变对惯例复制的影响

资料来源：笔者整理

在模型2中，可以看出事件网络的复杂度m_e对于组织惯例变化的影响很微弱。接收导向结构下m_e的改变对惯例复制的影响如图5.22所示。

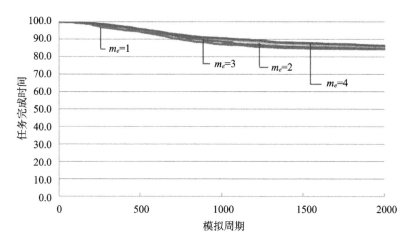

图5.22　接收导向结构下m_e的改变对惯例复制的影响

资料来源：笔者整理

在模型3中，可以看出随着事件网络复杂度增加，组织惯例优化的效果也逐渐降低。双导向结构下m_e的改变对惯例复制的影响如图5.23所示。

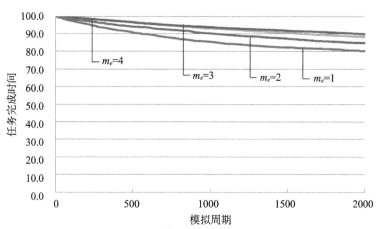

图5.23　双导向结构下m_e的改变对惯例复制的影响

资料来源：笔者整理

随着事件网络复杂性的升高，个体需要更高的认知水平和吸收能力来学习事件网络陈述性知识，此时个体的学习速度会减慢。此外，随着网络复杂性的升高，边界跨越者在协助转移事件网络知识时所承受的知识负载也会增加，占用了更多的认知资源，进而削弱其对于群体成员的个人程序性知识和事件网络陈述性知识的辅助转移作用。接收导向结构下，由于惯例接收群体的数量多于惯例源群体的数量，即使每个群体内部的边界跨越者数量少于惯例源群体，但总体的边界跨越者数量依然更多，边界跨越者的剩余角色负载承受能力也能满足惯例复制的需要。

比较图 5.23 可以看出，当事件网络复杂度较低时，模型 1 和模型 3 的组织惯例优化效果要强于模型 2。而当事件网络复杂度上升时，模型 1 和模型 3 的组织惯例优化效果会随之降低。因此我们可以得出结论：当子任务间的网络较为复杂时，采用"惯例接收群体普通个体—惯例接收群体边界跨越者—惯例源群体普通个体"的组织学习模式，有利于组织惯例的优化。我们也注意到，在模型 3 的惯例学习模式下，组织学习前期的优化速度较快。因此，当子任务间的网络复杂度高，但是任务时间较为紧张时，可采用模型 3 的惯例学习模式，即两个群体的边界跨越者同时参与惯例的复制。

组织惯例存在可编码和不可编码的两种成分，其中不可编码部分由隐性知识构成。设 P_C 表示组织惯例中的可编码部分所占的比重。设 P_{C0} 表示 P_C 的标准值，设置 $P_{C0}=0.5$。惯例的不可编码部分存在于个体的程序性知识中，并且不同个体的隐性知识存在差异，每个群体中负责专门任务的个体具有区别于其他个体的知识向量。

在模型 1 中，可以看到随着可编码惯例比重的下降，组织惯例的变化速度开始减缓。当可编码惯例减少 60% 时，组织惯例的优化幅度仅进行了不到 10%。源导向结构下 P_C 的改变对惯例复制的影响如图 5.24 所示。

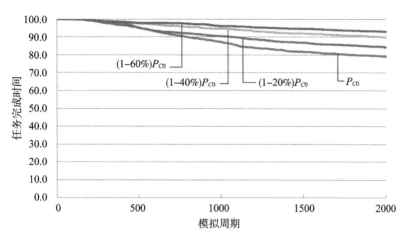

图5.24　源导向结构下 P_c 的改变对惯例复制的影响

资料来源：笔者整理

在模型2中，组织惯例的变化受可编码惯例比重的影响较小。可编码惯例比重的变化在组织学习初期对惯例变化的影响并不明显。说明当组织惯例的隐性程度增加时，模型2的组织学习模式并不会显著削弱惯例的优化效果。接收导向结构下 P_c 的改变对惯例复制的影响如图5.25所示。

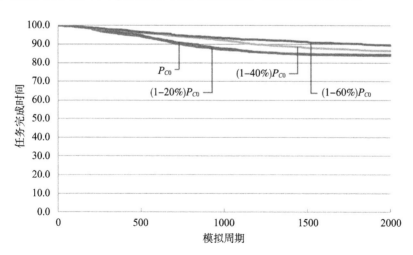

图5.25　接收导向结构下 P_c 的改变对惯例复制的影响

资料来源：笔者整理

在模型3下的模拟结果可以看出，增加组织惯例的隐性程度对惯例的优化影响十分明显。当惯例的隐性程度增加20%，组织惯例的变化速度就明显降低。当惯例的隐性程度持续增加时，惯例的变化几乎停滞。双导向结构下P_c的改变对惯例复制的影响如图5.26所示。

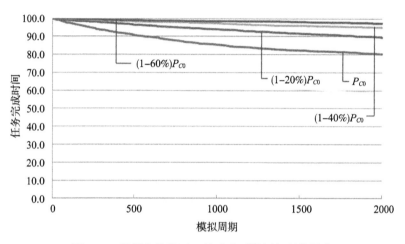

图5.26 双导向结构下P_c的改变对惯例复制的影响

资料来源：笔者整理

比较上述三个模型，可以看出惯例的可编码性和隐性程度对于模型3的影响最为明显，对模型1的影响次之，对于模型2的影响最不明显。在模型2中，所有惯例接收群体的边界跨越者都参与了组织惯例的利用式学习。在这种学习模式下，当组织惯例的可编码程度较高时，组织惯例的优化效果要弱于模型1和模型3。在模型1中，个体直接与惯例源群体的边界跨越者进行沟通。通过模拟结果可以看出，当可编码程度较高时，这种学习模式更有利于惯例源群体组织惯例的扩散。模型3中，个体对于组织惯例的模仿学习需要经历两个边界跨越者。一旦组织惯例的隐性程度增高，这种学习模式将导致组织惯例优化效果的明显下降。

六、个体外部知识网络构建能力的影响

根据前文所述，C_p代表惯例接收群体边界跨越者的外部网络构建能力。令C_{P0}代表C_p的标准值。则C_p的变化可以用C_{P0}的百分比的变化体现。在模型2中，外部知识网络构建能力主要指的是惯例接收群体边界跨越者与惯例源群体普通个体构建沟通关系的能力。通过模拟结果可以看出，在模型2中，提升C_p有利于组织惯例优化。接收导向结构下C_p的改变对惯例复制的影响如图5.27所示。

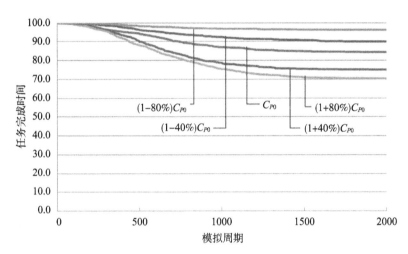

图5.27 接收导向结构下C_p的改变对惯例复制的影响

资料来源：笔者整理

在模型3中，依然可以看到与模型2相似的结论，即惯例接收群体边界跨越者的外部网络构建能力提升了组织惯例的优化效果。然而，与模型2对比，模型3中C_p值的提升对于组织惯例的影响要小于模型2。具体表现为，当C_p显

著减低时，模型3模式下组织惯例的优化效果仍然要强于模型2；当C_p显著增高时，模型3模式下组织惯例的优化效果要弱于模型2。同时，C_p值一旦发生变化，在组织学习过程的前期和中期，模型2的组织惯例优化效果就出现明显变化；而在模型3中，C_p的变化对于组织惯例的影响主要体现在组织学习的后期。双导向结构下C_p的改变对惯例复制的影响如图5.28所示。

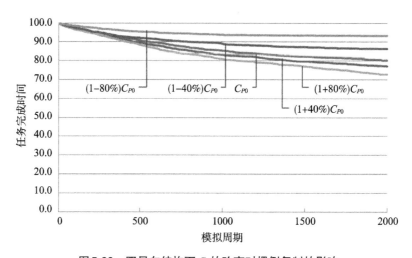

图5.28　双导向结构下C_p的改变对惯例复制的影响

资料来源：笔者整理

通过上述分析可见，当惯例接收群体的边界跨越者的外部网络构建能力较弱时，采用模型3的惯例复制模式，即"惯例接收群体普通个体—惯例接收群体边界跨越者—惯例源群体边界跨越者—惯例源群体普通个体"的沟通模式，更有利于组织惯例优化效果的提升。而当惯例接收群体的边界跨越者的外部网络构建能力较强时，可采用模型2的惯例复制模式，即"惯例接收群体普通个体—惯例接收群体边界跨越者—惯例源群体普通个体"的沟通模式。

图5.29显示了模型1下惯例接收群体普通个体构建外部网络的能力C_p的变化对组织惯例的影响。可见，非边界跨越者外部网络构建能力的变化也能显著影响组织惯例的优化。随着个体外部网络构建能力的提升，组织惯例的优化效果也相应地有了明显提升。与模型2和模型3对比，我们发现在模型1中，个体外部网络构建能力的提升对于组织惯例的影响更为明显。

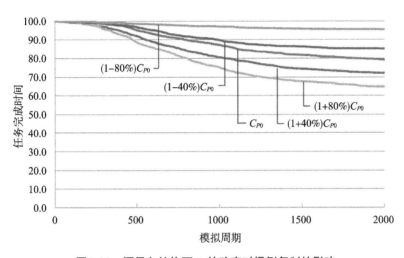

图5.29 源导向结构下C_p的改变对惯例复制的影响

资料来源：笔者整理

对比图5.27、图5.28和图5.29，我们得出以下结论：当惯例接收群体的普通个体具有较强的外部网络构建能力时，可以采用模型1的方式进行惯例的复制学习。当普通个体的外部网络构建能力较弱时，可利用边界跨越者的辅助作用进行学习，也就是采用模型2和模型3的模式。此时，如果边界跨越者具有较强的外部网络构建能力，可以采用模型2的方式进行惯例的复制；如果边界跨者越者的外部网络构建能力较弱，可以采用模型3的方式进行惯例的复制。

第六节　本章小结

在总结组织层面和个体层面惯例研究的基础上，本书从群体的视角切入，研究惯例在组织内和群体间的复制。为了剖析惯例的构成，把惯例分为个体惯例和协作惯例。个人惯例的完成，需要个体的程序性知识；协作惯例的完成，需要个体建立事件网络知识，并形成群体的共有认知。彭特兰和费尔德曼提出，惯例的变化程度需要通过惯例的表述行为来体现。在我们建立的仿真模型中，个体的程序性知识通过每个个体的知识向量来体现，事件网络知识则通过个体对于各个子任务间的序列和流程关系的学习来体现。我们建立了多主体仿真模型，模拟组织内部惯例复制的过程。

边界跨越者建立连接的有效性，受到其所在网络的影响。模拟结果显示，对于双导向结构来说，群体内部网络连接密度的变化，对于惯例复制的影响最为明显。相反，源导向结构下的群体内部网络连接密度变化，对于惯例复制的影响最小。接收导向结构下，群体内部网络连接密度变化对于惯例复制的影响要强于源导向结构。这种现象出现的原因在于，在双导向结构下，边界跨越者是群际间交流的唯一途径。一旦个体无法与本群体边界跨越者形成紧密联系，个体将失去与外部建立连接的机会。因此，在群体间惯例复制时，群体对于边界跨越者的依赖度越大，就越需要建立高密度的群体内部连接。

在不同的群体间沟通结构下，个体的外部网络构建能力对于惯例复制的影响也存在差异性。根据模拟结果，源导向结构下，个体的外部网络构建能力对于群体间惯例复制的影响最大。在双导向结构下，个体的外部网络构建能力对于群体间惯例复制的影响最小。而接收导向结构下，个体的外部网络构建能力对于群体间惯例复制的影响介于前两者之间。我们的建议是，当个体的外部网络构建能力很弱时，源导向结构下群际间的惯例复制会受到严重影响，此时采取双导向结构更有利于群际间惯例复制。而当个体的外部网络构建能力较强时，源导向结构和接收导向结构更有利于提高惯例的复制效果。具体采取何种结构，应该视组织所处的具体情况而定（Levina，Vaast，2005；Joshi et al.，2009；Edmondson，2003）。

赵和阿南德认为，在转移复杂知识时，相比于边界跨越者结构，集体信息桥结构（collective bridge）更有利于保持知识的完整性。组织惯例涉及个体共有认知的建立，也具有较高的复杂性。然而集体信息桥结构并非没有缺陷，大量群体成员与外部群体过于紧密的外部连接，会挤占群体内部的网络资源，导致群体的内部连接的失效（Oh et al.，2006）。我们的研究也表明，个体与外部群体信任的建立延迟会延误惯例的复制。与来自群体不同个体的直接交流相比，边界跨越者间的交流语言有着更高的标准化程度（Mudambi，Swift，2009）。当组织间需要快速适应环境时，边界跨越者可以更快地建立有效沟通。在面对惯例复制时，边界跨越者结构和集体信息桥结构孰优孰劣，是个值得研究的问题。

第六章　组织学习过程与组织惯例变化

第一节　组织惯例与组织学习的理论构建

一、组织惯例变化与组织学习研究的结合点分析

如果组织当前执行的惯例与环境不匹配时，即使个体努力提高惯例的执行性，仍无法取得令人满意的效果（Markus，Becker，2008）。组织惯例的动态性机制，决定了组织惯例不可能维持现有状态。一旦惯例与环境不匹配，惯例执行结果的反馈，会让惯例的执行者重新思考当前的惯例（Becker，2004）。组织惯例是组织的知识存量，包含了组织的隐性知识与经过编码的显性知识。莱维特和马奇发现，随着组织学习过程的进行和个体认知的改变，个体对于惯例的执行也会发生变化。学者们已经注意到，组织学习的过程与个体对惯例的认识存在密切的联系（Chassang，2010；陈彦亮，高闯，2014）。用个体认知改变的方法研究组织惯例的微观变化机制，有助于建立适合于惯例演化分析的模型。在本书的研究中，我们试图通过对于组织内部个体认知的构建分析，来研究组织惯例的自我更新过程。

组织对于日常任务的执行和对突发状况的应对，都是组织能力的体现。帕尔米贾尼和霍华德–格林威尔指出，高效率地完成组织日常的任务，是考量惯例与环境匹配度的重要标准。惯例的执行具有重复性和多主体参与的特征，是连续的且多任务触发的连锁机制。且在一段时期是稳定的。惯例作为任务执行序列，对每一项分任务的执行都有固定的顺序。在本书的模型构建中，可以用任务执行顺序的优化来表征惯例的更新情况。当前学者们试图从宏观、中观和微观三个层面分析惯例的变化，但是这三个层面间的联系和相互影响却没有得到足够的研究。因此，本书试图重新构建多层面的惯例解析范式。

研究组织惯例的微观变化，需要研究惯例内部结构的变化机制。惯例内部结构的改变过程，是个体认知改变和群体认知重塑的过程。社会化和组织编码学习，是组织学习过程的抽象。惯例内部的改变过程，也需要个体和群体认知的改变，这个过程也具有组织编码学习的特征（高展军，李垣，2007）。惯例的变化性分析和组织学习过程分析具有理论的结合点。如果将马奇的组织编码与社会化的学习模型进行扩展，就可以在组织惯例和组织学习的研究上搭建起桥梁。

宏微观间的组织编码学习，是否适用于组织惯例变化过程的研究，还需要进一步的理论证明。

二、惯例的三种典型解析范式

（一）明示例证与表述行为

组织惯例有其独特的内部结构，组织领域的学者试图从不同的角度解释这些内在结构。费尔德曼和彭特兰的研究从认知与行为的角度入手，认为明示例证方面与表述行为是构成惯例的两个重要方面。惯例的执行者对于组织内重复性活动的记忆和认知，以及对于工作执行细节和工作间联系的理解，构成了惯例的明示例证。行动者在特定环境下，根据明示例证对于具体工作的执行，构成了惯例的表述行为。

明示例证为惯例的执行提供了具体的行动指导和执行规则。其模板化的形式，保证了重复性任务执行过程中的标准化和稳定性，这使得个体不需要在每次任务执行前进行过多的思考，可以减少任务执行的时间占用。费尔德曼和奥里科斯基认为，对于复杂任务明示例证有助于个体认知的协调和不同角色活动间冲突的协调。偶然的活动和即兴行为并不能发展成组织惯例，行动的反复执行和执行效果的稳定性才是惯例的真正表现。在惯例的执行过程中，个体对于惯例的理解会在一次次的结果反馈中重新建立和发展，试错学习可以帮助组织成员修改惯例的执行模板。彭特兰和费尔德曼指出，这个过程就是惯例由具体执行到明示例证的建立过程。可见，惯例的明示例证和表述行为是互相构建的，前者指导惯例的执行，而后者也在修正和重塑前者。

（二）惯例的解释图式

组织研究领域逐渐开始关注记忆形成、知识编码、认知图式和组织惯例发展直接的紧密联系（Howard-Grenville，2005；Balogun，Johnson，2005；Miller et al.，2012，2014）。从组织认知层面，莱卢普和费尔德曼提出组织解释图式（organizational interpretive schema）的概念。他们认为组织解释图式是组织对重复任务执行的总体认知，是组织层面对于惯例执行的具体理解。2011年，莱卢普和费尔德曼两位学者以试误学习（trial-and-error learning）作为纽带，研究了组织解释图式的构建过程和改变过程。

莱卢普和费尔德曼把试误学习分成两个部分，分别是在组织工作执行过程中为了适应具体的工作环境和工作内容所进行的试误学习和为了应对惯例解释图式中支持解释图式（espoused schemata）和实施解释图式（enacted schemata）出现分歧和冲突时的试误学习。支持解释图式包含组织对于行为模式和行为结果的理解，实施解释图式包含组织保证任务执行效果的具体策略的方法。莱卢普和费尔德曼从新的角度解释了组织惯例的宏观结构和组织层面认知的形成路径。组织学习作为组织惯例形成和迭代的基础，不仅从个体记忆层面影响着惯例的存储，也在组织宏观层面逐步构建了惯例的结构和实施方式。

（三）惯例的个体认识

在没有管理人员的人为干预时，组织惯例的改变，需要经历自底向上的过程。组织惯例的改变离不开个体认知的变化。惯例并不是无意识的机械活动，惯例的执行行为离不开个体对于惯例的认识。米勒等在2012年和2014年总结个体认知领域和组织学习领域的研究时，认为程序、陈述和交互三种记忆机制是个体发展惯例认知的基础。

彭特兰和费尔德曼认为认知和行为是惯例的两个方面。程序记忆的建立需要较长的时间，一旦形成之后，在使用过程中就几乎不会占用认知资源。例如，流水线上工人对于某一零件的组装技能，在数万次的重复过程中已经高度熟练，个体可以闭着眼睛执行某些工序，这就是程序记忆建立后的表现。学者穆尔曼和迈内尔指出，陈述记忆需要个体认知的参与，在复杂的任务环境中，这样的记忆形式帮助个体处理细微的任务执行过程，并完成与其他参与者的工作协调。集体性的工作安排，个体不可能单独完成全部任务，而是需要知道其他相关任务需要让哪些个体执行更为合适，这种对于他人知识和技能的认知就是交互记忆（Wegner et al.，1991）。

2014年，米勒等总结了惯例研究的相关成果，认为日常任务执行和工作反馈不断调整完善着个体记忆，惯例的明示例证的形成和发展包含了上述三种记忆的构建和完善。程序、陈述和交互三种记忆影响着个体的任务执行效率，这三种记忆与组织惯例的形成密不可分。即使在全新环境中，个体的程序式记忆也难以发生显著变化。因此，米勒等在2012年和2014年的研究中并没有把程序式记忆纳入模型的构建中。在我们的研究中，也只对其他两种记忆形态进行分析，且重点输出陈述式记忆变化的结果。

第二节　组织学习与组织惯例变化过程分析

一、组织学习下的组织惯例分析框架

莱维特和马奇认为，组织惯例的形成，是隐性知识和显性知识不断沉淀的结果。组织惯例的形成和发展，是组织记忆的形成过程。组织知识存量的提升，离不开组织学习和内部编码。达理（Darr）等在1995年的研究中提出，组织需要统一协调工作编码，使其成为正式的流程。王永伟等（2012）认为"集体学习→组织共识→组织规范→组织行为"是惯例由认知到行为的完整过程。费尔德曼和奥里科斯基也认为，组织惯例的明示例证应该是被认可的和被广泛接受的行动准则。惯例嵌入了组织知识，是对前期组织探索性活动的总结（Rura-Polley，Miner，2002）。哈钦斯（Hutchins）

在1991年的研究中认为重复活动是组织记忆的形成过程，个体对惯例的认识逐渐升级为对于复杂任务的协调和应对能力。温特和苏兰斯基的研究表明，个体的探索活动不断被组织编码，最后形成了组织的日常任务处理能力。上述研究都把组织惯例的形成过程与组织知识存量的积累和能力的提升联系在一起。贝克尔（2008）认为个体对于惯例的认知决定了惯例的执行，个体记忆与组织经验的升级密切相关。个体需要从组织已经正式化和积累的知识库中学习日常任务执行的技能。组织的知识来源于集体并传授于个体。这样的过程就是个体完成社会化的过程（Sandberg，Tsoukas，2011）。

莱卢普和费尔德曼定义的组织解释图式是一种组织的认知结构，包含组织认可的经验和规程。彭特兰和费尔德曼在2003年定义的组织惯例的例证部分到底是组织的认知体系还是个体的差异化认知，这个问题依然不明确。组织层面的解释图式是更为宏观的概念。组织在解释图式的指导下完成对日常工作流程和复杂工作的控制。莱卢普和费尔德曼认为，特定的组织解释图式的起源和发展作为组织认识体系不断完善的结果，对组织惯例的影响是一种组织到个体的过程。米勒从个人记忆升级的角度入手，试图通过对个体知识微观改变的分析，解释组织惯例的升级和优化。因此，米勒的研究是一种从个体到群体，从微观到宏观的过程。马奇1991年的经典组织学习模型，包含了组织精炼学习和个体向组织已编码知识学习的过程，这个模型有助于将组织惯例的组织解释图式和个体记忆的发展整合到同一个分析框架。根据上述分析，可以得出组织惯例和组织学习研究的宏观—微观结构。惯例的变化性与组织知识积累的关系，可以整合到同一个分析框架，如图6.1所示。

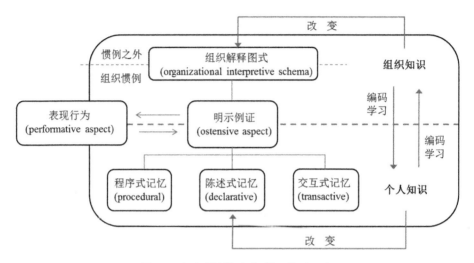

图6.1 组织惯例与组织学习关系示意

资料来源：笔者整理

二、组织学习模式对组织惯例的影响

贝克尔（2008）在他的研究中阐述了组织惯例的变化阶段。首先，个体在重复活动下有意或无意地执行新的行为，这是惯例变异的出现阶段；然后，个体或管理人员会根据这些行动的效果，重复那些可能提升效率的行为，这是惯例的选择阶段；最后，组织会根据选择执行的效果保留有利的行为模式并整合到现有的体系，这是惯例的组合和保留过程。这个完整的过程被称为"V-S-R螺旋"。如果我们把惯例看作共享认知下的重复性活动时，这种来自生物遗传选择理论的观点可以从另一个角度解释组织学习下的惯例演化过程。霍华德-格林威尔认为惯例的明示例证是不断发展的，这种发展过程包含了对于新的活动执行模板的理解。

脱离了任务的重复执行，明示例证就难以发生变化。对于新的工作方式的尝试、对未有过的突发情况的应对和对不同工作流程的重新组合，都属于惯例"变异"的范畴。从过去工作中总结经验和尝试性地探索新的工作模式，都属于组织学习。区别在于，前者是利用式学习，后者则是创新。组织惯例不同于研发活动，具有其特殊性。过多的新尝试会给任务间的协调带来困难，惯例的执行者也会无所适从。但因循守旧地执行惯例，则不利于组织的环境适应性。这时候，组织就需要在探索性的惯例和执行现有惯例之间找寻一个平衡点。这关系到组织当前的生存和未来的环境适应性。马奇的组织学习模型，描述了组织在不同学习模式下维持平衡的典型情况。该模型用组织精炼和社会化的双元过程来研究组织知识的概念。组织根据任务个体的认知水平，筛选最优秀个体的知识作为其他个体的认知模板，这个过程可称之为"组织精炼"；个体从组织的知识库中获得现有的知识，以提升个人的认知，这个过程称为"社会化"。我们的模型也采用这两个基本过程来研究惯例的变化。

组织惯例的变化受到惯例执行过程中的探索性尝试的影响。组织对试错学习的容忍度体现了组织对探索式学习的重视程度。依照马奇的观点，对同一件工作的不断重复，包含了组织的利用式学习。组织的解释图式的形成不仅需要新的尝试的集成，也需要反复地重复，以完成工作的协调和匹配。2013年，狄奥尼修和索卡思指出，新的规则引发了惯例变化的可能，而重复性的活动才会使得新的尝试变成惯例。组织惯例的执行者在试错学习中对于惯例的反复执行和调整，可以帮助惯例朝着有利的方向进化。然而，外部环境不可能总是留给组织足够的时间，使其反复优化并修改任务的完成方式。外部环境的剧烈变化，如新的技术环境、新的政策和新的竞争者的涌入都可能对现有惯例产生剧烈扰动。2011年，迈内尔等发现为了适应快速变化的外部环境，新的组织目标可能影响内部个体的协调方式，从而导致现有惯例的废除。埃德蒙森等（Edmondson et al.,

2001）对医疗机构的日常任务执行进行研究，发现新的医疗设备和通信技术可能改变工作人员旧的工作和沟通方式。组织需要快速定位有效的行动模式，并使其他组织快速掌握并且执行。可见，研究惯例对于环境的适应性变化，就要研究在不同组织学习模式下的惯例变化特征。本书试图利用个体—组织层面的学习模型，模拟环境改变和组织学习对于惯例变化的影响过程。

第三节　组织学习与组织惯例变化的模型构建

一、组织学习机制的构建

在我们构造的模型里，组织由 n 个行动者构成的集合组成。每个行动者都有对于惯例的知识，且这些知识具有差异性。组织对于惯例的执行需要有明确的规程，这个规程建立在集体认知和共享规范的基础上，代表了惯例的解释图式。在模型里，组织层面的惯例解释图式就是组织对重复性任务的顺序安排。通过观察 Agent 的行为的变化，可以分析组织惯例在组织学习下的演化。科恩和巴克代亚提出，组织惯例可以被描述为具体的行动序列，这个行动序列体现了参与者的程序性记忆和人际间的关系协调模式。我们将科恩和巴克代亚提出的行动序列具体化，根据米勒等的研究设计，建立一个有序任务集合，任务集合包含了细分的子任务。

构建一个 m 维向量 $e = e_1 e_2 e_3 \ldots e_m$，为每一维度 (e_i) 赋予一个 $(-1, 1)$ 的随机数，代表这一子任务的优先度。优先度代表了每个子任务被执行的先后排序。向量 e 表示外组织环境要求下的最优的任务优先度，反映了外部环境的特征。依照向量 e 中的各个维度的值的大小，可以获知向量 $s= s_1\ s_2\ s_3...s_m$，其中每一维度 s_j 都与向量 e 中的元素对应。向量 s 代表了行动者可执行的最优的任务顺序。

以组织为对象，构建一个具有 m 维度的向量 $e^o= e^o_1\ e^o_2\ e^o_3...e^o_m$。向量 e^o 代表了组织层面对于惯例执行的理解。e^o 每一维度 (e^o_j) 也位于 $(-1，1)$ 之间，是组织对于每个子任务执行顺序的赋值。$s^o= s^o_1\ s^o_2\ s^o_3...s^o_m$ 是对应 e^o 的子任务完成顺序的安排。组织在执行任务时，依照 s^o 的排序，逐个逐项完成子任务。e^o 代表组织对于惯例和环境的理解。s^o 代表了组织根据 e^o 排序的每项子任务的执行顺序，是组织惯例在明示例证方面的体现。

马奇指出，不同行动者对惯例具有差异化的认知。2008年，彭特兰和费尔德曼也指出，在组织惯例明示例证方面，不同行动者之间差别很大。在我们的模型中，个体对于组织惯例的认知也是异质化的。对于行动者 i，向量 $e^i= e^i_1\ e^i_2\ e^i_3...e^i_m$ 代表了这个个体对于惯例的理解，向量 $s^i= s^i_1\ s^i_2\ s^i_3...s^i_m$ 代表 i 理解的任务执行顺序。向量 e^i 反映了不同的个人对于组织惯例的理解，对应于个体的陈述性知识。既然每个行动者在组织惯例明示例证方面具有不同的认知，在心中对于每项子任务的执行顺序都有着自己的排序，那么当一项任务需要执行时该如何协调就成为一个问题。焦亚和普尔（Gioia，Poole，1984）指出，知识虽然分散在不同的个人中，但组织可以通过协调产生一致的行动模式。尽管组织成员在组织惯例的明示例证方面是有差异的，但组织惯例依照组织解释图式执行。

组织中有 n 个行动者，每个行动者都具有一项技能，对应于一个子任务。某一时刻，当某项子任务到达某个行动者时，如果这个行动者不具备完成该项任务的技能，将会把子任务交给周围的某个行动者。被交给任务的行动者如果仍然不具备解决问题的技能，则会继续传递任务，直到该项子任务被完成。定义一个包含了 m 项子任务的任务 Task，第 j 个子任务的执行顺序的排序号记为 STask(j)。每个时刻组织职能完成一项子任务，子任务无法并行完成。组织中的行动参与者完成任务 Task 的先后顺序，取决于任务优先度向量 e^i 和与之对应的任务执行顺序向量 s^o。当一个 Task 的最后一个子任务被完成后，另一个 Task 又会立即生成。

个体认知与环境的匹配度代表了其知识水平。向量 e 代表与环境完全匹配的任务执行优先度。对于个人 i 来说，e^i 与 e 的相似度越高，则 i 的知识水平 K_i 的值也越大，如式（6.1）所示：

$$K_i = \sum_{j=1}^{m} (e_j^i \cdot e_j) \tag{6.1}$$

e^o 与 e 的匹配程度也决定了组织的知识水平 K_o，如式（6.2）所示：

$$K_o = \sum_{j=1}^{m} (e_j^o \cdot e_j) \tag{6.2}$$

组织内所有个体所具有的知识可以用组织平均知识水平 AvgK 来表达，如式（6.3）所示：

$$\text{AvgK} = \frac{1}{n} \sum_{i=1}^{n} \sum_{j=1}^{m} (e_j^i \cdot e_j) \tag{6.3}$$

本模型中组织学习包括组织的筛选精炼和个体对于组织知识的利用。组织会选择表现最优的个体，把这些个体的知识编码为组织知识。Ue 表示组织挑选的优秀成员，组织知识的变化如式（6.4）所示：

$$e^o_{(t)} = e^o_{(t-1)} \cdot (1 - p_1) + Ue_{(t-1)} \cdot p_1 \tag{6.4}$$

每一时刻，个人也不断从组织编码知识，个人知识的更新方式如式（6.5）所示：

$$e_j^i{}_{(t)} = e_j^i{}_{(t-1)} \cdot (1 - p_2) + e_{j(t-1)} \cdot p_2 \tag{6.5}$$

随着组织从个人编码学习以及个人从组织编码学习过程的持续，向量 e^o 和 e^i 与向量 e 的匹配度不断提高。个体和组织随之不断调整对子任务执行顺序的认知，即向量 s^o 和 s^i 不断发生调整。这表现为惯例在明示例证方面的提升，并会进一步影响惯例的表述行为。组织知识水平的变化反映了组织解释图式的变化，组织内个体平均知识水平的变化反映了个体陈述式知识水平的变化。二者共同反映了组织惯例在明示例证方面的变化。组织惯例的表述行为则可以通过任务的执行情况体现。

二、组织惯例优化的模型输出

为了体现组织惯例的改进，需要构建一个变量以反映任务执行效率方面的提升。组织执行各项子任务的顺序与最优执行顺序偏差越小，则所耗费的资源越少。第 i 个子任务的执行顺序的排序号 STask(i) 与最优执行顺序下本该执行的子任务的排序号 OSTask(i) 的差值，可以表示作为因任务执行顺序偏差导致的资源的额外消耗。当组织执行完第 j 项子任务时，所耗费的总资源累积可记为 $QR(j)$，如式 6.6 所示。组织学习下任务序列优化示意图如图 6.2 所示。

$$QR(j) = \sum_{i=1}^{j} \sqrt{(\text{STask}(i) - \text{OSTask}(i))^2} \tag{6.6}$$

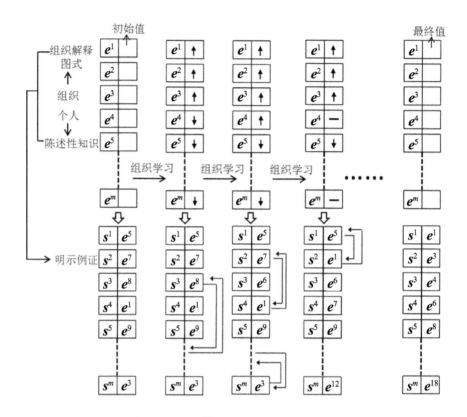

图6.2 组织学习下任务序列优化示意图

资料来源：笔者整理

第四节 计算实验与结果分析

一、模型的基本参数设置

首先对所有向量随机化赋值。组织原先的惯例与新的环境不匹配，表现为向量 e^o 与向量 e 的乘积为负值。个体 i 的向量 e^i 的每个维度为 $-1\sim1$ 的随机数，向量 e^i 与向量 e 的乘积可以为正数或负数。此时，知识水平 K_o 为负值，表示组织的陈旧惯例与新环境的不匹配。组织内个体的平均知识水平 $AvgK$ 受所有个体当前知识水平的影响，其值为 0 ± 0.05。

设置 Agent 的个数为 500 个，任务 Task 的子任务的数量为 20 项。在每次模拟实验中，组织需要完成 10 项任务。把每 100 步内的组织学习的积累记为组织学习的速率。待 10 项子任务完成，模拟运行的步数为 1600 次左右，在这 1600 步的模拟过程中，组织学习的过程在持续进行。用 p_1 表示组织向个体编码学习的速率，用 p_2 表示个人向组织编码学习的速率。p_1 的大小表示组织编码精炼的速率，p_2 的大小代表了组织内部社会化速率的快慢。

二、参照模型的建立

首先设置一个参照模型，这时候个体的记忆不会改变，组织成员只是简单地执行组织任务。通过观察组织惯例执行过程中资源消耗的累积 $QR(j)$ 可以看出，每完成一个任务，组织消耗的总资源累积为 165。组织编码精炼的速度和个体社会化的速度同时为 0 时的组织惯例变化情况如图 6.3 所示。

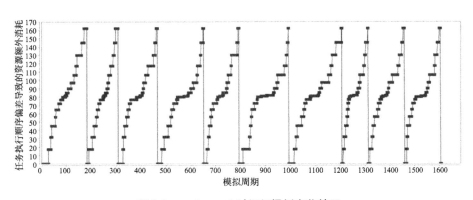

图 6.3　$p_1=0$，$p_2=0$ 时组织惯例变化情况

资料来源：笔者整理

接下来考虑组织内部存在精炼学习和社会化的情况。经过一段时间的组织学习，组织知识水平 K_o 为 0.75，同时 AvgK 增加到 0.225。p_1=0.05，p_2=0.05 时组织知识水平及组织内个体平均知识水平的变化情况如图 6.4 所示。图 6.4（a）反映的是组织层面的知识水平的变化。从组织知识存量的角度来看，代表了组织整体知识水平的提升。根据图像的显示结果可以看出，在组织精炼学习和个体社会化的参与下，组织知识水平获得了提升，这种提升反映在了与组织惯例的相关的知识存量的变化上。p_1=0.05，p_2=0.05 时组织惯例变化情况如图 6.5 所示。由图 6.5 可知，每次完成任务所消耗的总资源累积也在逐步下降。从完成第 5 项任务开始，完成每项任务所消耗的资源开始下降。一个模拟仿真的周期结束以后，消耗的资源累积在 54~56 之间。由模拟图像可以看出，在组织精炼学习和组织社会化的参与下，组织惯例的执行发生了优化提升。

把 p_1=0.05，p_2=0.05 时的模型设置为标准模型，图 6.4 和图 6.5 的图像作为参考图像，用来对比其他模型的效果。

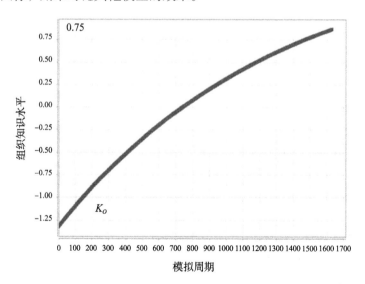

(a)

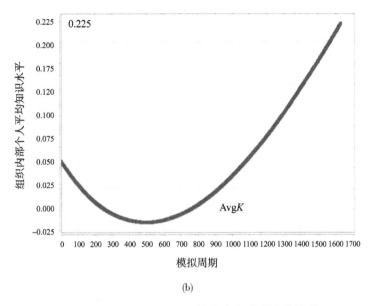

(b)

图6.4　p_1=0.05，p_2=0.05时组织知识水平变化情况

资料来源：笔者整理

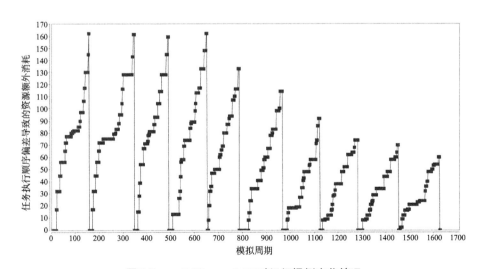

图6.5　p_1=0.05，p_2=0.05时组织惯例变化情况

资料来源：笔者整理

三、提高个人社会化速度下的惯例变化

在一般经典的组织学习模型中，提高组织内个体的社会化速率，代表组织成员可以在短期内高效利用现有知识。在本书构建的惯例变化仿真模型中，通过调整个体向组织编码的方式，改变个体对现有任务序列的理解和掌握的速度。把组织精炼的速度 p_1 设置为 0.05，个体从组织已编码的知识里进行知识获取的速度增加至 $p_2=0.2$。组织学习的完整周期结束以后，组织共完成了 10 个完整的任务。此时，组织的整体知识水平值 K_o 增加到了 0.1，组织内部的个人平均知识水平 AvgK 为 0。我们发现 K_o 的变化呈现出了 U 形变化的曲线特征，曲线的谷底点的值为 -0.25 左右。$p_1=0.05$，$p_2=0.2$ 时组织知识水平 K_o 如图 6.6（a）所示，组织内部的个人平均知识水平 AvgK 变化如图 6.6（b）所示。

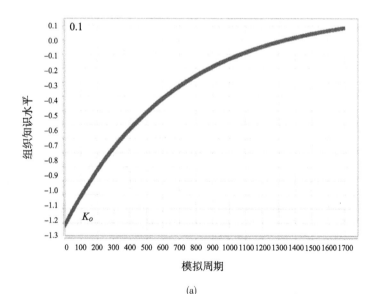

(a)

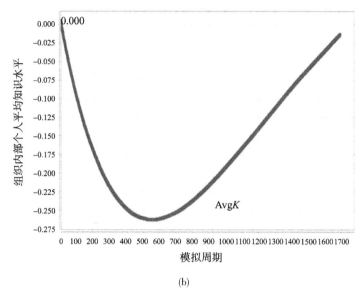

(b)

图 6.6 p_1=0.05，p_2=0.2 时组织知识水平变化情况

资料来源：笔者整理

因任务执行顺序偏差导致的资源的额外消耗如图 6.7 所示。组织惯例的变化速度较为缓慢，直到完成第 7 项任务时，所消耗的资源才开始下降，且下降缓慢。完成第 10 项任务时，在组织学习过程的中后期，组织惯例才出现了比较明显的变化，因任务执行顺序偏差导致的资源的额外消耗才开始下降。但最终组织惯例的变化也不是很明显。

组织学习周期内的高社会化速率，代表了组织将更多的资源用于利用当前的知识。在利用式学习占支配地位的组织里，个体会执行组织早期筛选的最优惯例，按照组织既定的需要执行惯例。在这种情况下，组织内部个体社会化的程度进一步加深。每个个体对于惯例的差异化的理解，是组织惯例潜在变化的来源。如果组织面临新的外部因素，之前的高效率的惯例可能会失去优势。组织社会化过程的支配性，会在早期削弱个体对惯例的多样化认知。个体对于组织现有知识的过早继承，使得组织表现出在后期的惯例的固化。

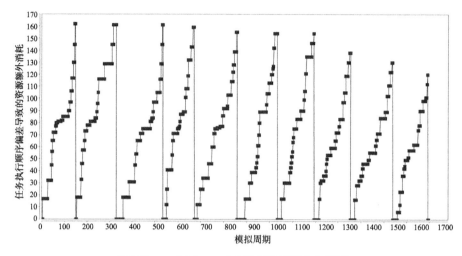

图6.7　p_1=0.05，p_2=0.2时组织惯例变化情况

资料来源：笔者整理

四、降低个体社会化速度下的惯例变化

将组织编码学习的速度保持在0.05，把个人向组织编码学习的速度降低至0.02。图6.8（a）显示了p_1=0.05，p_2=0.02时组织知识水平K_o的变化情况，图6.8（b）显示了个人平均知识水平AvgK变化情况。这时候个体不会在模拟初期就过度利用组织现有的已编码知识。经过完整的仿真周期，组织知识水平K_o为1.4，组织内个人的平均知识水平AvgK增长至0.16。图6.9显示了p_1=0.05，p_2=0.02时组织惯例变化情况。组织完成第4项任务之后，执行惯例所消耗的资源开始下降，到完成第7项任务之后，所消耗的资源累积始终稳定在较低水平。

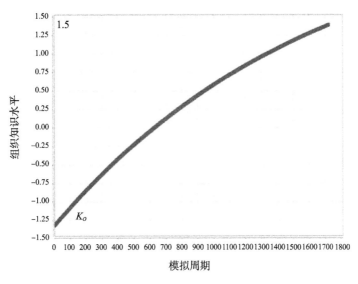

(a)

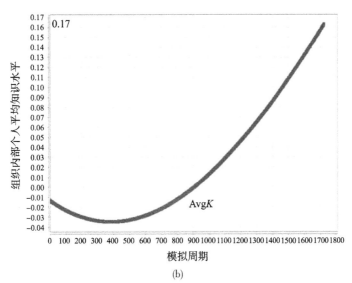

(b)

图6.8　p_1=0.05，p_2=0.02时组织知识水平变化情况

资料来源：笔者整理

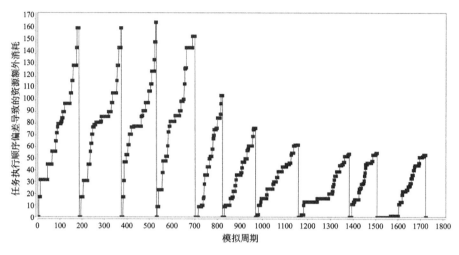

图6.9 p_1=0.05，p_2=0.02时组织惯例变化情况

资料来源：笔者整理

正如米勒等在2006年时的研究观点，每个个体都具有对于惯例的执行方式的认知，这种认知在我们的模型里体现在对于差异化的任务序列的理解。在我们的模型中，每个Agent心中都有一个对于组织当前所面临的环境的认知和理想的任务执行序列，是个体的陈述性知识的体现。2010年时，兹巴拉克和卑尔根提出组织惯例的明示例证包括由群体共享的认知形成的可执行性支持模式，这保证了个体间工作的协调。个体留存的陈述式记忆，含有多元化的信息。这些陈述性知识可能不在当前的惯例中表现，但会影响惯例未来的变化方向。2013年时，狄奥尼修和索卡思发现，当组织原有的惯例与新的环境不匹配时，在变异中寻求惯例的变化可以帮助组织适应新的环境。如果组织试图在新的环境中发展出更加契合外部环境的惯例，组织应当允许个体多样化认知的保留。

五、提高组织精炼速度时的惯例变化

加强组织内部精炼的程度，使得 p_1 由 0.05 增加至 0.2，而个人向组织学习的速度保持在 0.05。图 6.10（a）显示了此时组织知识水平 K_o 的变化情况，图 6.10（b）显示了个人平均知识水平 AvgK 的变化情况。完整的模拟周期结束后，K_o 达到了 2.7，AvgK 增长至 1.05。AvgK 的值仍然小于 K_o 的值。图 6.11 显示了 p_1=0.2，p_2=0.05 时组织惯例变化情况。组织在完成了第 2 项任务之后，组织执行惯例所消耗的资源就开始明显减少，并始终维持在较低水平。上述模拟结果说明，强化组织精炼之后，组织成员对于任务的执行效率有了明显提升。

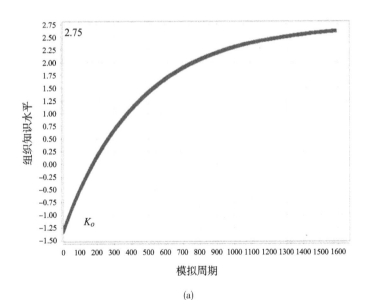

(a)

191

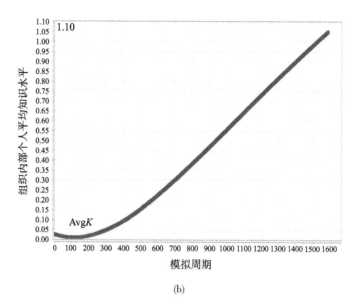

(b)

图6.10　p_1=0.2，p_2=0.05时组织知识水平变化情况

资料来源：笔者整理

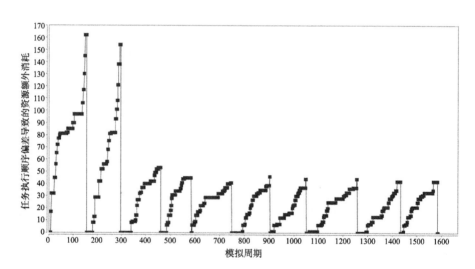

图6.11　p_1=0.2，p_2=0.05时组织惯例变化情况

资料来源：笔者整理

根据当前的任务执行效率筛选优秀个体，是组织的精炼过程。苏兰斯基和温特认为这个过程可以促进组织能力的提升。迈内尔等认为组织编码学习的过程实际上是一种系统强化的过程，更加适应新的个体行为，被编码和当作模板，用以提升组织效率。如果组织无力完成内部的精炼，组织无法在短期内将高于组织平均知识水平的个体的知识编码为组织知识。在这样的状态下，组织层面的认知和惯例的解释图式将无法升级。强化组织内部的精炼过程，快速识别并编码优秀的惯例，将有利于组织惯例解释图式的升级。

六、社会化的速度由慢到快变化

在上文的仿真研究中，我们设置的情形都是组织始终如一坚持固定学习速率的情况。增加一类组织学习的模式，即组织成员由弱社会化转变为强社会化的情形。称为仍然令组织编码学习的速度为0.2。在组织学习的前期，设置p_2=0.01。从第300个模拟步长开始，每一步长内，个体社会化的速度p_2增加0.002，直至增加到p_2=0.2。这样的设置刻画了组织逐渐强化社会化的情形。图6.12（a）显示了这样的学习模式下组织知识水平K_o的变化情况，图6.12（b）显示了此时个人平均知识水平AvgK的变化情况。由图6.12可知，完整的组织学习过程结束以后，组织的知识水平K_o增长至2.65左右。个人的平均知识水平AvgK达到2.25，K_o与AvgK的值较为接近。图6.13显示了"先探索，后利用"式学习时组织惯例的变化状态。可以看出从完成第3项任务开始，执行组织惯例所消耗的额外资源就迅速下降，所消耗的资源累积始终维持在30左右。完成每项任务所消耗的资源累积迅速降低，组织惯例在长时期内维持了较为高效的水平。

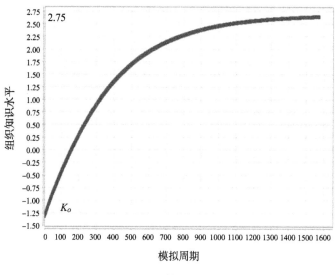

(a)

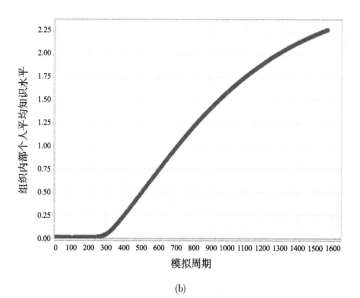

(b)

图6.12　"先探索，后利用"式学习时组织知识水平变化情况

资料来源：笔者整理

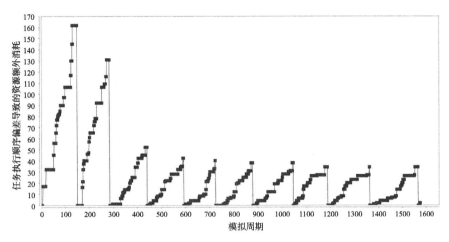

图6.13　"先探索，后利用"式学习时组织惯例变化情况

资料来源：笔者整理

当个体从组织的知识库获取知识的速度很低时，即使组织不断完成内部精炼，绝大多数个体对于惯例的认知仍无法有效提升。仅提高个人向组织编码学习的速度，不但不利于个体对惯例认知的发展，也在早期阶段削弱了多样性水平。面对外部环境的扰动，组织应当致力于协调两种组织学习过程。尼尔森和温特在2009年所提出的保留有效变异潜力的理论，与模拟的结果一致。个人向组织编码学习的速度由慢到快变化的过程，可被称为组织由探索式学习向利用式学习变化的过程。经过模拟，我们发现在这种学习方式下，组织惯例可以向更有利于组织运行效率的方向进化。

第五节　本章小结

作为个体认知的表现，组织惯例变化的背后，是个体知识水平的提升。我们构建了组织精炼和个体社会化两个过程同时进行的组织学习模型，来研究个体和集体知识水平的变化与组织惯例的变化性的关系。组织成员对子任务的执行顺序的理解和任务的实际执行则分别体现了费尔德曼和彭特兰提出的组织惯例的明示例证和表述行为。研究发现，组织学习的模式影响惯例变化的方向。

新环境下的过度社会化，其目的是最大限度地保障当前效率，却严重削弱了个体行为的变异能力。这种学习模式遏制了个体对惯例的探索。适度降低个体社会化的速度，可避免对惯例的认知同化。避免高度社会化，有助于保留惯例的变化能力，为惯例的适应性改善留下空间。强化组织的内部精炼，组织知识水平增长明显，代表了组织解释图式的升级。此时惯例的执行效率可以快速提升。"先探索，后利用"的组织学习模式，相比于强化组织内部精炼的学习模式，组织惯例适应性进化的速度更快，且个体对惯例的陈述性知识也具有更大的增长空间。这表明此类学习模式有助于在保证效率的前提下，提升个体和组织对惯例的认知。

萨尔瓦托和莱卢普指出，学者们对组织惯例的相关研究已经持续数十年，但这些研究往往缺乏对组织惯例的内部结构和动态变化过程的关注。组织惯例被当成既成事实，并被以一种相对静态的观点进行解析，这导致惯例执行的微观过程被忽略。莱维特和马奇认为，组织惯例是组织知识的一种存储形式。仅从惯例的行为表象去研究惯例的变化是不够的，要深入分析惯例形成和发展的驱动力，就需要将组织学习纳入到组织惯例变化的分析中（Zellmer-Bruhn，2003）。佐罗和温特认为，惯例的变化是组织学习的过程，这种过程离不开知识的积累和编码。本书将组织和个人的编码学习的过程与惯例的变化相结合，既是对马奇（Marh，1991）的组织学习研究的扩展，也为研究惯例进化的微观过程提供了新的路径。

组织惯例作为组织动态能力的重要组成部分，是不断发展变化的。佐罗和温特发现组织动态能力只有通过学习才能获取，而这个学习的过程也是涉及组织运行的各项惯例被改进的过程。已有的惯例会陈旧，进而被淘汰。当组织面临新的环境，原先有利于组织运行的惯例可能会变为提升组织能力的阻碍。此时，仅从改变组织成员的行为入手，不足以促使组织惯例的进化。因为惯例的改变是一个渐进和积累的过程。而这个过程背后，是组织学习的持续进行。兹巴拉克和卑尔根认为，行动参与者对于惯例执行细节的差异化理解为惯例的变异和进化提供了内部条件。强化已有惯例的利用式学习，很可能扼杀掉组织惯例变异的萌芽。而组织惯例的有益变异，极有可能是组织管理发展和优化的来源。莱维特和马奇发现，组织惯例以知识的形式体现，组织不仅编码了正确的惯例，有时不正确的惯例也被编码。对于管理者而言，应当在实践中准确而迅速识别有利于组织惯例改善的尝试，并将这种有益的尝试编码化，使之成为组织成员可参考和利用的模板。

第七章 组织兼并与惯例融合的演化博弈分析

第一节 组织兼并与惯例融合分析的理论分析

一、组织兼并与惯例变化

组织惯例在一定时间内会保持稳定性。而这种稳定性的保持，需要以组织内外部环境的稳定性为前提。组织作为一个开放系统，来自外部环境的不稳定因素会使其稳定性受到扰动（Slevin et al., 1997）。对于组织惯例造成冲击的因素包括兼并、收购、组织结构调整、人员变动和生产流程再造等（Anand et al., 2012）。古拉蒂（Gulati）和普拉那认为，组织惯例起源于原生环境，因此具有较强的本地黏性。并购对于组织系统来说，是一种较强的冲击和扰动，可能导致组织惯例在短期内处于无序状态。莱卢普在2009年时通过对丹麦一家著名的制药公司的兼并重组过程的深入研究，认为组织高层对于组织的重新设计，需要考虑到组织惯例运行的稳定性和一致性。

组织为追求效率提升所采取的协同行为，也会导致并购后知识集成活动激增（Capron，Mitchell，1998）。组织日常的操作惯例，是个体知识和集体知识的具体化表现形式。知识的整合行为，也是个体对惯例认知的重新建立过程。在知识完成整合之前，个体对于惯例的认知可能经历一定时期的纷乱状态（Anand et al., 2012）。在并购的过程中，组织很可能因惯例的整合方式和整合强度的影响而破坏现有的惯例体系（Ranucci, Souder, 2015）。组织融合后的惯例能否保持前后一致，个体会如何选择性执行，仍是一个有待解决的问题（Agarwal et al., 2012）。

萨法维和欧米德娃（Safavi, Omidvar, 2016）进行了一项为期两年的案例研究，所观察的对象是一所大学兼并一所艺术学院的过程及兼并后的整合过程。兼并方所期望的目标是，艺术学院的惯例最终同化。在大学的兼并案例中，兼并方在某些日常工作流程和标准方面试图采取强制性同化。但2016年学者萨法维和欧米德娃发现大学的预算分配惯例最终被艺术学院接受，而来自艺术学院的招生惯例却始终没有被兼并方的大学所同化。面对兼并方的强制推行，艺术学院负责预算分配的人员逐渐失去控制权和自主性。究竟是何种原因引致了这样的结果？

进一步分析这背后的原因，2016年，学者萨法维和欧米德娃发现要想完成预算分配和招生工作，参与者必须借助网络关系所提供的特有资源。兼并方（大学）采用一系列集权手段，重新分配工作任务流程，使得被兼并方（艺术学院）的预算工作人员断开了与其他教师的直接联系，进而失去了维持现有惯例的合法性，最终被迫接纳新的惯例。但同样以经济效益为出发点，一系列的整合却没有改变艺术学院的招聘惯例。个体对于惯例的认知和实际的执行通常存在偏差，个体在组织中的自我利益保护和权力位置会影响惯例的实际执行效果（Raman, Bharadwaj, 2012）。在并购过程中，各方网络位置和权力会发生变化。这些变化会对组织惯例产生何种影响是本书重点关注的问题。

二、组织融合与惯例运行的冲突

狄奥尼修和索卡思认为先前学者对于惯例变化性的研究，多聚焦于组织内部的惯例变化。特纳和林德瓦把惯例视为一个持续变化的过程。然而某些重大的扰动因素，可能会使组织惯例在短期内发生剧烈变化。不同组织的融合，对于惯例而言就是典型的外部扰动。由于个体价值观和组织文化的差异，兼并后的两个组织，在日常的运行中会集中爆发各种类型的冲突（Larsson，Finkelstein，1999；Bertels et al.，2016）。在不同组织进行融合的过程中，每个相关的个体都被卷入了这场惯例间的冲突。这些冲突不仅会对员工的个人心理上带来冲击，也会降低组织整体的运行效率，甚至造成人员的离职。当兼并方的组织成员来到被兼并组织，也会面临惯例的本地化。来自总部的各种标准和约定俗成的规范，在新的环境下可能会完全失效（Stahl，Voigt，2008）。

并购的发生，需要整合双方不同的组织能力，而这些组织能力都建立在各方特有的运行惯例的基础上（Homburg，Bucerius，2005）。并购发生后，组织面临惯例的重新调整和新秩序的建立（Larsson，Finkelstein，1999）。包括人员调动、责任再分配和管理标准的重构在内的多种组织活动，都会对组织的运行惯例产生作用（Goldstein，1997）。

先前并没有学者单独研究组织融合与惯例变化的关系，此类研究一直处于空白状态。为了深入研究不同组织融合对于惯例的变化影响，2016年，学者萨法维和欧米德娃研究了一所综合性大学对一个艺术学院的兼并过程，主要聚焦于招生惯例和预算分配惯例的改变。费尔德曼和奥里科斯基提出，稳定性和变化性是组织惯例的两个重要特征，惯例的变化并非无意识和自然形成的，惯例内部的行为主体始终影响着惯例的变化趋势。霍华德-格林威尔及莱卢普等认为，从能动性的角度来看，惯例参与方持续性地改变惯例的执行，最后导致了惯例的变化。不同组织融合后，某些群体可能会坚持现有惯例，而另一些群体可能会试图打破现有惯例。此时，在惯例的明示例证上形成的分歧，可以造成惯例表述行为的变化。彭特兰和费尔德曼指出，惯例变与不变的角逐，其背后的力量是个体权力张力的相互作用。这关系到惯例究竟如何变化，以及有些群体可以左右惯例的变化方向的原因。霍华德-格林威尔认为，对于惯例的能动性而言，正式和非正式的权力，以及对于组织资源的掌控，是研究惯例能动性的切入点。

组织兼并可分为多种情形，本书只分析组织完全融合的情形。兼并后的各方成员共同完成组织的日常任务。组织名义上的兼并和兼并后两个组织仍独立运行的情况不在本书的讨论之列。组织完成日常任务时，多种相互冲突的惯例会降低组织的运行效率。惯例并非一个稳定的整体，其内部又包含了诸多变化的利益诉求。在组织融合的过程中，诸多参与方的动机和利益的不一致，会形成不同的力量。在兹巴拉克和卑尔根的研究中，当各方利益无法达到平衡，群体就会产生矛盾，并导致冲突升级。随着问题的解决和各方力量再平衡的完成，新的惯例就会出现。惯例的形成和演化是各方利益博弈的过程。一旦平衡状态被打破，新的博弈过程又会出现（Lazaric，Raybaut，2005）。狄奥尼修和索卡思认为，两个群体权力的此消彼长的关系，是群体惯例能否在新组织中根植的关键。各方力量的不平衡，会对惯例的稳定性造成重要影响。本书接下来将会以模型的方式描述兼并方和被兼并方在惯例融合过程中的博弈过程。

三、场域、象征资本和惯例的能动性

艾莫白（Emirbayer）和詹森（Johnson）认为，组织自下而上演化的主要推动力之一，是个体习惯与个体所在的组织内部场域的不匹配。加扎科维斯基及艾莫白和詹森提出，基于权力和变革的动态性，布尔迪厄的理论体系为组织行为的研究提供了新的视角。2016年学者萨法维和欧米德娃认为在布尔迪厄的理论中，"场域"和"象征资本"可以用来分析组织惯例的形成和变化。

布尔迪厄在1993年的著作中提出，"场域"是指特定关系相互作用形成的具有位置特征的网络空间结构。场域决定了在这种特殊的关系空间里，什么样的价值更多地被接受、认可和提倡。每个独立的场域，都由自身独特的规范和习惯所支配。不同的场域代表了不同的规则体系。改变特定的场域，有可能会对惯例的执行造成一定干扰。泰特利（Tatli）在2011年的研究中就发现，在士兵招募惯例中通过特定价值场域的干预，能够控制对少数族裔的招募概率。

尽管场域可以影响个体的行为，布尔迪厄和华康德（Wacquant）认为场域仍无法完全左右个体在特定环境域下演化出的行动方式。这就牵涉到了另一个重要概念，即象征资本。象征资本更侧重于描述个体对于权力的使用和发挥。不同于经济资本，象征资本是更为隐蔽的存在形式。象征资本以价值认同、权威、地位及声誉积累等形式表现（Terjesen，Elam，2009）。象征资本与个体的权力和合法性紧密关联。有些涉及象征资本的文献中出现了"权力"一词，而另一些则使用"权威"一词。需要说明的是，"权力"与"权威"存在差异，前者是组织中某一个体施加于另一个体的强制力，后者主要指某一个体对于其他个体认知的影响力。各类章程、规则、传统和规范，构成了组织中某一群体的权威（Eglene et al., 2007）。象征资本赋予了个体在某些环境下使用权力的便利性。

在布尔迪厄的理论体系里，场域、象征资本和惯习（habitus）是一组相互关联的概念。惯习具有可转移性，一个群体在某些特定环境下形成的惯习，可以在新的组织内使用。同时，惯习也具有粘连性和历史性。个体在反复实践和经验总结中形成的惯习，很难被另一个群体所改变。艾莫白和詹森（2008）指出，组织内和组织间制度的构建过程，是场域和资本相互作用的结果。尽管布尔迪厄没有直接从组织惯例（而是使用了"habitus"一词）的角度展开问题分析，但是从他的研究中可以看出个体的经验、价值观和行为方式对组织行为模式构建的影响（Emirbayer, Johnson, 2008）。此处，组织的行为模式就包括了组织惯例。

莱卢普和费尔德曼的组织解释图式理论是一个组织层面的概念，反映了组织文化、价值观和信念体系。作为组织层面的认识，组织解释图式和惯例的明示例证具有相互作用的关系。场域不仅可以影响组织图式的进化方向，也能通过限制个人权力的动态分布，最终影响惯例的执行。我们所关注的问题是，不同群体间象征资本的不平衡性如何影响惯例的演化。布尔迪厄认为同一个组织内部可以存在多种不同的场域。例如，在艺术学院中，招生惯例主要受到艺术场域的支配，而预算分配惯例主要受到经济场域的支配（Safavi, Omidvar, 2016）。在融合后的组织里，不同群体惯例参与人对惯例的不同理解，会导致日常工作中冲突的产生。来自外部的对群体的强制性改变的力量，与群体内部对于惯例的维系构成了对立的作用力。

组织融合过程中的惯例整合，有可能是降低惯例老化的有效方式。阿南德等认为对于企业来说，高层管理人员对惯例整合的做法有两点：其一是为惯例的变化提供明确的方向；其二是为惯例的整合提供组织支持，包括对个体行为的激励。限于研究样本的局限性，阿南德等并没有提出具体的惯例整合方法。本书将分为两个模型研究兼并方对被兼并方的惯例改变，分别是兼并方建立适应新惯例的场域的模型，以及兼并方削弱被兼并方的象征资本的模型。

第二节　模型Ⅰ——兼并方建立
适应自身惯例的场域

一、演化博弈模型的构建

在大学并购艺术学院的案例中（Safavi et al.，2016），兼并方以经济效益为整合的原则，推行规范化的管理体系。原先艺术学院的运行细节，被贴上了"低效率"和"不可接受"的标签。艺术学院的工作人员被搬迁至大学的财务中心办公，并被给予了新的角色定位。其工作流程也被强制并入兼并方的体系。艺术学院的财务工作人员在工作范围内渐渐断开了与原先艺术学院教师的联系。此后经济场域开始逐渐占据主导地位。

在组织中一些更有权力的个体或群体，更具有影响甚至控制当前人际间环境的能力（Cast，2003）。这种影响和控制，会改变组织当前的场域。狄奥尼修和索卡思指出，权力更高的群体具有创建规则、组织编码和强迫实施的能力。基于上述实际观察，本书将描述第一类情形，即兼并方试图建立适应自身惯例的场域的情形。用 x 表示兼并方群体成员选择强硬推行自身惯例的策略的比例，$1-x$表示兼并方群体成员选择非强硬推行自身惯例的策略的比例。用y表示被兼并方群体成员选择妥协策略的比例，$1-y$表示被兼并方群体成员选择不妥协策略的比例。一旦被兼并方妥协，则被兼并方会逐渐放弃坚持自身的惯例，转而接受兼并方的惯例。

兼并方组织的惯例执行效率用P_b表示。兼并方强制推行惯例时，如果被兼并方不妥协，两种惯例相遇时的执行效率为P_{bs}。兼并方非强制推行惯例时，如果被兼并方不妥协，两种惯例相遇时的执行效率为P_{bn}。兼并方建立保护自身惯例的场域所花费的成本用C_{field}表示。被兼并方改变惯例并接受新惯例的学习成本表示为C_l。被兼并方个体在排斥性场域中维持现有惯例的难度的增加用Δfield表示。表7.1显示了兼并方建立契合自身惯例的场域的情况下，兼并方和被兼并方双方的博弈矩阵。

定义$\Delta P_s = P_{bs} - P_{bn}$，具体含义是当被兼并方个体无法妥协，兼并方强硬推行自身惯例时，对于组织惯例执行效率的影响。ΔP_s相比于两套惯例相互冲突的情况，仍具有相对更高的效率，因此ΔP_s大于0。定义$\Delta P_n = P_b - P_{bn}$，具体含义是当兼并方非强硬推行自身惯例时，被兼并方采取妥协策略，相比采取不妥协策略时的效率提升，正常情况下，这个值应该是大于0的。

表7.1　兼并方建立场域下的博弈矩阵

博弈策略		被兼并方个体成员	
		妥协	不妥协
兼并方个体成员	强硬推行	$P_b - C_{\text{field}}$, $P_b - C_l$	$P_{bs} - C_{\text{field}}$, $P_{bs} - \Delta_{\text{field}}$
	非强硬推行	P_b , $P_b - C_l$	P_{bn} , P_{bn}

资料来源：笔者整理

二、演化博弈模型的求解与分析

U_i^S 表示兼并方采取强硬推行惯例策略时的期望收益，U_i^N 表示兼并方采取非强硬推行惯例策略时的期望收益，平均期望收益为 $\bar{U}_i$。

$$U_i^S = y(P_b - P_{bs}) + P_{bs} - C_{\text{field}} \tag{7.1}$$

$$U_i^N = y(P_b - P_{bn}) + P_{bn} \tag{7.2}$$

$$\bar{U}_i = x[y(P_{bn} - P_{bs}) - P_{bn} + P_{bs} - C_{\text{field}}] + y(P_b - P_{bn}) + P_{bn} \tag{7.3}$$

U_j^C 表示被兼并方采取妥协策略时的期望收益，U_j^O 表示被兼并方采取不妥协策略时的期望收益，平均期望收益为 $\bar{U}_j$。

$$U_j^C = P_b - C_l \tag{7.4}$$

$$U_j^O = x(P_{bs} - P_{bn} - \Delta_{\text{field}}) + P_{bn} \tag{7.5}$$

$$\bar{U}_j = y((P_b - P_{bn} - C_l) - x(P_{bs} - P_{bn} - \Delta_{\text{field}})) + x(P_{bs} - P_{bn} - \Delta_{\text{field}}) + P_{bn} \tag{7.6}$$

根据表7.1所示的兼并方组织和被兼并方组织的收益矩阵和Malthusian方程（Friedman，1998），计算出兼并方和被兼并方两个群体的复制动态方程 $Q(x)$ 和 $R(y)$。

兼并方组织的复制动态方程如式（7.7）所示：

$$Q(x) = \mathrm{d}x/\mathrm{d}t = x(U_i^S - \bar{U}_i) = x(1-x)(U_i^S - U_i^N)$$
$$= x(1-x)(y(P_{bn} - P_{bs}) + P_{bs} - P_{bn} - C_{\text{field}}) \tag{7.7}$$

式（7.7）也可表示为

$$Q(x) = \mathrm{d}x/\mathrm{d}t = x(U_i^S - \bar{U}_i) = x(1-x)(U_i^S - U_i^N)$$
$$= x(1-x)(-y\Delta P_s + \Delta P_s - C_{\text{field}}) \tag{7.8}$$

被兼并方组织的复制动态方程如式（7.9）所示：

$$R(y) = dy/dt = y(U_j^C - \bar{U}_j) = y(1 - y)(U_j^C - U_j^O)$$
$$= y(1 - y)((P_b - P_{bn} - C_l) - x(P_{bs} - P_{bn} - \Delta_{\text{field}})) \tag{7.9}$$

式（7.9）也可表示为

$$R(y) = dy/dt = y(U_j^C - \bar{U}_j) = y(1 - y)(U_j^C - U_j^O)$$
$$= y(1 - y)((P_b - P_{bn} - C_l) - x(\Delta P_s - \Delta_{\text{field}})) \tag{7.10}$$

当复制动态方程 $Q(x)=0$ 且 $E(y)=0$ 时，系统存在 5 个局部平衡点，分别是：$(0，0)$，$(0，1)$，$(1，0)$，$(1，1)$，$(x^*，y^*)$。

$$x^* = \frac{P_b - P_{bn} - C_l}{P_{bs} - P_{bn} - \Delta_{\text{field}}} = \frac{\Delta P_n - C_l}{\Delta P_s - \Delta_{\text{field}}} \tag{7.11}$$

$$y^* = \frac{P_{bs} - P_{bn} - C_{\text{field}}}{P_{bs} - P_{bn}} = \frac{\Delta P_s - C_{\text{field}}}{\Delta P_s} \tag{7.12}$$

计算复制动态方程的偏导：

$$\frac{\partial Q(x)}{\partial x} = (1 - 2x)(-y\Delta P_s + \Delta P_s - C_{\text{field}}) \tag{7.13}$$

$$\frac{\partial Q(x)}{\partial y} = -\Delta P_s x(1 - x) \tag{7.14}$$

$$\frac{\partial R(y)}{\partial x} = -y(1 - y)(\Delta P_s - \Delta_{\text{field}}) \tag{7.15}$$

$$\frac{\partial R(y)}{\partial y} = (1 - 2y)((P_b - P_{bn} - C_l) - x(\Delta P_s - \Delta_{\text{field}})) \tag{7.16}$$

进而可以得出系统的雅克比矩阵：

$$J = \begin{pmatrix} \dfrac{\partial Q(x)}{\partial x} & \dfrac{\partial Q(x)}{\partial y} \\ \dfrac{\partial R(y)}{\partial x} & \dfrac{\partial R(y)}{\partial y} \end{pmatrix} \tag{7.17}$$

$$= \begin{bmatrix} (1 - 2x)(-y\Delta P_s + \Delta P_s - C_{\text{field}}) & -\Delta P_s x(1 - x) \\ -y(1 - y)(\Delta P_s - \Delta_{\text{field}}) & (1 - 2y)((P_b - P_{bn} - C_l) - x(\Delta P_s - \Delta_{\text{field}})) \end{bmatrix}$$

$$\mathrm{Det}(J) = \begin{vmatrix} \dfrac{\partial Q(x)}{\partial x} & \dfrac{\partial Q(x)}{\partial y} \\[3mm] \dfrac{\partial \mathrm{R}(y)}{\partial x} & \dfrac{\partial \mathrm{R}(y)}{\partial y} \end{vmatrix} \qquad (7.18)$$

$$\mathrm{Tr}(J) = \frac{\partial Q(x)}{\partial x} + \frac{\partial R(y)}{\partial y} \qquad (7.19)$$

根据雅克比矩阵，用公式（7.18）和式（7.19）计算出 Det(J)和 Tr(J)，可以用来分析系统的演化趋势。在兼并方建立契合自身惯例的场域的情况下，包含兼并方和被兼并方双方的系统演化稳定性表征如表7.2所示。

表7.2　兼并方建立场域时系统演化稳定性表征

演化平衡点	Det(J) 表达式	Tr(J) 表达式
(0, 0)	$(\Delta P_s - C_{\mathrm{field}})(\Delta P_n - C_l)$	$(\Delta P_s - C_{\mathrm{field}}) + (\Delta P_n - C_l)$
(0, 1)	$C_{\mathrm{field}}(\Delta P_n - C_l)$	$(-C_{\mathrm{field}}) - (\Delta P_n - C_l)$
(1, 0)	$-(\Delta P_s - C_{\mathrm{field}})(\Delta P_n - C_l - \Delta P_s + \Delta_{\mathrm{field}})$	$-(\Delta P_s - C_{\mathrm{field}}) + (\Delta P_n - C_l) - \Delta P_s + \Delta_{\mathrm{field}}$
(1, 1)	$-C_{\mathrm{field}}(\Delta P_n - C_l - \Delta P_s + \Delta_{\mathrm{field}})$	$C_{\mathrm{field}} - (\Delta P_n - C_l - \Delta P_s + \Delta_{\mathrm{field}})$
(x^*, y^*)	$-(\Delta P_n - C_l)(\Delta P_s - C_{\mathrm{field}})$ $\left(\dfrac{\Delta P_s - \Delta_{\mathrm{field}} - \Delta P_n + C_l}{\Delta P_s - \Delta_{\mathrm{field}}}\right)\left(\dfrac{C_{\mathrm{field}}}{\Delta P_s}\right)$	0

资料来源：笔者整理

模型 I 中第一类系统演化状态稳定点分析如表7.3所示。若被兼并方组织的个体成员不愿意妥协并接受外部群体惯例时，如果兼并方强硬推行惯例所获得的效率提升 ΔP_s 较小，且建立符合自身惯例的场域的成本 C_{field} 太大时，兼并方构建场域的动力会减弱。如果被兼并方个体接受兼并方的组织惯例能获得较高的效率提升，被兼并就会有妥协的倾向。此时，如果被兼并方个体能够较容易地学习新的惯例，则兼并后的组织有可能出现图7.1（a1）和图7.1（a2）两种演化情形。若被兼并方在排斥性场域中维持自身惯例的难度 Δ_{field} 较大，组织可能会出现图7.1（a1）所示的演化情形；若被兼并方在排斥性场域中维持自身惯例的难度 Δ_{field} 较小，组织可能会出现图7.1（a2）所示的演化情形。在这样的情形下，Δ_{field} 的值只会影响演化过程，并不会影响演化结果。

表7.3　模型 I 中第一类系统演化状态稳定点分析

情形	（a1）			（a2）		
平衡点	Det(J)	Tr(J)	稳定性	Det(J)	Tr(J)	稳定性
(0, 0)	−	N	鞍点	−	N	鞍点
(0, 1)	+	−	ESS	+	−	ESS
(1, 0)	+	+	不稳定	−	N	鞍点
(1, 1)	−	N	鞍点	+	+	不稳定
(x^*, y^*)						

资料来源：笔者整理

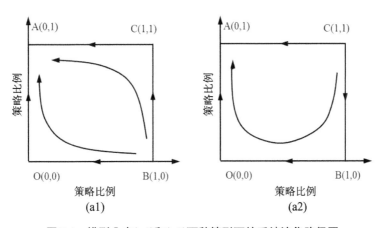

图7.1　模型 I 中(a1)和(a2)两种情形下的系统演化路径图

资料来源：笔者整理

依旧延续上述情形的分析，面对被兼并的不妥协态度，兼并方强硬推行所获得的效率提升 ΔP_s 较小，且建立符合自身惯例的场域的成本 C_{field} 较大。此时，如果被兼并方学习新惯例较为困难，需要付出高昂的学习成本 C_l，被兼并方个体接纳新惯例的意愿就会降低。除非是兼并方非强制性地推行自身的惯例，且被兼并方接纳兼并方的惯例之后可以获得较大的效率提升，被兼并方才会试图接纳新的惯例。模型 I 中第二类系统演化状态稳定点分析如表7.4所示。面对兼并方非强硬性地推行惯例，如果被兼并方获得的效率提升较低，不足以弥补其学习成本，则系统会出现图7.2（a3）和图7.2（a4）的两种演化路径。被兼并方在排斥性场域中维持自身惯例的难度 Δ_{field} 越高，越有可能出现图7.2（a3）的演化结果。这两种演化状态意味着两方均会采取组织兼并前的旧惯例。

表7.4　模型 I 中第二类系统演化状态稳定点分析

情形	（a3）			（a4）		
平衡点	$Det(J)$	$Tr(J)$	稳定性	$Det(J)$	$Tr(J)$	稳定性
(0, 0)	+	−	ESS	+	−	ESS
(0, 1)	−	N	鞍点	−	N	鞍点
(1, 0)	+	+	不稳定	−	N	鞍点
(1, 1)	−	N	鞍点	+	+	不稳定
(x^*, y^*)						

资料来源：笔者整理

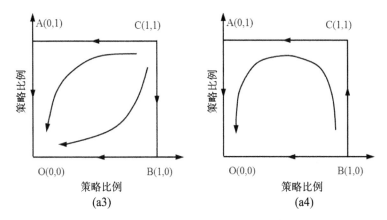

图7.2 模型Ⅰ中(a3)和(a4)两种情形下的系统演化路径图

资料来源：笔者整理

若被兼并方不妥协，如果此时兼并方强硬推行自身惯例，组织能获得较大效率的提升 ΔP_s，且兼并方建立契合自身惯例的成本 C_{field} 较小时，整个系统就具备了与(a1)~(a4)四种情形不同的演化条件。模型Ⅰ中第三类系统演化状态稳定点分析如表7.5所示。这种状态下，如果被兼并方不愿意妥协，兼并方有动力强制建立维护自身惯例的场域。如果被兼并方个体妥协之后，可以获得较好的效率提升 ΔP_n，且对于新惯例的学习成本 C_l 低时，被兼并方会有妥协的倾向。这种情况下若被兼并方在排斥性场域中维持自身惯例的难度 Δ_{field} 越高，越有可能出现图7.3（a5）的演化结果，被兼并方会妥协。被兼并方在排斥性场域中维持自身惯例的难度 Δ_{field} 越低时，这时候组织可能出现图7.3（a6）的演化路径。如果各方的初始状态处于OBEA的区域内，系统最终的演化结果是（0，0），兼并方不会强制建立推行惯例的场域，被兼并方也不会妥协；如果各方的初始状态处于CBEA的区域内，系统最终演化的结果是（1，1），兼并方建立场域强制推行惯例且被兼并方妥协，兼并方惯例被执行。

表7.5 模型Ⅰ中第三类系统演化状态稳定点分析

情形	(a5)			(a6)		
平衡点	Det(J)	Tr(J)	稳定性	Det(J)	Tr(J)	稳定性
(0, 0)	+	+	不稳定	+	+	不稳定
(0, 1)	+	−	ESS	+	−	ESS
(1, 0)	−	N	鞍点	+	−	ESS
(1, 1)	−	N	鞍点	+	+	不稳定
(x^*, y^*)				−	0	鞍点

资料来源：笔者整理

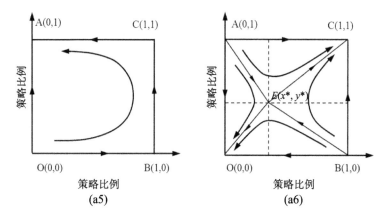

图7.3 模型Ⅰ中(a5)和(a6)两种情形下的系统演化路径图

资料来源：笔者整理

模型Ⅰ中第四类系统演化状态稳定点分析如表7.6所示。观察图7.4，情形（a7）是一种特殊的演化状态。兼并方强硬推行自身惯例能获得较大的效率提升 ΔP_s，且兼并方建立契合自身惯例的成本 C_{field} 较小，但是对于被兼并方来说并不能获得较大的效率提升，这时候被兼并方不愿意妥协。但是被兼并方在兼并方建立的场域中维持自身惯例的难度 Δ_{field} 高。这样的状态下，系统会陷入一个循环，表现出一个围绕（x^*，y^*）运动的轨线。在这种情形（a8）下，尽管兼并方强硬推行惯例，但被兼并方学习成本高且维护自身惯例的难度低，始终不会妥协，如图7.4(a8)所示。

表7.6 模型Ⅰ中第四类系统演化状态稳定点分析

情形	(a7)			(a8)		
平衡点	Det(J)	Tr(J)	稳定性	Det(J)	Tr(J)	稳定性
(0，0)	−	N	鞍点	−	N	鞍点
(0，1)	−	N	鞍点	−	N	鞍点
(1，0)	−	N	鞍点	+	−	ESS
(1，1)	−	N	鞍点	+	+	不稳定
(x^*，y^*)	+	0	中心点			

资料来源：笔者整理

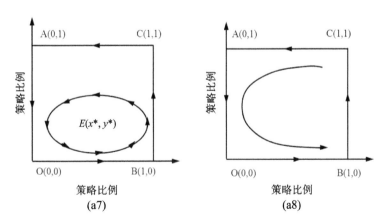

图7.4 模型Ⅰ中(a7)和(a8)两种情形下的系统演化路径图

资料来源：笔者整理

第三节　模型 II——兼并方削弱
被兼并方的象征资本

一、演化博弈模型的构建

霍华德-格林威尔的研究提出，不同个体对于惯例所施加的影响是不同的。正式或非正式的权威、对资源的获取能力，是个体权力的来源。霍华德-格林威尔和莱卢普在其 2016 年的研究中指出，拥有这些权利的个体更有可能改变惯例的履行方式，并改变惯例的变化方向。失去象征资本的个体，就很有可能不再具有维持或改变现有惯例的能力。

在大学并购艺术学院的案例中（Safavi et al., 2016），兼并方的行政人员减小了被兼并方预算编制人员的工作权限。原先艺术学院行政人员的工作任务被分解和标准化，工作人员宽泛的职权范围也被收窄。在涉及具体财务预算工作时，艺术学院工作人员的自主权限被收回。大学也试图以同样的方式标准化艺术学院的招生流程，包括缩减招生教师的权限，但最终仍然无法改变同化艺术学院的招生惯例。相比兼并方，艺术学院的招聘教师在艺术生考核方面有更高的合法性和地位（象征资本），并购后招生惯例的同化尝试最终失败。由此可见，兼并方要想削弱被兼并方的象征资本，需要付出成本。

兼并方组织的惯例执行效率用 P_b 表示。兼并方强制推行惯例时，如果被兼并方不妥协，两种惯例相遇时的执行效率用 P_{bs}^R 表示。兼并方非强制推行惯例时，如果被兼并方不妥协，两种惯例相遇时的执行效率为 P_{bn}。兼并方为削弱被兼并方象征资本所付出的成本表示为 C_{sc}。被兼并方改变惯例的学习成本依旧表示为 C_l。被兼并方象征资本被削弱后的效用损失用 Δ_{sc} 表示。兼并方削弱被兼并方象征资本的情况下，双方的博弈矩阵如表7.7所示。

表7.7 兼并方削弱被兼并方象征资本的博弈矩阵

博弈策略		被兼并方个体成员	
		妥协	不妥协
兼并方个体成员	强硬推行	$P_b , P_b - C_l$	$P^R_{bs} - C_{sc} , P^R_{bs} - \Delta_{sc}$
	非强硬推行	$P_b , P_b - C_l$	P_{bn} , P_{bn}

资料来源：笔者整理

定义 $\Delta P^R_s = P^R_{bs} - P_{bn}$，具体含义是：当被兼并方个体无法妥协，兼并方强硬推行自身惯例时，对于组织惯例执行效率的影响。对于惯例完全无法融合的情况，半融合状态依旧具有相对更高的效率，ΔP^R_s 大于0。定义 $\Delta P_n = P_b - P_{bn}$，具体含义是：当兼并方非强硬推行自身惯例时，兼并方采取妥协策略，相比于采取不妥协策略时的效率提升。正常情况下 ΔP_n 应该是大于0的。

在还未建立起自身场域的组织中，兼并方的权力和合法性不足。在日常冲突产生的情况下对于被兼并方象征资本的直接剥夺，会遇到对方个体的不服从和抵抗（Tyler，2006）。尤其是，在适应被兼并方的场域里，为了推行自身惯例而直接削弱多方象征资本，意味着兼并方的个体必须付出高昂的成本。此外，采取直接削弱被兼并方组织成员象征资本的方式，有可能引发冲突。根据上述分析，可知一般情况下 $\Delta P^R_s < C_{sc}$。

二、演化博弈模型的求解与分析

U_i^S表示兼并方采取强硬推行惯例策略时的期望收益，U_i^N表示兼并方采取非强硬推行惯例策略时的期望收益。

$$U_i^S = y(P_b - P_{bs}^R + C_{sc}) + (P_{bs}^R - C_{sc}) \qquad (7.20)$$

$$U_i^N = y(P_b - P_{bn}) + P_{bn} \qquad (7.21)$$

兼并方组织的复制动态方程为：

$$\begin{aligned} Q(x) = \mathrm{d}x/\mathrm{d}t &= x(U_i^S - \bar{U}_i) = x(1-x)(U_i^S - U_i^N) \\ &= x(1-x)(y(P_{bn} - P_{bs}^R + C_{sc}) + P_{bs}^R - P_{bn} - C_{sc}) \end{aligned} \qquad (7.22)$$

式（7.23）也可表示为：

$$\begin{aligned} Q(x) = \mathrm{d}x/\mathrm{d}t &= x(U_i^S - \bar{U}_i) = x(1-x)(U_i^S - U_i^N) \\ &= x(1-x)(y(-\Delta P_s^R + C_{sc}) + \Delta P_s^R - C_{sc}) \end{aligned} \qquad (7.23)$$

U_j^C表示被兼并方采取妥协策略时的期望收益，U_j^O表示被兼并方采取不妥协策略时的期望收益，平均期望收益为$\bar{U}_j$。

$$U_j^C = P_b - C_l \qquad (7.24)$$

$$U_j^O = x(P_{bs}^R - P_{bn} - \Delta_{sc}) + P_{bn} \qquad (7.25)$$

$$\begin{aligned} R(y) = \mathrm{d}y/\mathrm{d}t &= y(U_j^C - \bar{U}_j) = y(1-y)(U_j^C - U_j^O) \\ &= y(1-y)((P_b - P_{bn} - C_l) - x(P_{bs}^R - P_{bn} - \Delta_{sc})) \end{aligned} \qquad (7.26)$$

式（7.27）也可表示为：

$$\begin{aligned} R(y) = \mathrm{d}y/\mathrm{d}t &= y(U_j^C - \bar{U}_j) = y(1-y)(U_j^C - U_j^O) \\ &= y(1-y)((\Delta P_n - C_l) - x(\Delta P_s^R - \Delta_{sc})) \end{aligned}$$

$$\qquad (7.27)$$

当复制动态方程$Q(x)=0$且$R(y)=0$时，系统存在5个局部平衡点，分别是：$(0, 0)$，$(0, 1)$，$(1, 0)$，$(1, 1)$，(x^*, y^*)。

$$x^* = \frac{\Delta P_n - C_l}{\Delta P^R_s - \Delta_{sc}} \tag{7.28}$$

$$y^* = \frac{\Delta P^R_s - C_{sc}}{\Delta P^R_s - C_{sc}} = 1 \tag{7.29}$$

计算复制动态方程的偏导过程计算如下：

$$\frac{\partial Q(x)}{\partial x} = (1 - 2x)\big(y(-\Delta P^R_s + C_{sc}) + \Delta P^R_s - C_{sc}\big) \tag{7.30}$$

$$\frac{\partial Q(x)}{\partial y} = x(1 - x)(-\Delta P^R_s + C_{sc}) \tag{7.31}$$

$$\frac{\partial R(y)}{\partial x} = -y(1 - y)(\Delta P^R_s - \Delta_{sc}) \tag{7.32}$$

$$\frac{\partial R(y)}{\partial y} = (1 - 2y)\big((\Delta P_n - C_l) - x(\Delta P^R_s - \Delta_{sc})\big) \tag{7.33}$$

根据式（7.30）~式（7.33）可以得出系统的雅克比矩阵：

$$J = \begin{pmatrix} \dfrac{\partial Q(x)}{\partial x} & \dfrac{\partial Q(x)}{\partial y} \\ \dfrac{\partial R(y)}{\partial x} & \dfrac{\partial R(y)}{\partial y} \end{pmatrix} \tag{7.34}$$

$$= \begin{bmatrix} (1 - 2x)\big(y(-\Delta P^R_s + C_{sc}) + \Delta P^R_s - C_{sc}\big) & x(1 - x)(-\Delta P^R_s + C_{sc}) \\ -y(1 - y)(\Delta P^R_s - \Delta_{sc}) & (1 - 2y)\big((\Delta P_n - C_l) - x(\Delta P^R_s - \Delta_{sc})\big) \end{bmatrix}$$

计算出 Det(J)和 Tr(J)，继续分析系统的演化趋势。在兼并方削弱被兼并方象征资本的情况下，包含兼并方和被兼并方双方的系统演化稳定性表征如表7.8所示。由于雅克比矩阵的行列式 Det(J)在$(0, 1)$、$(1, 1)$和(x^*, y^*)处为零，不便使用 Det(J)和 Tr(J)判断系统的演化趋势。因此，使用复制动态相位图判断动态演化过程。

当$y=1$时兼并方采取行动的复制动态相位图如图7.5（b1）所示。$Y \neq 1$时的复制动态相位图如图7.5（b2）所示。

表7.8　兼并方削弱对方象征资本的系统演化稳定性表征

演化平衡点	Det(J) 表达式	Tr(J) 表达式
(0, 0)	$(\Delta P^R_s - C_{sc})(\Delta P_n - C_l)$	$(\Delta P^R_s - C_{sc}) + (\Delta P_n - C_l)$
(0, 1)	0	$-(\Delta P_n - C_l)$
(1, 0)	$-(\Delta P^R_s - C_{sc})(\Delta P_n - C_l - \Delta P^R_s + \Delta_{sc})$	$-(\Delta P^R_s - C_{sc}) + (\Delta P_n - C_l - \Delta P^R_s + \Delta_{sc})$
(1, 1)	0	$-(\Delta P_n - C_l - \Delta P^R_s + \Delta_{sc})$
(x*, y*)	0	0

资料来源：笔者整理

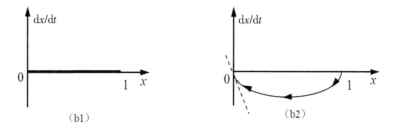

图7.5　模型Ⅱ中复制动态方程Q(x)的演化相位图

资料来源：笔者整理

$R(y)$的演化路径比较复杂，在不同的条件下，表现出不同的特征。不同条件下的演化路径，如表7.9所示，$R(y)$在不同条件下的演化路径如图7.6所示。表7.9列出了模型Ⅱ中影响被兼并方策略演化的条件，其相位图对应于图7.6的（c1）～（c3）。

如果满足条件②和③，对于被兼并方来说即使兼并方强硬推行符合自身惯例的场域，不妥协仍然更符合自身利益，被兼并方的不妥协策略更占优势。系统的演化路径如图7.7（d1）所示。如果满足条件⑥和⑦，被兼并方接受新的惯例后会获得较大的效率改善，且如果被兼并方不妥协时将会面临较大的象征资本削弱损失，此时系统的演化路径如图7.7（d2）所示。

表7.9 模型Ⅱ中影响被兼并方策略演化的条件

相位图		条件
c1	①	$x = (\Delta P_n - C_l)/(\Delta P_s^R - \Delta_{sc})$
c2	②	$\Delta P_n - C_l < 0$，$\Delta P_s^R - \Delta_{sc} > 0$
	③	$\Delta P_n - C_l < 0$，$\Delta P_s^R - \Delta_{sc} < 0$，$\Delta P_n - C_l < \Delta P_s^R - \Delta_{sc}$
	④	$\Delta P_n - C_l > 0$，$\Delta P_s^R - \Delta_{sc} > 0$，$\Delta P_n - C_l < \Delta P_s^R - \Delta_{sc}$，$(\Delta P_n - C_l)/(\Delta P_s^R - \Delta_{sc}) < x_0 <= 1$
	⑤	$\Delta P_n - C_l < 0$，$\Delta P_s^R - \Delta_{sc} < 0$，$\Delta P_n - C_l > \Delta P_s^R - \Delta_{sc}$，$0 <= x_0 < (\Delta P_n - C_l)/(\Delta P_s^R - \Delta_{sc})$
c3	⑥	$\Delta P_n - C_l > 0$，$\Delta P_s^R - \Delta_{sc} < 0$
	⑦	$\Delta P_n - C_l > 0$，$\Delta P_s^R - \Delta_{sc} > 0$，$\Delta P_n - C_l > \Delta P_s^R - \Delta_{sc}$
	⑧	$\Delta P_n - C_l > 0$，$\Delta P_s^R - \Delta_{sc} > 0$，$\Delta P_n - C_l < \Delta P_s^R - \Delta_{sc}$，$0 <= x_0 < (\Delta P_n - C_l)/(\Delta P_s^R - \Delta_{sc})$
	⑨	$\Delta P_n - C_l < 0$，$\Delta P_s^R - \Delta_{sc} < 0$，$\Delta P_n - C_l > \Delta P_s^R - \Delta_{sc}$，$(\Delta P_n - C_l)/(\Delta P_s^R - \Delta_{sc}) < x_0 <= 1$

资料来源：笔者整理

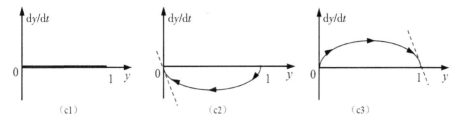

图7.6 模型Ⅱ中复制动态方程 $R(y)$ 的演化相位图

资料来源：笔者整理

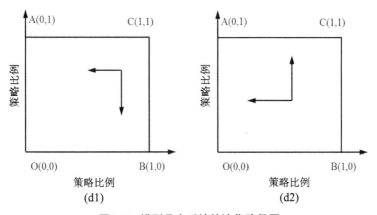

图7.7 模型Ⅱ中系统的演化路径图

资料来源：笔者整理

兼并方个体的初始策略选择的分布比例，也会影响演化的路径。如果满足条件④和⑧，系统的演化路径如图7.8（d3）所示。演化的最终结果是兼并方不强制建立契合自身惯例的场域，而被兼并方也会逐渐接受兼并方的惯例。如果满足条件⑤和⑨，兼并方不采取强硬推行惯例的举措，被兼并方组织成员坚持自己原有的惯例。系统演化的结果如图7.8（d4）所示。

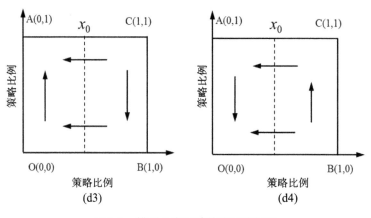

图7.8　模型Ⅱ中系统的演化路径图

资料来源：笔者整理

第四节　本章小结

本章试图从系统演化的角度，对组织间的惯例融合进行研究。在模型设置中，区分了融合双方的特征，包括兼并方和被兼并方。兼并方和被兼并方的力量是不平衡的，兼并方试图集中和整合被兼并方的惯例体系，以达到并强化自身的控制和提升运行效率的目的。本章通过两组模型——兼并方组织成员构建契合自身惯例的场域和兼并方组织成员直接削弱被兼并方组织成员象征资本的演化博弈模型，来研究不同组织融合对于惯例整合的影响。

研究结果显示，当兼并方采取不同的惯例整合策略时，系统也会呈现出不同的演化特征。系统的这些演化形态的形成，又与个体在新惯例采纳后的效率提升、被兼并方对于新惯例的学习成本、兼并方建立符合自身惯例的场域的成本、被兼并方在排斥性场域里维持自身惯例的难度、兼并方为削弱被兼并方象征资本所付出的成本、被兼并方被削弱象征资本后的效用损失等多因素相关。

惯例的输入方和接收方之间权力分布的不均衡性会影响惯例执行的有效性（Raman，Bharadwaj，2012）。失去了与自身核心工作相关的主要人员的联系，意味着合法性和权力削弱。这是象征资本被剥夺的主要形式。在被兼并组织中，这种状态会导致个体无法充分调动资源以维持自身的惯例。兼并方可以利用自己的经济资本优势，构筑自身的象征资本。经济资本、社会资本、文化资本和象征资本在一定条件下可以相互转化。通过社会网络和强制教育，可以将象征资本转化为社会和文化资本。然而将经济资本转化为文化资本和象征资本，需要耗费更长的时间（Pret，Shaw，2016）。因此，兼并方组织成员构建契合自身惯例的象征资本需要花费成本，但是与直接削弱被兼并方组织成员的象征资本所引发的冲突比起来，这种场域的构建方式显然成本更低。这也是模型出现两种不同的演化形态的原因。

组织间的惯例整合，其最初的出发点是提升组织运行效率，并强化兼并方的控制力。但是，惯例的整合也可能给组织带来一些负面的影响。转移不适当的惯例，反而会破坏组织内部群际间的关系（Agarwal et al.，2012）。高度的惯例整合，可能会对惯例的发展产生负面的影响（Ranucci，Souder，2015）。因此，组织的融合通常需要给部门和个人合适的自主权限

（Birkinshaw et al.，2000）。对于不同过程和行为模式的整合，有可能对组织任务的日常执行过程带来负面影响。较高的惯例整合模式，势必消除原生惯例，这可能会带来难以预知的后果（Zaheer et al.，2013）。部门间的惯例整合，会削弱被整合群体积极性，并造成相关隐性知识在整合过程中的丢失。

2012年的研究中，阿南德等通过对食品制药行业的并购案例教学研究，认为在并购谈判之时就应该充分考虑到惯例整合的复杂性。且在刚完成并购时，为了保证生产的连续性，不应该立即着手进行生产惯例的整合。如果能在组织融合之前，达成一致的观念和信念，就会减少冲突发生的可能。

本章没有解决的问题是，当同一类惯例的执行者同时受到两个以上不同场域的影响时，该如何演化行为。例如，负责招生工作的教师同时受到兼并方构建的经济场域和原先所在组织的艺术场域的影响。仅在演化博弈模型里，难以体现不同场域对同一组织惯例的影响。这个问题需要借助其他研究手段进行深入的分析。同一个组织内部惯例包括"低阶惯例"和"高阶惯例"（Heimeriks et al.，2012）。不同层次惯例的执行层次不同，且具有差异化的变化机制。本章并没有对惯例的层次加以区分。在组织融合过程中，不同层次的惯例可能具有不同的融合特征，限于研究方法的局限，这个问题还未被触及。

第八章　研究总结

第一节　研究结论

一、个体决策行为对惯例变化的影响

这一部分主要通过对个体决策行为进行仿真，模拟惯例系统的演化行为。本书的研究表明，当惯例老化的速度减慢时，组织会倾向于维持现有惯例。但是，如果惯例老化速度非常慢，一旦达到了与环境不能匹配的临界点，惯例系统会突然爆发惯例变革。在第一种惯例与有形资源的滞后性情形下，惯例与有形资源的粘连性会削弱个体改变惯例的动机。如果惯例与有形资源间不匹配所带来的转换成本降低时，组织惯例更倾向于渐进式改变。在第一种惯例与有形资源的滞后性情形下，一旦组织开启全局社会化，组织维持现有惯例的倾向会增加。在组织开启全局社会化前，增加组织的探索式学习时间，惯例改变的可能性会增大。当惯例内部子任务间耦合的紧密程度较高时，即使在组织全局社会化启动之前进行了探索式学习，组织内的惯例渐变倾向也不容易被保留下来。

第二种惯例与有形资源的滞后性情形下，组织惯例变化的倾向更明显。随着惯例与有形资源的粘连性的增大，组织维持现有惯例的倾向也会持续增加。组织惯例发生渐进式变化的可能性，与有形资源的粘连性之间表现出一种倒"U"形关系。惯例与有形资源的粘连性过高或过低时，都不利于组织惯例的渐进式改变。在组织惯例与有形资源具有高粘连性情形时，组织会由初始阶段的渐进式改变惯例逐渐转为变革现有惯例，而不是由维持现有惯例转为变革现有惯例。

当组织惯例内部子任务间耦合的紧密程度较大时，组织内部出现惯例替代的时间更长，组织内部发生惯例变革的可能性会降低。第一种惯例与有形资源的滞后性情形下，组织惯例内部子任务间耦合的紧密程度很低时，随着子任务间耦合的紧密程度的持续降低，惯例系统发生渐进式变化的可能性也会减低，组织在某一时点突然发生惯例变革的可能性会增加。

二、多子群组织的组织社会化与惯例变化

为了进一步完善分析，将考虑组织社会化的模型扩展为"个体—群体—组织"社会化模型。分别研究包含多子群结构的组织内部社会化的不同形态。通过理论分析，将组织社会化过程分为了三种典型的组织社会化类型并完成了模型构建。三种组织社会化模型分别是组织全局社会化模型、群体层面社会化模型和群体间的惯例复制模型。

在组织全局社会化模型下，一旦组织开启了全局社会化进程，选择维持现有惯例不变的个体就会增加，组织惯例变化的倾向被抑制。在群体层面社会化模型下，即使不存在探索式学习，也会有少量群体选择改变现有惯例的策略。随着探索式学习时间的延长，渐进式改变现有惯例和变革现

有惯例的群体数量会增加。组织呈现出多种惯例演化行为同时共存的情况。群体间的惯例复制模式不会引发多种惯例共存的局面。给出足够的探索式学习的时间，组织会表现出较强的惯例变革倾向。

三、群际间信息交流与惯例复制

研究结果表明，在不同的群体间沟通结构下，边界跨越者的角色负载承受能力对惯例复制影响的程度不同。边界跨越者的数量和外部网络构建能力会促进群际间惯例的复制。当组织惯例复杂度高时，组织更适宜采用源导向结构或接收导向结构来完成惯例的复制。当个体的外部网络构建能力偏弱时，源导向结构下群际间的惯例复制会受到严重影响，此时采取双导向结构更有利于群际间惯例复制。

群际间边界跨越者与普通个体的信任建立速度会影响惯例复制效果对于边界跨越者的角色负载承受能力的敏感性。子群内的边界跨越者和子群成员的网络连接密度变化，对于双导向结构下的惯例优化效果影响最为显著，但对于源导向的惯例优化效果影响最小。双导向结构在惯例复制的初期阶段具有优势，但随着任务复杂性的增加，这种沟通结构下的惯例优化效果会下降。

四、组织学习与惯例变化

本章的研究根据组织惯例的内涵，通过构建组织任务执行序列，研究组织学习过程对于组织惯例变化的影响。新的外部环境会触发组织惯例的变化机制，这是组织惯例变化的活跃时期。

通过模型的方法，把组织日常任务构建成一个具有先后顺序的任务集合。每个个体对于任务集合的最优执行顺序不同，体现了个体的异质性认知。同时，组织层面对于惯例的执行也具有自己的理解，这种理解与客观现实存在差异性。组织对于日常重复性任务执行过程的认知改变，反映了惯例的组织解释图式的变化。本研究利用组织编码精炼与个体社会化同时进行的组织学习模型，构建了不同的组织学习行为，并模拟了组织学习过程对于惯例变化的影响。

当组织面对新的外部环境，日常任务的执行习惯存在与环境的脱节情况时，早期阶段快速的个体社会化速度，不利于组织层面惯例的解释图式的建立。这种快速的利用式学习，也会削弱组织惯例未来的变化潜力。如果降低个人的社会化速度，有利于个体保留对于惯例的差异化认知，从而保留惯例变化的潜力。强化组织对于惯例的精炼过程，有助于组织快速识别对于惯例执行效率有益的改变。如果个体在前期阶段缓慢社会化，而在后期阶段强化社会化时，既有利于惯例的解释图式的建立，也有利于惯例执行效果的持续优化。

五、冲突与惯例融合

为了研究"组织—个体—组织"层面的惯例变化，我们从惯例系统演化的角度，对组织间的惯例融合进行研究。模型构建的双方，包括兼并方和被兼并方。兼并方和被兼并方具有权力的差异，兼并方试图集中和整合被兼并方的惯例体系，以达到强化控制和提升运行效率的目的。我们构建了两组模型，分别对应于兼并方组织成员构建契合自身惯例的场域的情形，以及兼并方组织成员直接削弱被兼并方组织成员象征资本的情形。通过演化博弈来研究不同组织融合对于惯例整合的影响。

演化博弈的分析结果显示，当兼并方采取不同的惯例整合策略时，系统也会呈现出不同的演化特征。系统的这些演化形态的形成，又与个体在新惯例采纳后的效率提升、被兼并方对于新惯例的学习成本、兼并方建立符合自身惯例的场域的成本、被兼并方在排斥性场域里维持自身惯例的难度、兼并方为削弱被兼并方象征资本所付出的成本，以及被兼并方被削弱象征资本后的效用损失等多因素相关。

第二节　本书创新

一、理论构建创新

（一）发现了群际间网络结构对惯例复制的影响作用

赵和阿南德在2013年的理论研究中认为，集体信息桥结构的运行效率要优于边界跨越者结构。然而在群际间的惯例复制中，边界跨越者结构发挥着重要作用。先前研究的对边界跨越者结构的认识存在片面性，忽视了这种结构在知识传达中的重要作用。

当组织内的某个群体通过探索式学习，具有了适应当前环境的新惯例时，如何对其行为进行复制和利用就成了摆在组织面前的关键问题。群体间的惯例复制行为，离不开个体层面的信息沟通。本书关注了群体内广泛分布着的边界跨越者，并根据边界跨越者的不同分布特征和群体间的知识获取模式，识别出了"源导向结构""接收导向结构"和"双导向结构"三种群体间沟通结构。组织作为一个由多单元构成的复杂整体，其内部各子群的网络连接特征关系到其持续的生存和发展。对于群际间信息交流结构的划分，不仅丰富了组织网络结构的研究，为社会网络领域的研究提出了新的思路，同时也对组织惯例复制行为的研究提供了新的证据。

（二）明确了边界跨越者在群际间惯例复制中的重要作用

边界跨越者是组织和外部环境间信息交换的中间人，用于捕捉和筛选新的信息。马罗内（2010）和穆旦比和斯威夫特（Mudambi，Swift，2011）认为边界跨越者可以提升信息交换的效率。当前的理论研究，还没有关注边界跨越者在群际间惯例复制中的作用。由于组织惯例中包含了大量的隐性知识，边界跨越者也将面临各种冲突压力和随之产生的角色过载。

本研究关注了在惯例复制过程中边界跨越者的角色过载现象，并用仿真模型将其进一步刻画。通过模拟仿真的方式，不仅发现了不同群际间交流结构下边界跨越者的作用，也发现了边界跨越者的数量、内外部网络构建行为和角色负载承受能力对惯例复制的不同影响。

（三）揭示了不同的组织社会化类型与惯例变化的关系

以前的组织学习理论，仅把组织当作一个整体，然后对组织编码学习和个体社会化进行研究。可见，过去的研究仅是"个体—组织"层面的研究。不管是组织学习还是惯例复制，都需要考虑群体结构所发挥的作用。本书的研究主要聚焦于多子群组织。根据组织对于惯例进行编码内部精炼的过程，总结相关文献，划分了三类典型的组织社会化类型：组织全局社会化模型、群体层面社会化模型和群体间的惯例复制模型。其中，组织全局社会化模型在组织学习的相关文献中出现过。群体间的惯例复制仅是一种被发现的现象，学者们并没有将其模型化。群体层面社会化模型主要来自理论构建和分析。我们发现相比于全局社会化，群体内部独立进行的社会化行为，更有助于不同惯例执行策略的共存。这对于组织未来的惯例变化意义重大。此外，缺少了探索式学习，群体间的惯例复制会抑制惯例变化。在探索式学习的辅助下，群体间的惯例复制最利于惯例变革的向前推进。

（四）识别了不同的惯例与有形资源滞后性情形的差异

现有的研究关注了惯例与有形资源不匹配所造成的日常任务执行效率的下降问题（Berente et al.，2016），但却没有把此类问题进一步细分。我们发现，即使支持惯例的有形资源与变化的环境高度契合，也不一定能带来效率的提升和惯例的改变（Polites，Karahanna，2012）。本书根据文献梳理，重新识别并区分了三类惯例与有形资源的不匹配情形。第一类是有形资源的更新速度慢于惯例变化能力的情形；第二类是有形资源已经更新但惯例未能及时做出调整的情形；第三类是有形资源的变化无法适应现有惯例且无法及时调整的情形。研究发现了不同的滞后性情形对于惯例变化的不同影响。这三类情形的细分，不仅是本书模型建立的基础之一，也为其他学者的研究提供了参考价值。

（五）"沉寂中的爆发"——揭示了惯例变革的成因

在王永伟等（2013）的研究中，变革型领导试图推动惯例的变革，但其研究的过程依旧是惯例的渐进式变化。惯例的变革是组织创新的重要来源（林海芬等，2017），这种变革在组织内部是如何自上而下涌现的，仍然是一个待解决的问题。惯例变革产生的混乱局面可能破坏组织的稳定性，但也给组织带来了创新的机遇。祎桑润等利用 NK 模型，分析了组织惯性与组织适应性的关系。在其研究结论中，组织惯例的惯性越大，组织的适应性改变也就越小。但是，从更长的时间维度来看，组织惯例的惯性越大，组织变化的程度也就越大。祎桑润等认为自己的仿真结论有些违反常理，但也给出了机制说明——长期的惯例惯性会孕育意想不到的变化。这种局面出现的原因，祎桑润等在 2016 年的研究中并没有给出有说服性的解释。

我们将研究结果与祎桑润等 2016 年的研究结果进行了对比。我们研究发现组织惯例老化较快时，选择改变现有惯例的个体会逐步增加。如果惯例的老化速度很慢，但是与环境的不匹配度很高时，短期来看个体不会改变现有惯例，但是会在某一时间点突然变革现有惯例。我们的研究与祎桑润等的研究结论存在一些相似但不同的结论。我们的研究结论是：惯例的老化速度慢，且与环境的不匹配度较高时，组织会维持现有的惯例系统不变。但从长期来看，组织可能会在某一时点突然变革现有惯例。此外，我们发现个体所执行任务的耦合的紧密程度越高，惯例发生突发性变革的可能性越低。这些结论对于惯例的变革研究提供了新的思考。

二、研究方法创新

（一）多个新的多主体计算实验模型的建立

组织惯例研究的相关量表还不成熟，使得大部分学者的研究方法局限在了案例研究，这在 2012—2016 年的著名期刊 *Organization Science* 上体现得十分明显。组织惯例的变化需要经历漫长的周期且变化缓慢。组织惯例几年甚至十几年的变化周期，增加了学者们的调研难度，毕竟研究人员不可能随时随地到访组织进行实地观察。本书使用了美国芝加哥大学的仿真工具 Repast，通过基于多主体建模的仿真模型构建，研究组织惯例的微观变化机制。我们构建的相关的模型包括基于 EWA 的个体惯例执行决策模型、多子群组织内部的三种组织社会化模型、组织学习与惯例变化的仿真模型和群际间的惯例复制模型等。这些模型的构建过程和运行结果，为后续研究提供了有价值的参考。

（二）把组织惯例网络进行模型化

我们把组织惯例分成个体惯例和事件网络，分别对应于个体程序性知识和事件网络知识。组织的惯例通过个体对自身当前任务的执行和个体间的任务网络协调来表现。我们构建了多主体仿真模型，来模拟不同沟通模式下的组织惯例复制行为，并通过整体组织惯例的优化来体现模拟结果。

为了进一步剖析惯例的变化，在我们的研究中，将惯例分成两部分，分别是个体惯例和协作惯例，分别对应于子任务（subtask）和子任务网络（subtasks network）。子任务的执行可以由个体独立完成，子任务网络的执行需要个体间的协作。子任务的完成需要个体程序性知识，而子任务网络的完成则涉及个体对于惯例的共有认知的建立。这种建模方式，不仅是对高德华 2015 年的研究模型和米勒 2014 年的研究模型的进一步完善，也为实证研究提供了借鉴。

（三）利用演化博弈的方法研究惯例融合

目前尚没有人利用演化博弈的方法分析组织兼并和惯例的融合行为。本研究根据两种不同的组织融合情形（兼并方建立适应自身惯例的场域的模型和兼并方削弱被兼并方的象征资本的模型），构建了相应的演化博弈矩阵。这种研究方法应用于"组织—个体—组织"层面尚属首次。

第三节　理论贡献与研究局限

一、理论贡献

（一）重新识别和划分群类型和信息交换结构

徐萌和蔡莉（2016）把组织结构作为调节变量，研究了组织学习、惯例复制与惯例变化的关系。他们的研究中将组织结构分成了机械式结构和有机式结构。但这两类结构是描述性的，并不包含具体的网络形态特征。本书研究了群际间结构的微观特征，回应了徐萌和蔡莉（2016）的研究。

研究惯例在群体间的复制行为，就需要了解组织内群体间的沟通交流机制。此外，群际间的结构属性也是决定惯例复制和整合效果的影响因素。康伟在1997年的研究中将群体间沟通机制分为了三种类型，分别是联络人结构、桥结构和链接结构。联络人结构的中间人存在于群体外部，桥结构的中间人由群体本身的成员构成，而链接结构的中间人直接与外部群体的非中间人建立联系。在1997年康伟的划分中，群体的角色是平等的，群体间的流动并不具有明显的方向性。安柯娜在1990年时发现，有三种典型的子单元交流类型存在于组织中，依次是子单元专注于单元内部的学习过程，并不向外输出信息；子单元关注内部学习，也向外部传递信息；子单元强调外部化过程，依靠外部来获取问题的解决方案。这些群际间结构的划分仅停留在概念阶段和描述阶段，后续学者没有深入跟进。

我们通过对现有实证和案例文献的梳理和总结，并结合康伟在1997年提出的理论和安柯娜（1990）的理论研究，认为应当将知识源群体和知识接收群体区别开来。知识源群体主要完成探索式学习，保持对环境的高度适应，并向外输出自己的惯例。知识接收群体主要致力于利用式学习，复制惯例源群体的知识，以提高日常任务的执行效率。根据边界跨越者的分布特征和惯例复制机制，我们认为主要存在三种群体间网络结构类型："源导向结构""接收导向结构"和"双导向结构"。在源导向结构中，边界跨越者存在于惯例源群体，惯例接收群体的普通个体需要与惯例源群体的边界跨越者建立联系。在接收导向结构下，惯例接收群体的边界跨越者主动与惯例源群体内部的个体建立网络联系。在双导向结构下，群体内的个体不需要直接与外部群体建立连接，边界跨越者扮演了跨群体交流的所有角色。上述对于群际间交流结构的划分，是对安柯娜1990年的理论研究和康伟1997年的理论研究的跟进。这种划分方式不仅有利于分析群际间的惯例复制机制，也启发了组织网络研究人员对于群际网络结构特征的思考。

（二）明确边界跨越者在群际间惯例复制中的重要作用

边界跨越者的角色过载问题，不仅关乎其自身的工作效率（Marrone et al.，2007），也影响组织整体的学习效果提升。通过仿真模型，我们发现增加边界跨越者的数量，在很大程度上可以提升组织惯例优化的效果。当团队面对的任务简单时，少量的边界跨越行为也能保证团队任务的完成；但在复杂的任务环境下，大量的边界跨越行为更有利于团队目标的实现

（Crawford，Lepine，2013）。然而我们的仿真模型存在一个局限，就是此处的边界跨越者只承担跨群体的沟通和辅助知识转移的任务，而不参与组织日常事务的执行。提高边界跨越者的数量，会增加群体和组织的维系成本。可否在不提升边界跨越者数量的前提下，仅通过增加边界跨越者的角色负载承受能力来提升其作用效果呢（Beehr et al.，1976）？

我们的模拟研究发现，在源导向结构下，当边界跨越者的角色负载承受能力处于较低水平时，增加边界跨越者的角色负载承受能力确实能提升组织惯例的优化效果。但随着边界跨越者的角色负载承受能力的持续增加，组织惯例的优化效果并不能继续提升。在接收导向结构下，边界跨越者的角色负载承受能力的提升对组织惯例优化的影响甚微。在双导向结构下，边界跨越者的角色负载承受能力的提升对于组织惯例的优化促进作用较为明显。这种结果出现是由双向结构下群体间沟通对于边界跨越者的高依赖度导致的。我们的研究仅仅起到了启发作用。后续的学者可以在此基础上，通过实证和案例研究，精确观察边界跨越者的作用。

（三）讨论惯例的隐性和可编码性对惯性复制的影响

随着子任务间相互依赖程度的增加，惯例趋于复杂。对子任务网络进行协调，明确子任务的执行顺序，需要个体具备工作间网络关系的相关知识。然而个体的认知能力是有限的，在我们的模型中，个体只需要明确与其自身所执行任务存在关联关系的子任务。我们的研究发现，当组织惯例复杂度较低时，源导向结构和双导向结构的组织惯例优化效果要强于接收导向结构。而当组织惯例复杂度上升时，双导向结构下惯例的复制效果所受的不利影响也最为明显。随着惯例复杂度的增加，组织对个体认知能力和知识水平的要求也会增加。复杂知识和隐性知识会占用边界跨越者更多的认知资源，在单位时间内增加其角色负载（Marrone et al.，2007）。

个体在执行惯例的过程中，通过自身经验的积累，逐渐掌握了独特的技能。这些惯例化的技能很多都是无法编码的（Loch et al.，2013）。我们通过改变隐性知识在惯例中所占的比重，模拟了三种群际间网络结构下惯例的复制效果。当惯例的可编码性较高时，接收导向结构下的惯例复制效果反而不如源导向结构和双导向结构。接收导向结构下，所有惯例接收群体的边界跨越者都参与了组织惯例的利用式学习。而在源导向结构下，惯例的复制只经过知识源群体的边界跨越者。可见，源导向结构更有利于惯例的标准化。一旦组织惯例中的隐形成分增高，源导向结构下的惯例优化效果就会被显著削弱。因为知识源群体的边界跨越者数量有限，面对惯例的隐性化，过多的认知资源将被占用。在双导向结构下，惯例的复制需要经历两层边界跨越者，这种结构最不适宜高度隐性化的惯例的复制。我们的研究也回应了徐萌和蔡莉（2016）对于组织网络特征与组织惯例关系的研究。

（四）个体行为与惯例变化微观机制的联合分析

个体是惯例系统的微粒，其认知和行为活动影响着惯例的演化（陈彦亮，高闯，2014）。学者们注意到，当组织面临持续性的外部环境变化时，组织当前的惯例会失效，直至阻碍组织的效率提升（Gilbert，2005）。组织中的个体具有是否执行惯例、何时执行惯例、怎样执行惯例以及是否修改惯例的选择权（Becker，2004）。个体对惯例的选择性执行，是建立在个体动机的基础上的，因此组织惯例也是由个体行为的集体涌现（Witt，2011）。我们从分析个体行为出发，采用自底向上的分析方法，有助于从微观层面解释惯例的演化机理，以及个体在其中所发挥的关键作用。将个体的行为作为基本的分析单元，考虑个体决策的影响因素，可以进一步解析惯例的变化规律。

（五）对惯例的惯性特征的新解释

波斯纳和利文索尔在2012年的研究中提到，外部环境的变化，并不是组织进行探索式学习及行为变革的必要条件。我们的模拟结果发现，在外部环境变化幅度相同的情况下，惯例的老化速度才是影响个体行为变化的更主要因素。这意味缓慢变化的外部环境，即使积累到一定的变化程度，也难以打破现有的惯例系统。由于组织惯性的存在，初始阶段如果绝大多数个体都选择维持现有惯例，惯例的改变就难以发生。短期内快速变化的环境，才会诱发组织惯例的改变。

根据模拟结果，即使现有惯例与组织环境存在不匹配，组织也总是向着维持现有惯例的方向演化。这样的结果，从现状偏好的角度也能够得以解释。在现状偏好效应的作用下，个体最初的策略选择会影响其后续的行为。即使新的策略效率更高，个体也会固执原有的惯例。因为新的惯例执行策略会带来转换成本（Samuelson，Zeckhauser，1998）。新的执行习惯，会增加个体的学习成本和与其他相邻个体的协调成本，这是转换成本的表现形式之一。我们也发现，与惯例相关的有形资源的变化特征，也是影响惯例惯性的主要因素。有些资源的滞后，也会导致惯性的产生。我们的研究结论所提供的理论价值在于，研究人员不能仅关注个体的行为惰性，也应该思考个体所处环境（如技术变革、生产工具滞后和有效资源缺乏）的影响。

（六）惯例与组织学习研究的新范式

组织惯例包含了个体对于惯例的差异化认知，程序式、交互式和陈述式记忆是构成个体认知的微观基础。在组织的宏观层面，只有形成了组织层面对于惯例的统一认识，才能保证惯例的执行效果（Gioia，Manz，1985）。把惯例当作一个宏观整体来研究，这种做法在国内当前的惯例研究中较为普遍。米勒等认为，如果仅仅单独从个体层面或单独从组织整体分析的角度对惯例的变化行为进行建模，就无法完成对惯例结构的客观和全面描述。一些组织领域的学者认为，可以从个体信念的角度研究惯例的形成。但这样的研究没有关注群体认知的建立。费尔德曼和彭特兰认为惯例的执行行为和个体认知是相互生成的统一体。但是，这样的研究依然没有解释组织层面的惯例是如何通过个体记忆完成环境适应的。

2011年，莱卢普和费尔德曼从试错学习与组织解释图式迭代的角度，研究了组织学习对于惯例的微观变化机制的影响。这样的研究已经把组织学习的过程与惯例变化的微观机制紧密联系在一起。我们在之前学者研究的基础上，进一步深入描述了惯例的动态变化特征。本研究从组织内部的精炼学习和个体社会化两个过程入手，构建了宏观和微观层次相互影响的模型，研究不同的组织学习行为对于惯例变化的影响。这样的解析结构，同时兼顾了惯例的解释图式的发展和个体记忆的形成过程，具有一定的理论指导意义。

（七）对惯例的变化进行多层次研究

理清组织惯例的层级间关系，有助于分析惯例的演化规律（陈彦亮，高闯，2014b）。本书对于惯例变化性的研究，包括"个体—组织"层面、

"组织—群体—个体"层面、"群体—个体—群体"层面和"组织—个体—组织"层面。这种多层次的研究，丰富了现有的惯例研究理论。对惯例的多层次研究和系统建模，对于惯例研究的发展具有一定的借鉴意义。

二、实践启示

(一) 根据所复制惯例的知识构成设计群际信息交流结构

我们的研究发现，当组织惯例复杂度较低时，源导向和双导向的组织惯例优化效果要强于接收导向结构。而当组织惯例复杂度上升时，双导向结构下惯例的复制效果所受的不利影响也最为明显。双导向结构下，边界跨越者的参与减少了沟通成本，在初期阶段惯例的复制效果较好。但是，双导向结构需要两个群体的边界跨越者同时参与，这导致了边界跨越者更多的认知资源被占用。一旦惯例的复杂性提高，双导向结构下边界跨越者将承受更多的角色负载。这样的结论也与赵和阿南德在2013年的假设相契合。因此，我们建议，当组织惯例复杂度较高时，组织可倾向于采用源导向结构或接收导向结构来完成惯例的复制。

在群际间能力整合和复制惯例的时候，决策者和管理人员必须充分了解惯例背后的知识体系，区分显隐性知识和可编码知识。明确惯例背后的知识结构构成后，再根据群际间的信息交流特征，决定合适的惯例复制策略。

(二) 信任关系的建立与群际间惯例复制

边界跨越者跟外部群体的非边界跨越者建立联系，需要完成关系构建并升级信任关系（Mudambi，Swift，2009）。我们的模拟研究结果表明，不同群体间边界跨越者与普通个体的信任建立速度，在组织学习的初期阶段发挥了作用。这种信任速度的快速建立，能加快惯例复制的效果。双导向结构相比于源导向结构和接收导向结构，具有天生的优势。因为个体不需要耗费心力以建立信任，而是可以由每个群体的边界跨越者代其完成沟通过程。我们也发现，群际间边界跨越者与普通个体的信任建立速度会影响惯例复制效果对于边界跨越者的角色负载承受能力的敏感性。可见，仅仅具有相应的网络结构特征，并不意味着惯例可以有效复制。组织可以根据不同的文化特征和人际间信任关系，通过适应性地调整边界跨越者的分布，促进惯例的复制。

（三）组织自我强化与学习策略选择

组织依据个体近期的成功经验构建编码集，并支持其他个体学习其他优秀个体。这种社会化行为会使得组织内部的个体更倾向于选择某种特定的策略。澳迪尔（Audia）等2000年时发现，组织会满足于过去的成功经验，并对当前的战略更有信心。如果组织对于普遍接受的成功经验和当前的资源过度依赖，就会让组织陷入潜在的危机之中（Amason，Mooney，2008）。我们的模拟结果表明，当外部环境发生重大变化时，如果组织没有给自身留出探索式学习的时间，组织会更倾向于选择维持现有惯例。如果惯例出现了老化，即使当前的陈旧惯例渐渐失效，组织成员也不会轻易改变当前的行动模式。此时，组织将持续性地自我强化。因此，外部环境发生变化时，有必要为组织留出足够的探索式学习时间，以保持组织内部的多样性。

对于组织而言，必须平衡好短期目标和长期目标的关系。阿德勒和奥布斯特费尔德（Obstfeld）的研究中提出，组织的探索式学习关系到组织长期的生存、发展和变革。当子任务间的依赖关系较高时，代表组织面临更为复杂的任务。一旦某项子任务的执行惯例发生改变，将会影响到其所关联的其他子任务的执行。如果组织面临快速变化的环境，管理者就需要根据组织当前的任务复杂程度，合理地选择探索式学习的实施策略（Chae et al.，2015）。如果组织在一段时间内对于惯例策略的选择踌躇不定，应该给个体更多的探索式学习的时间后再启动组织社会化的进程。

（四）多群体组织的社会化与惯例的多样化

组织在演化的过程中，任何一次决策行为都会对未来的绩效和战略转型产生影响（Arthur，1989）。组织惯例的变化，关乎组织的效率和动态能力。在惯例变化的关键时间点，组织开启的社会化行为可以提升组织的运行效率。我们发现，如果组织社会化以组织为整体全局推进，一定程度上会削弱惯例的多样性。组织无法确定哪些惯例会对未来组织的发展产生关键的促进作用。赖利和图斯曼认为，探索性活动和利用式活动可能存在根本性的对立，而结构性的分离可以在维持组织惯例完整性的情况下，使两种活动互不干扰地进行。先前的学者在对组织双元行为进行研究时，并没有刻意强调组织的多子群特征，一些研究仍将组织作为一个整体进行分析。现有惯例系统可能给组织带来核心刚性，并限制探索式活动的进行（Gilbert，2005）。组织单元间的功能分离，以及资源配置的重新调整，一定程度上可以避免组织活动在旧的惯例系统中循环（Jansen et al.，2009）。因此，组织可以考虑在不同的单元进行社会化，允许某些组织单元在短期内的混乱和冲突，并跟踪其自我否定和惯例变革的动向。这种牺牲局部单元短期效率的做法，可能为组织变革和组织创新带来新的希望。

（五）适度调整与惯例相关的有形资源

对于个体来说，惯例的有形资源在一定时期内是难以选择和改变的，且个体的经验学习会建立在组织现有物质条件的基础上。个体需要经验学习，来达到自身经验和现在物质设备的契合。惯例中包含隐性知识、规则和程序，一旦与有形资源相互嵌入，就会变得相对稳定和持久。

组织中的个体存在一定的学习和适应能力。只要涉及惯例的转变，就会发生惯例与所支持惯例的有形资源之间的偏离。个体的程序性知识需要长年累月地学习和积累，为了适应这种偏离，个体就必须占用一部分认知资源。例如，传统的年画手工艺人，在面对流水线生产的方式时，其着色技巧就必须发生调整。因此，管理人员在转变与惯例相关的有形资源时，应当充分考虑到个体的适应成本。同时，也应该防止与惯例相关的有形资源的老化对惯例变化性的阻碍作用。

三、研究局限与未来研究展望

（一）理想化的假定带来的局限

本书的建模分析，很多情况下需要严格的假定。例如，为了简化分析我们始终假设惯例源群体在完成探索式学习时，能与外部环境所要求的运行规则保持高度一致。这一点我们参照了麦当劳、沃尔玛和星巴克等企业的成功案例（Winter，2012）。然而事实上，惯例源群体在完成探索式学习时，极有可能出现重大失误，而这种失误在短期内甚至无法体现。未来的研究有必要关注惯例源群体进行探索式学习的过程。

惯例模板并非全部源于知识源群体，海底捞企业的案例告诉我们基层员工可能也具备创造惯例的动机。而然惯例在个体间涌现的过程，需要共有认知的形成，这就需要群体和组织层面的支持。我们依然会关注这个问题，研究惯例产生于任何一个知识接收群体，并向其他知识接收群体传播的现象。

在研究个体的外部网络构建能力时，我们的假定是个体总是与有限的个体保持联系，且这种联系是长期和稳定的。在我们的研究中，并没有设置网络范围，即个体与外部群体不存在地理空间上的远近亲疏关系。已有的研究表明，当个体在主动寻求知识时，网络搜寻范围就显得尤为重要（Reagans，McEvily，2003；Reagans，McEvily，2008；Tortoriello et al.，2012）。个体的网络搜寻范围不仅包括了个体对于空间地理上的搜寻的宽广程度，也包括了个体对于差异性知识领域的搜寻范围。

我们认为，当个体跨越地理隔绝或知识领域进行外部搜寻时，可能进行知识的重组，并带来惯例的突变。在未来的研究中，我们会关注不同群体间惯例复制过程中的惯例重组行为及由此引发的惯例突变。

（二）对惯例相关场域的定义过于抽象

在对不同组织的惯例融合行为进行研究时，仅仅将惯例的场域作为一个相对抽象的概念。事实上，场域有其特有的结构和组织形式。惯例的嵌入性，也会调节群体权力分布对于惯例的影响。霍华德-格林威尔发现，嵌入到特定技术结构中的组织惯例，更容易被具有资源进入权的个体所改变。这些资源进入权包括嵌入到技术环境中的资源和经验。如果惯例被嵌入到特定的合作结构和文化结构中，惯例就更容易受到具有正式或非正式权威个体的影响（Safavi et al.，2016）。后续工作需要进一步梳理场域的相关理论。未来的研究将把与惯例相关的场域进行细化，分析个体在不同场域下的行为。

（三）模型构建的局限性

本书虽然建立了多个基于多主体仿真的计算实验模型，但是模型在设置和构建方面还存在诸多问题。第一，没有充分考虑到 Agent 的异质性。在 EWA 学习模型的设置下，每一种的惯例执行策略对于每个个体的收益是相同的。由于惯例的复杂性特征，每个个体在惯例执行中所扮演的角色不同，所在惯例网络里的位置和重要性权重也不一样。第二，对于惯例本身的模型化描述还有待于改进。在本书的模拟过程中，组织所执行的惯例主要包括两种类型，分别是具有优先次序的任务序列和子任务间构成的网络。这样的设置相对得简单，没有充分考虑到惯例的隐性特征。第三，对于网络连接的设置有些简单化。在子群间惯例复制的分析中，子群内部的网络形态仅用网络连接的密度表示，子群间个体的网络连接结构也只用个体的网络连接度表示。建模技术的限制，使得我们对子群间的网络连接指标设置得过于简单。

在未来的研究中，需要进一步改进现有模型。上述提到的三个问题，是未来模型改进的重点。大量的代码需要重新优化，不仅是为了提升模型的运行效率，也是为了改进模型设置中的不合理之处。在个体交互的规则设置上，还需根据其他学者理论研究的结论进一步完善。我们需要进一步增加模型的普适性和合理性，使其适合于不同场景的具体应用。

参考文献

陈彦亮，高闯，2014a. 基于组织双元能力的惯例复制机制研究[J]. 中国工业经济，(10): 147-159.

陈彦亮，高闯，2014b. 组织惯例的跨层级演化机制[J]. 经济理论与经济管理，3: 59-69.

党兴华，孙永磊，2013. 技术创新网络位置对网络惯例的影响研究——以组织间信任为中介变量[J]. 科研管理 (4): 1-8.

范如国，叶菁，杜靖文，2013. 基于 Agent 的计算经济学发展前沿: 文献综述[J]. 经济评论 (2): 145-150.

高展军，李垣，2007. 组织惯例及其演进研究[J]. 科研管理，28(3): 142-147.

林海芬，于泽川，王涛，2017. 基于组织惯例的组织创新持续内生机理研究评述[J]. 研究与发展管理，29(1):129-133.

米捷，林润辉，谢宗晓，2016. 考虑组织学习的组织惯例变化研究[J]. 管理科学，29(2): 2-17.

孙永磊，党兴华，宋晶，2014. 合作组织惯例形成影响因素研究述评与未来展望[J]. 外国经济与管理，36(3): 56-64.

王永伟，马洁，2011. 基于组织惯例，行业惯例视角的企业技术创新选择研究[J]. 南开管理评论 (3): 85-90.

王永伟，马洁，吴湘繁，等，2012. 新技术导入，组织惯例更新，企业竞争力研究——基于诺基亚，苹果案例对比研究[J]. 科学学与科学技术管理，33(11): 150-159.

王永伟，马洁，吴湘繁，等，2012. 变革型领导行为，组织学习倾向与组织惯例更新的关系研究[J]. 管理世界 (9): 110-119.

徐萌，蔡莉，2016. 新企业组织学习对惯例的影响研究——组织结构的调节作用[J]. 管理科学, 29(6): 93–105.

Adler P S, Goldoftas B, Levine D I, 1999. Flexibility versus efficiency? A case study of model changeovers in the Toyota production system[J]. Organization Science, 10(1): 43–68.

Adler P S, Obstfeld D, 2007. The role of affect in creative projects and exploratory search[J]. Industrial and Corporate Change, 16(1): 19–50.

Agarwal R, Anand J, Bercovitz J, et al., 2012. Spillovers across organizational architectures: The role of prior resource allocation and communication in post-acquisition coordination outcomes[J]. Strategic Management Journal, 33(6): 710–733.

Aldrich H, Herker D, 1977. Boundary spanning roles and organization structure[J]. Academy of Management Review, 2(2): 217–230.

Allen T J, Tushman M L, Lee D M S, 1979. Technology transfer as a function of position in the spectrum from research through development to technical services[J]. Academy of Management Journal, 22(4): 694–708.

Amason A C, Mooney A C, 2008. The Icarus paradox revisited: how strong performance sows the seeds of dysfunction in future strategic decision–making[J]. Strategic Organization, 6(4): 407–434.

Amburgey T L, Kelly D, Barnett W P, 1990. Resetting the clock: The dynamics of organizational change and failure[J]. Academy of Management (1): 160–164.

Anand G, Gray J, Siemsen E, 2012. Decay, shock, and renewal: operational routines and process entropy in the pharmaceutical industry[J]. Organization Science, 23(6): 1700–1716.

Ancona D G, Caldwell D F, 1992a. Bridging the boundary: External activity and performance in organizational teams[J]. Administrative Science Quarterly: 634–665.

Ancona D G, Caldwell D F, 1992b. Demography and design: Predictors of new product team performance[J]. Organization Science, 3(3): 321–341.

Ancona D G, 1990. Outward bound: strategic for team survival in an organization[J]. Academy of Management Journal, 33(2): 334–365.

Anderson C M, Camerer C F, 2000. Experience–weighted attraction learning in sender–receiver signaling games[J]. Economic Theory, 16(3): 689–718.

Anderson J R, 2013. The architecture of cognition[M]. Psychology Press.

Argote L, Beckman S L, Epple D, 1990. The persistence and transfer of learning in industrial settings[J]. Management science, 36(2): 140–154.

Argote L, Ingram P, 2000. Knowledge transfer: A basis for competitive advantage in firms[J]. Organizational Behavior and Human Decision Processes, 82(1): 150–169.

Argote L, McEvily B, Reagans R, 2003. Managing knowledge in organizations: An integrative framework and review of emerging themes[J]. Management Science, 49(4): 571–582.

Arnett D B, Wittmann C M, 2014. Improving marketing success: The role of tacit knowledge exchange between sales and marketing[J]. Journal of Business Research, 67(3): 324–331.

Arthur W B, 1989. Competing technologies, increasing returns, and lock-in by historical events [J]. The Economic Journal, 99(394): 116–131.

Arthur W B, 1991. Designing economic agents that act like human agents: A behavioral approach to bounded rationality[J]. The American Economic Review, 81(2): 353–359.

Aspara J, Hietanen J, Tikkanen H, 2010. Business model innovation vs replication: financial performance implications of strategic emphases[J]. Journal of Strategic Marketing, 18(1): 39–56.

Audia P G, Locke E A, Smith K G, 2000. The paradox of success: An archival and a laboratory study of strategic persistence following radical environmental change[J]. Academy of Management Journal, 43(5): 837–853.

Bacharach S B, Bamberger P, Sonnenstuhl W J, 1996. The organizational transformation process: The micropolitics of dissonance reduction and the alignment of logics of action[J]. Administrative Science Quarterly: 477–506.

Balogun J, Johnson G, 2005. From intended strategies to unintended outcomes: The impact of change recipient sensemaking[J]. Organization Studies, 26(11): 1573–1601.

Bapuji H, Hora M, Saeed A M, 2012. Intentions, intermediaries, and interaction: Examining the emergence of routines[J]. Journal of Management Studies, 49(8): 1586–1607.

Barley S R, 1990. Images of imaging: Notes on doing longitudinal field work[J]. Organization Science, 1(3): 220–247.

Barner-Rasmussen W, Ehrnrooth M, Koveshnikov A, et al., 2014. Cultural and language skills as resources for boundary spanning within the MNC[J]. Journal of International Business Studies, 45(7): 886–905.

Barreto I, 2010. Dynamic capabilities: A review of past research and an agenda for the future[J].

Journal of Management, 36(1): 256–280.

Bartunek J M, 1984. Changing interpretive schemes and organizational restructuring: The example of a religious order[J]. Administrative Science Quarterly: 355–372.

Becerra M, Lunnan R, Huemer L, 2008. Trustworthiness, risk, and the transfer of tacit and explicit knowledge between alliance partners[J]. Journal of Management Studies, 45(4): 691–713.

Bechky B A, 2003. Sharing meaning across occupational communities: The transformation of understanding on a production floor[J]. Organization Science, 14(3): 312–330.

Becker M C, 2004. Organizational routines: a review of the literature[J]. Industrial and Corporate Change, 13(4): 643–678.

Beehr T A, Walsh J T, Taber T D, 1976. Relationships of stress to individually and organizationally valued states: Higher order needs as a moderator[J]. Journal of Applied Psychology, 61(1): 41–56.

Benner M J, Tushman M L, 2003. Exploitation, exploration, and process management: The productivity dilemma revisited[J]. Academy of Management Review, 28(2): 238–256.

Berente N, Lyytinen K, Yoo Y, et al., 2016. Routines as Shock Absorbers During Organizational Transformation: Integration, Control, and NASA's Enterprise Information System[J]. Organization Science, 27(3): 551–572.

Bergh D D, Lim E N K, 2008. Learning how to restructure: absorptive capacity and improvisational views of restructuring actions and performance[J]. Strategic Management Journal, 29(6): 593–616.

Bertels S, Howard-Grenville J, Pek S, 2016. Cultural molding, shielding, and shoring at oilco: The role of culture in the integration of routines[J]. Organization Science, 27(3): 573–593.

Birkinshaw J, Bresman H, Håkanson L, 2000. Managing the post-acquisition integration process: How the human iintegration and task integration processes interact to foster value creation[J]. Journal of Management Studies, 37(3): 395–425.

Birkinshaw J, Bresman H, Nobel R, 2010. Knowledge transfer in international acquisitions: A retrospective[J]. Journal of International Business Studies, 41(1): 21–26.

Bonache J, Brewster C, 2001. Knowledge transfer and the management of expatriation[J]. Thunderbird International Business Review, 43(1): 145–168.

Börgers T, Sarin R, 1997. Learning through reinforcement and replicator dynamics[J]. Journal of Economic Theory, 77(1): 1–14.

Bourdieu P, Wacquant L J D, 1992. An invitation to reflexive sociology[M]. University of Chicago Press.

Bourdieu P, 1993. The field of cultural production: Essays on art and literature[M]. New York: Columbia University Press.

Bresman H, 2013. Changing routines: A process model of vicarious group learning in pharmaceutical R&D[J]. Academy of Management Journal, 56(1): 35–61.

Brewer M B, 1991. The social self: On being the same and different at the same time[J]. Personality and Social Psychology Bulletin, 17(5): 475–482.

Bucher S, Langley A, 2016. The interplay of reflective and experimental spaces in interrupting and reorienting routine dynamics[J]. Organization Science, 27(3): 594–613.

Bunderson J S, Sutcliffe K M, 2002. Comparing alternative conceptualizations of functional diversity in management teams: Process and performance effects[J]. Academy of Management Journal, 45(5): 875–893.

Burgelman R A, 1988. Strategy making as a social learning process: The case of internal corporate venturing[J]. Interfaces, 18(3): 74–85.

Camerer C F, Ho T H, Chong J K, 2004. Behavioural game theory: Thinking, learning and teaching[M]. Advances in Understanding Strategic Behaviour. Palgrave Macmillan UK: 120–180.

Camerer C F, Ho T H, Chong J K, 2002. Sophisticated experience-weighted attraction learning and strategic teaching in repeated games[J]. Journal of Economic Theory, 104(1): 137–188.

Camerer C, Ho T, Chong K, 2003. Models of thinking, learning, and teaching in games[J]. American Economic Review: 192–195.

Camerer C, Hua Ho T, 1999. Experience-weighted attraction learning in normal form games[J]. Econometrica, 67(4): 827–874.

Camerer C, 2003. Behavioral game theory: Experiments in strategic interaction[M]. Princeton University Press.

Capron L, Mitchell W, 1998. Bilateral resource redeployment and capabilities improvement following horizontal acquisitions[J]. Industrial and Corporate Change, 7(3): 453–484.

Carlile P R, 2002. A pragmatic view of knowledge and boundaries: Boundary objects in new product development[J]. Organization science, 13(4): 442-455.

Carlile P R, 2004. Transferring, translating, and transforming: An integrative framework for managing knowledge across boundaries[J]. Organization Science, 15(5): 555-568.

Cast A D, 2003. Power and the ability to define the situation[J]. Social Psychology Quarterly: 185-201.

Chae S W, Seo Y W, Lee K C, 2015. Task difficulty and team diversity on team creativity: Multi-agent simulation approach[J]. Computers in Human Behavior, 42: 83-92.

Chang Y Y, Gong Y, Peng M W, 2012. Expatriate knowledge transfer, subsidiary absorptive capacity, and subsidiary performance[J]. Academy of Management Journal, 55(4): 927-948.

Chassang S, 2010. Building routines: Learning, cooperation, and the dynamics of incomplete relational contracts[J]. The American Economic Review, 100(1): 448-465.

Cheung Y W, Friedman D, 1997. Individual learning in normal form games: Some laboratory results[J]. Games and Economic Behavior, 19(1): 46-76.

Choi J N, 2002. External activities and team effectiveness review and theoretical development [J]. Small Group Research, 33(2): 181-208.

Ciborra C, 2000. From control to drift: The dynamics of corporate information infastructures[M]. Oxford University Press on Demand.

Cohen M D, Bacdayan P, 1994. Organizational routines are stored as procedural memory: Evidence from a laboratory study[J]. Organization Science, 5(4): 554-568.

Cohen M D, Burkhart R, Dosi G, et al., 1996. Routines and other recurring action patterns of organizations: Contemporary research issues[J]. Industrial and Corporate Change, 5(3): 653-698.

Cohen M D, 2007. Reading Dewey: Reflections on the study of routine[J]. Organization Studies, 28(5): 773-786.

Cohendet P S, Simon L O, 2016. Always playable: : Recombining routines for creative efficiency at ubisoft montreal's video game studio[J]. Organization Science, 27: 614-632.

Cohendet P, Kern F, Mehmanpazir B, et al., 1999. Knowledge coordination, competence creation and integrated networks in globalised firms[J]. Cambridge Journal of Economics, 23(2): 225-241.

Collinson S, Wilson D C, 2006. Inertia in Japanese organizations: Knowledge management routines and failure to innovate[J]. Organization Studies, 27(9): 1359-1387.

Conway S, 1997. Strategic personal links in successful innovation: Link-pins, bridges, and liaisons[J]. Creativity and Innovation Management, 6(4): 226-233.

Crawford E R, Lepine J A, 2013. A configural theory of team processes: Accounting for the structure of taskwork and teamwork[J]. Academy of Management Review, 38(1): 32-48.

Cross R L, Yan A, Louis M R, 2000. Boundary Activities in "Boundaryless" organizations: A case study of a transformation to a team-based structure[J]. Human Relations, 53(6): 841-868.

Cross R, Prusak L, 2002. The people who make organizations go - or stop[J]. Harvard Business Review, 80(6):104-112.

Cyert R M, March J G, 1963. A behavioral theory of the firm[J]. Englewood Cliffs, NJ, 2:34-47.

D'Adderio L, 2011. Artifacts at the centre of routines: Performing the material turn in routines theory[J]. Journal of Institutional Economics, 7(2): 197-230.

D'Adderio L, 2014. The replication dilemma unravelled: How organizations enact multiple goals in routine transfer[J]. Organization Science, 25(5): 1325-1350.

D'Adderio L, 2008. The performativity of routines: Theorising the influence of artefacts and distributed agencies on routines dynamics[J]. Research Policy, 37(5):769-789.

Darr E D, Argote L, Epple D, 1995. The acquisition, transfer, and depreciation of knowledge in service organizations: Productivity in franchises[J]. Management Science, 41(11): 1750-1762.

David P A, 1985. Clio and the Economics of QWERTY[J]. The American Economic Review, 75(2): 332-337.

Davison R B, Hollenbeck J R, Barnes C M, et al., 2012. Coordinated action in multiteam systems[J]. Journal of Applied Psychology, 97(4): 808.

Del Giudice M, Della Peruta M R, Maggioni V, 2013. Collective knowledge and organizational routines within academic communities of practice: an empirical research on science - entrepreneurs[J]. Journal of the Knowledge Economy, 4(3): 260-278.

Dionysiou D D, Tsoukas H, 2013. Understanding the (re) creation of routines from within: A symbolic interactionist perspective[J]. Academy of Management Review, 38(2): 181–205.

Dodgson M, 1993. Organizational learning: a review of some literatures[J]. Organization Studies, 14(3): 375–394.

Dollinger M J, 1984. Environmental boundary spanning and information processing effects on organizational performance[J]. Academy of Management Journal, 27(2): 351–368.

Dosi G, Nelson R R, 1994. An introduction to evolutionary theories in economics[J]. Journal of Evolutionary Economics, 4(3): 153–172.

Dougherty D, 1992. Interpretive barriers to successful product innovation in large firms[J]. Organization Science, 3(2): 179–202.

Edmondson A C, Bohmer R M, Pisano G P, 2001. Disrupted routines: Team learning and new technology implementation in hospitals[J]. Administrative Science Quarterly, 46(4): 685–716.

Edmondson A C, 2003. Speaking up in the operating room: How team leaders promote learning in interdisciplinary action teams[J]. Journal of Management Studies, 40(6): 1419–1452.

Edmondson A, 1999. Psychological safety and learning behavior in work teams[J]. Administrative Science Quarterly, 44(2): 350–383.

Eglene O, Dawes S S, Schneider C A, 2007. Authority and leadership patterns in public sector knowledge networks[J]. The American Review of Public Administration, 37(1): 91–113.

Emirbayer M, Johnson V, 2008. Bourdieu and organizational analysis[J]. Theory and Society, 37(1): 1–44.

Empson L, 2001. Fear of exploitation and fear of contamination: Impediments to knowledge transfer in mergers between professional service firms[J]. Human Relations, 54(7): 839–862.

Fang C, Lee J, Schilling M A, 2010. Balancing exploration and exploitation through structural design: The isolation of subgroups and organizational learning[J]. Organization Science, 21(3): 625–642.

Farjoun M, 2010. Beyond dualism: Stability and change as a duality[J]. Academy of Management Review, 35(2): 202–225.

Feldman M S, Orlikowski W J, 2011. Theorizing practice and practicing theory[J]. Organization Science, 22(5): 1240–1253.

Feldman M S, Pentland B T, D'Adderio L, et al.2016. Beyond routines as things: Introduction to the special issue on routine dynamics[J]. Post-Print, 27(3):505-513.

Feldman M S, Pentland B T, 2003. Reconceptualizing organizational routines as a source of flexibility and change[J]. Administrative Science Quarterly, 48(1): 94-118.

Feldman M S, Rafaeli A, 2002. Organizational routines as sources of connections and understandings[J]. Journal of Management Studies, 39(3): 309-331.

Feldman M S, 2003. A performative perspective on stability and change in organizational routines[J]. Industrial and Corporate Change, 12(4): 727-752.

Feldman M S, 2000. Organizational routines as a source of continuous change[J]. Organization Science, 11(6): 611-629.

Felin T, Foss N J, 2009. Organizational routines and capabilities: Historical drift and a course-correction toward microfoundations[J]. Scandinavian Journal of Management, 25(2): 157-167.

Felin T, Foss N J, Heimeriks K H, et al., 2012. Microfoundations of routines and capabilities: Individuals, processes, and structure[J]. Journal of Management Studies, 49(8): 1351-1374.

Ferlie E, Fitzgerald L, Wood M, et al., 2005. The nonspread of innovations: the mediating role of professionals[J]. Academy of Management Journal, 48(1): 117-134.

Friedman D, 1998. On economic applications of evolutionary game theory[J]. Journal of Evolutionary Economics, 8(1): 15-43.

Friesl M, Larty J, 2013. Replication of routines in organizations: Existing literature and new perspectives[J]. International Journal of Management Reviews, 15(1): 106-122.

Fudenberg D, Levine D K, 1995. Consistency and cautious fictitious play[J]. Journal of Economic Dynamics and Control, 19(5): 1065-1089.

Fugate B S, Stank T P, Mentzer J T, 2009. Linking improved knowledge management to operational and organizational performance[J]. Journal of Operations Management, 27(3): 247-264.

Gao D, Deng X, Zhao Q, et al., 2015. Multi-agent based simulation of organizational routines on complex networks[J]. Journal of Artificial Societies and Social Simulation, 18(3): 17.

Garud R, Kumaraswamy A, Karnøe P, 2010. Path dependence or path creation?[J]. Journal of Management Studies, 47(4): 760-774.

Gavetti G, 2005. Cognition and hierarchy: Rethinking the microfoundations of capabilities' development[J]. Organization Science, 16(6): 599-617.

Geletkanycz M A, Hambrick D C, 1997. The external ties of top executives: Implications for strategic choice and performance[J]. Administrative Science Quarterly: 654-681.

Gersick C J G, 1988. Time and transition in work teams: Toward a new model of group development[J]. Academy of Management Journal, 31(1): 9-41.

Gersick C J G, Hackman J R, 1990. Habitual routines in task-performing groups[J]. Organizational Behavior and Human Decision Processes, 47(1): 65-97.

Gilbert C G, 2005. Unbundling the structure of inertia: Resource versus routine rigidity[J]. Academy of Management Journal, 48(5): 741-763.

Gioia D A, Manz C C, 1985. Linking cognition and behavior: A script processing interpretation of vicarious learning[J]. Academy of Management Review, 10(3): 527-539.

Gioia D A, Poole P P, 1984. Scripts in organizational behavior[J]. Academy of Management Review, 9(3): 449-459.

Goldstein D, 1997. Clashing paradigms? Total quality, financial restructuring and theories of the firm[J]. Industrial and Corporate Change, 6(3): 665-700.

Griffin A, Hauser J R, 1996. Integrating R&D and marketing: a review and analysis of the literature[J]. Journal of Product Innovation Management, 13(3): 191-215.

Gulati R, Puranam P, 2009. Renewal through reorganization: The value of inconsistencies between formal and informal organization[J]. Organization Science, 20(2): 422-440.

Hannan M T, Freeman J, 1984. Structural inertia and organizational change[J]. American Sociological Review: 149-164.

Hansen M T, 1999. The search-transfer problem: The role of weak ties in sharing knowledge across organization subunits[J]. Administrative Science Quarterly, 44(1): 82-111.

Hargadon A B, 1998. Firms as knowledge brokers: Lessons in pursuing continuous innovation [J]. California Management Review, 40(3): 209-227.

Hébert L, Very P, Beamish P W, 2005. Expatriation as a bridge over troubled water: A knowledge-based perspective applied to cross-border acquisitions[J]. Organization Studies, 26 (10): 1455-1476.

Heimeriks K H, Schijven M, Gates S, 2012. Manifestations of higher-order routines: The underlying mechanisms of deliberate learning in the context of postacquisition integration[J].

Academy of Management Journal, 55(3): 703-726.

Helfat C E, Peteraf M A, 2003. The dynamic resource-based view: Capability lifecycles[J]. Strategic Management Journal, 24(10): 997-1010.

Hirst G, Mann L, 2004. A model of R&D leadership and team communication: the relationship with project performance[J]. R&D Management, 34(2): 147-160.

Hodgson G M, 2008. Handbook of organizational routines[M], Cheltenham, UK: Elgar: 15-28.

Hoffer Gittell J, 2002. Coordinating mechanisms in care provider groups: Relational coordination as a mediator and input uncertainty as a moderator of performance effects[J]. Management Science, 48(11): 1408-1426.

Homburg C, Bucerius M, 2005. A marketing perspective on mergers and acquisitions: How marketing integration affects postmerger performance[J]. Journal of Marketing, 69(1): 95-113.

Howard-Grenville J A, Rerup C, 2016. A process perspective on organizational routines[M]. Thousand Oaks, CA: Sage.

Howard-Grenville J A, 2005. The persistence of flexible organizational routines: The role of agency and organizational context[J]. Organization Science, 16(6): 618-636.

Hsiao R L, Tsai D H, Lee C F, 2012. Collaborative knowing: the adaptive nature of cross-boundary spanning[J]. Journal of Management Studies, 49(3): 463-491.

Hutchins E, 1991. Organizing work by adaptation[J]. Organization Science, 2(1): 14-39.

Ibarra H, 1992. Homophily and differential returns: Sex differences in network structure and access in an advertising firm[J]. Administrative Science Quarterly: 422-447.

Janowicz-Panjaitan M, Noorderhaven N G, 2009. Trust, calculation, and interorganizational learning of tacit knowledge: An organizational roles perspective[J]. Organization Studies, 30 (10): 1021-1044.

Jansen J J P, Tempelaar M P, Van den Bosch F A J, et al., 2009. Structural differentiation and ambidexterity: The mediating role of integration mechanisms[J]. Organization Science, 20(4): 797-811.

Jarzabkowski P A, Lê J K, Feldman M S, 2012. Toward a theory of coordinating: Creating coordinating mechanisms in practice[J]. Organization Science, 23(4): 907-927.

Jarzabkowski P, 2004. Strategy as practice: Recursiveness, adaptation, and practices-in-use

[J]. Organization Studies, 25(4): 529-560.

Jensen R J, Szulanski G, 2007. Template use and the effectiveness of knowledge transfer[J]. Management Science, 53(11): 1716-1730.

Jensen R, Szulanski G, 2004. Stickiness and the adaptation of organizational practices in cross-border knowledge transfers[J]. Journal of International Business Studies, 35(6): 508-523.

Jonsson A, Foss N J, 2011. International expansion through flexible replication: Learning from the internationalization experience of IKEA[J]. Journal of International Business Studies, 42(9): 1079-1102.

Joshi A, Pandey N, Han G H, 2009. Bracketing team boundary spanning: An examination of task-based, team-level, and contextual antecedents[J]. Journal of Organizational Behavior, 30(6): 731-759.

Kane G C, Alavi M, 2007. Information technology and organizational learning: An investigation of exploration and exploitation processes[J]. Organization Science, 18(5): 796-812.

Karim S, Mitchell W, 2000. Path-dependent and path-breaking change: Reconfiguring business resources following acquisitions in the US medical sector, 1978-1995[J]. Strategic Management Journal, 21(10-11): 1061-1081.

Kilduff M, 1992. Performance and interaction routines in multinational corporation[J]. Journal of International Business Studies, 23(1): 133-145.

Kim T, Rhee M, 2009. Exploration and exploitation: Internal variety and environmental dynamism[J]. Strategic Organization, 7(1): 11-41.

Kim Y C, Lu J W, Rhee M, 2012. Learning from age difference: Interorganizational learning and survival in Japanese foreign subsidiaries[J]. Journal of International Business Studies, 43(8): 719-745.

King A W, Zeithaml C P, 2001. Competencies and firm performance: Examining the causal ambiguity paradox[J]. Strategic Management Journal: 75-99.

Knoppen D, Sáenz M J, Johnston D A, 2011. Innovations in a relational context: Mechanisms to connect learning processes of absorptive capacity[J]. Management Learning, 42(4):419-438

Kostova T, Roth K, 2003. Social capital in multinational corporations and a micro-macro model of its formation[J]. Academy of Management Review, 28(2): 297-317.

Labatut J, Aggeri F, Girard N, 2012. Discipline and change: how technologies and organizational routines interact in new practice creation[J]. Organization Studies, 33(1): 39–69.

Larsson R, Finkelstein S, 1999. Integrating strategic, organizational, and human resource perspectives on mergers and acquisitions: A case survey of synergy realization[J]. Organization Science, 10(1): 1–26.

Lavie D, Stettner U, Tushman M L, 2010. Exploration and exploitation within and across organizations[J]. Academy of Management Annals, 4(1): 109–155.

Lazaric N, Denis B, 2005. Routinization and memorization of tasks in a workshop: the case of the introduction of ISO norms[J]. Industrial and Corporate Change, 14(5): 873–896.

Lazaric N, Raybaut A, 2005. Knowledge, hierarchy and the selection of routines: An interpretative model with group interactions[J]. Journal of Evolutionary Economics, 15(4): 393–421.

LeBaron C, Christianson M K, Garrett L, et al., 2016. Coordinating flexible performance during everyday work: An ethnomethodological study of handoff routines[J]. Organization Science, 27(3): 514–534.

Lechner C, Floyd S W, 2012. Group influence activities and the performance of strategic initiatives[J]. Strategic Management Journal, 33(5): 478–495.

Leifer R, Delbecq A, 1978. Organizational/environmental interchange: A model of boundary spanning activity[J]. Academy of Management Review, 3(1): 40–50.

Leonard-Barton D, 1995. Wellsprings of knowledge: building and sustaining the sources of innovation[M]. Harvard Business School Press.

Leonardi P M, Barley S R, 2008. Materiality and change: Challenges to building better theory about technology and organizing[J]. Information and Organization, 18(3): 159–176.

Levina N, Vaast E, 2008. Innovating or doing as told? Status differences and overlapping boundaries in offshore collaboration[J]. MIS Quarterly: 307–332.

Levina N, Vaast E, 2005. The emergence of boundary spanning competence in practice: implications for implementation and use of information systems[J]. MIS Quarterly, 29(2): 335–363.

Levinthal D A, Marino A, 2015. Three facets of organizational adaptation: selection, variety, and plasticity[J]. Organization Science, 26(3): 743–755.

Levinthal D, Posen H E, 2007. Myopia of selection: Does organizational adaptation limit the efficacy of population selection?[J]. Administrative Science Quarterly, 52(4): 586–620.

Levitt B, March J G, 1988. Organizational learning[J]. Annual Review of Sociology: 319–340.

Loch C H, Sengupta K, Ahmad M G, 2013. The microevolution of routines: How problem solving and social preferences interact[J]. Organization Science, 24(1): 99–115.

Lorenz E N, 1963. Deterministic nonperiodic flow[J]. Journal of the atmospheric sciences, 20(2): 130–141.

Macdonald S, 1995. Learning to change: An information perspective on learning in the organization[J]. Organization Science, 6(5): 557–568.

Mahoney J, 2000. Path dependence in historical sociology[J]. Theory and society, 29(4): 507–548.

Malhotra A, Majchrzak A, 2004. Enabling knowledge creation in far–flung teams: Best practices for IT support and knowledge sharing[J]. Journal of Knowledge Management, 8(4): 75–88.

March J G, Simon H A, 1958. Cognitive limits on rationality[M]. Wiley and Sons, New York.

March J G, 1991. Exploration and exploitation in organizational learning[J]. Organization Science, 2(1): 71–87.

Marino A, Aversa P, Mesquita L, et al., 2015. Driving performance via exploration in changing environments: evidence from formula one racing[J]. Organization Science, 26(4): 1079–1100.

Marks M A, DeChurch L A, Mathieu J E, et al., 2005. Teamwork in multiteam systems[J]. Journal of Applied Psychology, 90(5): 964.

Markus C, 2008. Becker, Handbook of organizational routines[M]. Edward Elgar Publishing.

Marrone J A, Tesluk P E, Carson J B, 2007. A multilevel investigation of antecedents and consequences of team member boundary–spanning behavior[J]. Academy of Management Journal, 50(6): 1423–1439.

Marrone J A, 2010. Team boundary spanning: A multilevel review of past research and proposals for the future[J]. Journal of Management, 36(4): 911–940.

McCauley C, 1989. The nature of social influence in groupthink: Compliance and internalization[J]. Journal of Personality and Social Psychology, 57(2): 250.

McEvily B, Perrone V, Zaheer A, 2003. Trust as an organizing principle[J]. Organization Science, 14(1): 91–103.

Michel A, 2014. The mutual constitution of persons and organizations: An ontological perspective on organizational change[J]. Organization Science, 25(4): 1082–1110.

Miller K D, Choi S, Pentland B T, 2014. The role of transactive memory in the formation of organizational routines[J]. Strategic Organization, 12(2): 109-133.

Miller K D, Martignoni D, 2016. Organizational learning with forgetting: Reconsidering the exploration - exploitation tradeoff[J]. Strategic Organization, 14(1): 53-72.

Miller K D, Pentland B T, Choi S, 2012. Dynamics of performing and remembering organizational routines[J]. Journal of Management Studies, 49(8): 1536-1558.

Miller K D, Zhao M, Calantone R J, 2006. Adding interpersonal learning and tacit knowledge to March's exploration-exploitation model[J]. Academy of Management Journal, 49(4): 709-722.

Miner A S, Bassof P, Moorman C, 2001. Organizational improvisation and learning: A field study[J]. Administrative Science Quarterly, 46(2): 304-337.

Miner A S, 1991. Organizational evolution and the social ecology of jobs[J]. American Sociological Review: 772-785.

Moorman C, Miner A S, 1998. Organizational improvisation and organizational memory[J]. Academy of Management Review, 23(4): 698-723.

Morosini P, Shane S, Singh H, 1998. National cultural distance and cross-border acquisition performance[J]. Journal of International Business Studies, 29(1): 137-158.

Mudambi R, Swift T, 2011. Leveraging knowledge and competencies across space: The next frontier in international business[J]. Journal of International Management, 17(3): 186-189.

Mudambi R, Swift T, 2009. Professional guilds, tension and knowledge management[J]. Research Policy, 38(5): 736-745.

Nelson R R, Winter S G, 2009. An evolutionary theory of economic change[M]. Harvard University Press.

O Reilly C A, Tushman M L, 2004. The ambidextrous organization[J]. Harvard Business Review, 82(4): 74-83.

O'Reilly C A, Tushman M L, 2008. Ambidexterity as a dynamic capability: Resolving the innovator's dilemma[J]. Research in Organizational Behavior, 28: 185-206.

Oh H, Chung M H, Labianca G, 2004. Group social capital and group effectiveness: The role of informal socializing ties[J]. Academy of Management Journal, 47(6): 860-875.

Oh H, Labianca G, Chung M H, 2006. A multilevel model of group social capital[J]. Academy of Management Review, 31(3): 569-582.

Orlikowski W J, 2002. Knowing in practice: Enacting a collective capability in distributed organizing[J]. Organization Science, 13(3): 249-273.

Parmigiani A, Howard-Grenville J, 2011. Routines revisited: Exploring the capabilities and practice perspectives[J]. Academy of Management Annals, 5(1): 413-453.

Pawlowski S D, Robey D, 2004. Bridging user organizations: Knowledge brokering and the work of information technology professionals[J]. MIS Quarterly: 645-672.

Pentland B T, Feldman M S, Becker M C, et al., 2012. Dynamics of organizational routines: A generative model[J]. Journal of Management Studies, 49(8): 1484-1508.

Pentland B T, Feldman M S, 2008. Designing routines: On the folly of designing artifacts, while hoping for patterns of action[J]. Information and Organization, 18(4): 235-250.

Pentland B T, Feldman M S, 2007. Narrative networks: Patterns of technology and organization [J]. Organization Science, 18(5): 781-795.

Pentland B T, Feldman M S, 2005. Organizational routines as a unit of analysis[J]. Industrial and Corporate Change, 14(5): 793-815.

Pentland B T, Hærem T, Hillison D, 2011. The (n) ever-changing world: Stability and change in organizational routines[J]. Organization Science, 22(6): 1369-1383.

Pentland B T, Rueter H H, 1994. Organizational routines as grammars of action[J]. Administrative Science Quarterly: 484-510.

Polites G L, Karahanna E, 2012. Shackled to the status quo: The inhibiting effects of incumbent system habit, switching costs, and inertia on new system acceptance[J]. MIS Quarterly, 36 (1): 21-42.

Polites G L, Karahanna E, 2013. The Embeddedness of information systems habits in organizational and individual level routines: development and disruption[J]. Mis Quarterly, 37(1): 221-246.

Posen H E, Lee J, Yi S, 2013. The power of imperfect imitation[J]. Strategic Management Journal, 34(2): 149-164.

Posen H E, Levinthal D A, 2012. Chasing a moving target: Exploitation and exploration in dynamic environments[J]. Management Science, 58(3): 587-601.

Pret T, Shaw E, Drakopoulou Dodd S, 2016. Painting the full picture: The conversion of economic, cultural, social and symbolic capital[J]. International Small Business Journal, 34(8): 1004-1027.

Raman R, Bharadwaj A, 2012. Power differentials and performative deviation paths in practice transfer: the case of evidence-based medicine[J]. Organization Science, 23(6): 1593-1621.

Ranucci R A, Souder D, 2015. Facilitating tacit knowledge transfer: routine compatibility, trustworthiness, and integration in M, As[J]. Journal of Knowledge Management, 19(2): 257-276.

Reagans R, McEvily B, 2008. Contradictory or compatible? Reconsidering the "trade-off" between brokerage and closure on knowledge sharing[J]. Advances in Strategic Management, 25 (27543): 13.

Reagans R, McEvily B, 2003. Network structure and knowledge transfer: The effects of cohesion and range[J]. Administrative Science Quarterly, 48(2): 240-267.

Reitzig M, 2004. Strategic management of intellectual property[J]. MIT Sloan Management Review, 45(3): 35.

Ren C R, Guo C, 2011. Middle managers' strategic role in the corporate entrepreneurial process: Attention-based effects[J]. Journal of Management, 37(6): 1586-1610.

Rerup C, Feldman M S, 2011. Routines as a source of change in organizational schemata: The role of trial-and-error learning[J]. Academy of Management Journal, 54(3): 577-610.

Rerup C, 2009. Attentional triangulation: Learning from unexpected rare crises[J]. Organization Science, 20(5): 876-893.

Rhee M, Kim T, 2014. Great vessels take a long time to mature: Early success traps and competences in exploitation and exploration[J]. Organization Science, 26(1): 180-197.

Rivkin J W, 2000. Imitation of complex strategies[J]. Management Science, 46(6): 824-844.

Rivkin J W, 2001. Reproducing knowledge: Replication without imitation at moderate complexity[J]. Organization Science, 12(3): 274-293.

Roth A E, Erev I, 1995. Learning in extensive-form games: Experimental data and simple dynamic models in the intermediate term[J]. Games and Economic Behavior, 8(1): 164-212.

Røvik K A, 2016. Knowledge transfer as translation: review and elements of an instrumental theory[J]. International Journal of Management Reviews, 18(3): 290-310.

Rura-Polley T, Miner A S, 2002. The relative standing of routines: some jobs are more equal than others[J]. The Economics of Choice, Change, and Organization: Essays in Memory of Richard Cyert: 273–303.

Ruuska I, Brady T, 2011. Implementing the replication strategy in uncertain and complex investment projects[J]. International Journal of Project Management, 29(4): 422–431.

Safavi M, Omidvar O, 2016. Resist or Comply: The Power Dynamics of Organizational Routines during Mergers[J]. British Journal of Management, 27(3): 550–566.

Salvato C, Rerup C, 2011. Beyond collective entities: Multilevel research on organizational routines and capabilities[J]. Journal of Management, 37(2): 468–490.

Salvato C, 2009. Capabilities unveiled: The role of ordinary activities in the evolution of product development processes[J]. Organization Science, 20(2): 384–409.

Samuelson W, Zeckhauser R, 1988. Status quo bias in decision making[J]. Journal of Risk and Uncertainty, 1(1): 7–59.

Sandberg J, Tsoukas H, 2011. Grasping the logic of practice: Theorizing through practical rationality[J]. Academy of Management Review, 36(2): 338–360.

Schreyögg G, Sydow J, 2011. Organizational path dependence: A process view[J]. Organization Studies, 32(3): 321–335.

Sheremata W A, 2000. Centrifugal and centripetal forces in radical new product development under time pressure[J]. Academy of Management Review, 25(2): 389–408.

Sherman J D, Keller R T, 2011. Suboptimal assessment of interunit task interdependence: Modes of integration and information processing for coordination performance[J]. Organization Science, 22(1): 245–261.

Simon H A, 2013. Administrative behavior[M]. Simon and Schuster.

Singley M K, Anderson J R, 1989. The transfer of cognitive skill[M]. Harvard University Press.

Sitkin S B, See K E, Miller C C, et al., 2011. The paradox of stretch goals: Organizations in pursuit of the seemingly impossible[J]. Academy of Management Review, 36(3): 544–566.

Slevin D P, Covin J G, 1997. Time, growth, complexity, and transitions: Entrepreneurial challenges for the future[J]. Entrepreneurship: Theory and Practice, 22(2): 53–54.

Sørensen J B, 2002. The strength of corporate culture and the reliability of firm performance[J]. Administrative Science Quarterly, 47(1): 70–91.

Srikanth K, Puranam P, 2014. The firm as a coordination system: Evidence from software services offshoring[J]. Organization Science, 25(4): 1253-1271.

Stahl G K, Voigt A, 2008. Do cultural differences matter in mergers and acquisitions? A tentative model and examination[J]. Organization Science, 19(1): 160-176.

Steen M V D, 2009. Inertia and management accounting change: The role of ambiguity and contradiction between formal rules and routines[J]. Accounting, Auditing, Accountability Journal, 22(5):736-761.

Stinchcombe A L, 1990. Information and organizations[M]. Univ of California Press.

Sundstrom E, De Meuse K P, Futrell D, 1990. Work teams: Applications and effectiveness[J]. American Psychologist, 45(2): 120.

Sydow J, Schreyögg G, Koch J, 2009. Organizational path dependence: Opening the black box [J]. Academy of Management Review, 34(4): 689-709.

Szulanski G, Cappetta R, Jensen R J, 2004. When and how trustworthiness matters: Knowledge transfer and the moderating effect of causal ambiguity[J]. Organization Science, 15(5): 600-613.

Szulanski G, Jensen R J, 2008. Growing through copying: The negative consequences of innovation on franchise network growth[J]. Research Policy, 37(10): 1732-1741.

Szulanski G, Jensen R J, 2004. Overcoming stickiness: An empirical investigation of the role of the template in the replication of organizational routines[J]. Managerial and Decision Economics, 25(6-7): 347-363.

Szulanski G, 1996. Exploring internal stickiness: Impediments to the transfer of best practice within the firm[J]. Strategic Management Journal, 17(S2): 27-43.

Tatli A, 2011. A multi-layered exploration of the diversity management field: diversity discourses, practices and practitioners in the UK[J]. British Journal of Management, 22(2): 238-253.

Teece D J, Pisano G, Shuen A, 1997. Dynamic capabilities and strategic management[J]. Strategic Management Journal: 509-533.

Terjesen S, Elam A, 2009. Transnational entrepreneurs' venture internationalization strategies: A practice theory approach[J]. Entrepreneurship Theory and Practice, 33(5): 1093-1120.

Tortoriello M, Reagans R, McEvily B, 2012. Bridging the knowledge gap: The influence of

strong ties, network cohesion, and network range on the transfer of knowledge between orga-
nizational units[J]. Organization Science, 23(4): 1024-1039.

Trevor C O, Reilly G, Gerhart B, 2012. Reconsidering pay dispersion's effect on the perfor-
mance of interdependent work: Reconciling sorting and pay inequality[J]. Academy of Man-
agement Journal, 55(3): 585-610.

Turner S F, Rindova V, 2012. A balancing act: How organizations pursue consistency in routine
functioning in the face of ongoing change[J]. Organization Science, 23(1): 24-46.

Tushman M L, Scanlan T J, 1981. Boundary spanning individuals: Their role in information
transfer and their antecedents[J]. Academy of Management Journal, 24(2): 289-305.

Tyler T R, 2006. Psychological perspectives on legitimacy and legitimation[J]. Annu. Rev. Psy-
chol., 57: 375-400.

Van de Ven A H, 1986. Central problems in the management of innovation[J]. Management Sci-
ence, 32(5): 590-607.

Vergne J P, Durand R, 2010. The missing link between the theory and empirics of path depen-
dence: conceptual clarification, testability issue, and methodological implications[J]. Jour-
nal of Management Studies, 47(4): 736-759.

Volkoff O, Strong D M, Elmes M B, 2007. Technological embeddedness and organizational
change[J]. Organization Science, 18(5): 832-848.

Walrave B, van Oorschot K E, Romme A G L, 2011. Getting trapped in the suppression of ex-
ploration: A simulation model[J]. Journal of Management Studies, 48(8): 1727-1751.

Wegner D M, Erber R, Raymond P, 1991. Transactive memory in close relationships[J]. Jour-
nal of Personality and Social Psychology, 61(6): 923.

Weick K E, 1993. The collapse of sensemaking in organizations: The Mann Gulch disaster[J].
Administrative Science Quarterly: 628-652.

Wellman B, Haase A Q, Witte J, et al., 2001. Does the Internet increase, decrease, or supple-
ment social capital? Social networks, participation, and community commitment[J]. Ameri-
can Behavioral Scientist, 45(3): 436-455.

Winter S G, Szulanski G, Ringov D, et al., 2012. Reproducing knowledge: Inaccurate replica-
tion and failure in franchise organizations[J]. Organization Science, 23(3): 672-685.

Winter S G, Szulanski G, 2001. Replication as strategy[J]. Organization Science, 12(6): 730-

743.

Winter S G, 2006. Toward a neo-Schumpeterian theory of the firm[J]. Industrial and Corporate Change, 15(1): 125-141.

Winter S G, 2003. Understanding dynamic capabilities[J]. Strategic Management Journal, 24 (10): 991-995.

Witt U, 2011. Emergence and functionality of organizational routines: an individualistic approach[J]. Journal of Institutional Economics, 7(02): 157-174.

Wollersheim J, Heimeriks K H, 2016. Dynamic capabilities and their characteristic qualities: insights from a lab experiment[J]. Organization Science, 27(2): 233-248.

Yi S, Knudsen T, Becker M C, 2016. Inertia in routines: a hidden source of organizational variation[J]. Organization Science, 27(3): 782-800.

Yoo J W, Reed R, Shin S J, et al., 2009. Strategic choice and performance in late movers: Influence of the top management team's external ties[J]. Journal of Management Studies, 46 (2): 308-335.

Zaheer A, Castañer X, Souder D, 2013. Synergy sources, target autonomy, and integration in acquisitions[J]. Journal of Management, 39(3): 604-632.

Zander U, Kogut B, 1995. Knowledge and the speed of the transfer and imitation of organizational capabilities: An empirical test[J]. Organization Science, 6(1): 76-92.

Zbaracki M J, Bergen M, 2010. When truces collapse: A longitudinal study of price-adjustment routines[J]. Organization Science, 21(5): 955-972.

Zellmer-Bruhn M E, 2003. Interruptive events and team knowledge acquisition[J]. Management Science, 49(4): 514-528.

Zenger T R, Lawrence B S, 1989. Organizational demography: The differential effects of age and tenure distributions on technical communication[J]. Academy of Management Journal, 32(2): 353-376.

Zhao Z J, Anand J, 2013. Beyond boundary spanners: The "collective bridge" as an efficient interunit structure for transferring collective knowledge[J]. Strategic Management Journal, 34 (13): 1513-1530.

Zhou K Z, Wu F, 2010. Technological capability, strategic flexibility, and product innovation [J]. Strategic Management Journal, 31(5): 547-561.

Zimmermann A, Raisch S, Birkinshaw J, 2015. How is ambidexterity initiated? The emergent charter definition process[J]. Organization Science, 26(4): 1119−1139.

Zollo M, Winter S G, 2002. Deliberate learning and the evolution of dynamic capabilities[J]. Organization Science, 13(3): 339−351.